4'97
list

Alexander Redlich / KonfliktModeration / Windmühle GmbH Hamburg

Konflikt-Moderation

Alexander Redlich

Handlungsstrategien für alle,
die mit Gruppen arbeiten.
Mit vier Fallbeispielen

Herausgeber Einhard Schrader

Moderation
in der Praxis

BAND **2**

 Windmühle GmbH Verlag und Vertrieb von Medien

Die Deutsche Bibliothek – CIP-Einheitsaufnahme

Alexander Redlich: KonfliktModeration:

Handlungsstrategien für alle,

die mit Gruppen arbeiten;

mit vier Fallbeispielen / Alexander Redlich. –

Hamburg: Windmühle,

Verl. und Vertrieb von Medien,1996

(Moderation in der Praxis; Bd. 2)

ISBN 3-922789-63-3

NE: GT

1.Auflage 1997

© Windmühle GmbH, Hamburg

Alle Rechte vorbehalten

Druck: Gulde-Druck, Tübingen

Layout: Regina Isterling, Hamburg

Illustrationen S. 22, 86, 98: Eugueni Mironov

ISBN 3-922789-63-3

Vorwort des Herausgebers

„Moderieren Sie bitte unsere Veranstaltung, aber achten Sie darauf, daß es nicht zu Konflikten kommt. Davon haben wir ohnehin schon genug!". Kaum ein Moderator, der sich nicht mit schon dieser ängstlich vorgetragenen Bitte konfrontiert gesehen hätte und der sich nicht gefragt hätte, was er denn dann moderieren soll, wenn nicht die Konflikte, die Gruppen in ihrer Arbeitsfähigkeit lähmen.

Konflikte sind in unserer Kultur vielfach eine Horrorvorstellung, weil die meisten Menschen sie vor allem als Streit, als zerschlagenes Porzellan, als Niederlage und Kommunikationsabbruch kennen – und wer will das schon. Kein Wunder, daß man ihnen lieber aus dem Wege geht oder sie unter den Teppich kehrt.

Konflikte enthalten aber ein hohes Maß an Energie, die meist blockiert ist und dadurch für die Bewältigung der Aufgaben der Gruppe nicht zur Verfügung steht. Diese Energie freizusetzen und sie wieder für die Gruppe insgesamt und auch für den einzelnen nutzbar zu machen, das heißt Konflikte moderieren.

Aber auch Moderatoren sind Menschen, die häufig von den gleichen Ängsten vor Konflikten geplagt sind. Jede erfahrene Moderatorin und jeder geübte Moderator hat seine Strategien und Taktiken entwickelt, wie er oder sie Konflikte vermeiden kann – und hat vielfach erlebt, daß die Moderation so nicht zum Erfolg geführt hat.

Alexander Redlich legt mit diesem Buch ein Konzept vor, das nicht nur hilft, Ursachen von Konflikten zu verstehen und Formen von Konflikten zu erkennen, sondern das auch Handlungsstrategien aufzeigt, wie mit ihnen umgegangen werden kann. Aber es ist kein Rezeptbuch für Anfänger. Es setzt voraus, daß die Moderatoren schon über Erfahrungen im Umgang mit Gruppen verfügen und daß sie in der Lage sind, ihre eigenen Gefühle wahrzunehmen, ihre Fähigkeiten realistisch einzuschätzen und daß sie um die Gefahren einer Verstrickung in die Gruppenkonflikte wissen. Manch ein Leser wird von diesem Buch vor allem deshalb profitieren, weil er erkennen kann, welche Voraussetzungen er bei sich selbst schaffen muß, um Konflikte kompetent moderieren zu können.

Der Autor bewahrt den Leser nicht davor, sich auch mit den theoretischen Hintergründen seines Ansatzes auseinanderzusetzen. Er vermittelt sehr sorgfältig die wissenschaftlichen Grundlagen, auf denen er steht, und lädt den Leser ein, sich mit ihnen zu beschäftigen. So unterscheidet sich sein Buch wohltuend und gewinnbringend von der auf diesem Gebiet verbreiteten Hopp- und Ex-Literatur. Es erlaubt dem Leser, sich ein eigenständiges Urteil zu bilden, seine eigenen Grundlagen zu überprüfen und sich über den aktuellen wissenschaftlichen Stand zu informieren. Es gibt leider nur wenige Bücher, die wie dieses Buch in gleicher Weise dem theoretischen wie dem praktischen Anspruch genügen.

Gerade deshalb stellt es eine Bereicherung der Reihe „Praxis der Moderation" dar.

Einhard Schrader, Herausgeber.
im September 1996

Inhalt

Worum geht es hier?

Wer professionell mit Gruppen arbeitet, ob als Führungskraft oder Moderator, als Trainer oder Lehrer, als Supervisor oder Berater, braucht Konzepte – Orientierungen, die ihm oder ihr helfen, sich im tatsächlichen oder vermeintlichen Chaos von positiven und problematischen Interaktionen, Streitpunkten, Interessen, Machtverhältnissen, Gruppennormen usw. zurechtzufinden und handlungsfähig zu bleiben.

Gute Konzepte tragen vor allem dazu bei, wichtige Aspekte der Situation zu erkennen und zielführende Interventionen von unwirksamen oder abwegigen zu unterscheiden. Treffsichere Situations- und Handlungskonzepte ermöglichen es, die für die Gruppe und ihren Konflikt wirklich bedeutsamen Punkte zu erkennen, um sie sinnvoll beeinflussen zu können. Dieses Buch bietet Konzepte an, die auf der geballten Erfahrung zahlreicher Konfliktmoderatorinnen und -moderatoren aufbauen.

Für alle, die folgenreich mit Lebens- und Arbeitsgruppen zu tun haben und damit rechnen müssen, daß sie vor die Aufgabe gestellt sind, sachliche und zwischenmenschliche Konflikte zu lösen, ist hier folgendes zu holen: zwei grundlegende Einstellungen, drei Konzepte zur Schärfung der Wahrnehmung, vier Basiskompetenzen, fünf Moderationsschritte und sechs Leitsätze – alles kräftig mit Beispielen und praktischen Tips durchmischt.

Wie kam es dazu?
Die hier beschriebenen Konzepte stammen aus den Wissensbeständen erfahrener Konfliktmoderatoren, aus Trainingskursen, in denen exemplarische Konflikte aus der Praxis im Rollenspiel bearbeitet wurden, aus wissenschaftlicher Literatur und aus eigenen Erfahrungen mit Gruppen.

Im ersten Schritt haben wir – Studierende und ich – die Literatur gesichtet und erfahrene Moderatoren zu ihrem Vorgehen bei Konflikten befragt. Dabei fällt auf, daß in englischsprachigen Publikationen der Schwerpunkt von Forschung und Praxis der ‚Mediation‘, wie Konfliktmoderation dort oft genannt wird, auf dem sachbezogenen Aushandeln von Interessenkonflikten liegt. Der Schlüsselbegriff dieser Konzepte lautet ‚Verhandeln‘. Ein typisches Beispiel ist das bekannte Harvard-Konzept von Fisher und Ury (s. Literaturverzeichnis). Im eigenen Hause, der Arbeitsgruppe ‚Schulz von Thun und Redlich‘ am Fachbereich Psychologie der Universität Hamburg, und bei den befragten Profis dominiert dagegen die Bearbeitung innerseelischer und zwischenmenschlicher Aspekte der Konflikte, wobei oft auf Handlungsleitlinien aus humanistisch-psychologischer und systemischer Psychologie zurückgegriffen wird. Das Buch ‚Klärungshilfe‘ von Thomann und Schulz von Thun repräsentiert diese Schwerpunktsetzung.

Mir schien es wichtig, beide Aspekte – den sachlichen und psychologischen – miteinander zu verbinden. Darum habe ich in einem zweiten Schritt die hier beschriebene Schrittabfolge der Konfliktmoderation entwickelt. Psychologische Klärung und die sachbezogene Verhandlung ließen sich dabei gut in einen sinnvollen Zusammenhang bringen.

Im dritten Schritt schließlich wurden besonders geeignete Konfliktfälle aus der Praxis auf die wichtigsten Moderationsphasen zugeschnitten und zu Rollenspielen ausgearbeitet. Diese Rollenspiele haben wir inzwischen mit über 100 erfahrenen Trainern und Moderatoren aus Wirtschaft und Verwaltung, aus dem Sozial- und Bildungssektor sowie aus dem Gesundheitsbereich durchgeführt. Jeweils zwei Profis wurden als Moderationsteam für die Moderation eines solchen Konfliktes engagiert. Sie erhielten als erstes die Ausgangslage des Konfliktes. Nach zwei Wochen, die sie zur Vorbereitung nutzen konnten, führten sie ihre Konfliktmoderation durch. Jedes Moderationsteam hatte für seinen Fall zwei Stunden Zeit. Hier wurden viele verschiedene Methoden und Techniken ausprobiert, von den beteiligten Rollenspielern kritisch bewertet und gemeinsam verbessert. Das alles führte zu den Konzepten in diesem Buch.

Wie ist dieses Buch zu lesen?
Ein Handlungskonzept soll praktisch hilfreich und zugleich wissenschaftlich begründet sein. Wer einmal versucht hat, beiden Ansprüchen gerecht zu werden, mag gemerkt haben, daß sie schwer miteinander zu vereinba-

ren sind und ständig Kompromisse erfordern. Dennoch habe ich es hier wieder versucht und bitte beide Seiten – Praktiker und Wissenschaftler – um Nachsicht, wenn es mir nur unvollkommen gelungen ist; wenn der Praktiker über die komplizierte Betrachtungsweise stöhnt und der Wissenschaftler bei Vereinfachungen sorgenvoll die Stirn runzelt.

Nach einer einführenden Konfliktgeschichte aus dem Alltag von Arbeitsgruppen gibt das erste Kapitel dem Moderator eine ‚Landkarte' zur Orientierung in der Wildnis des Konfliktgeschehens an die Hand: eine Handlungsstrategie in fünf Schritten mit praktischen Leitfragen.

Im zweiten Kapitel werden drei Konzepte vorgestellt, die die Wahrnehmung von Moderatoren auf Merkmale richten, die leicht übersehen werden. Es geht hier um die Sensibilisierung für die Quellen der Macht in Gruppen. Beziehungsstörungen werden als Zusammenprall von ‚inneren Teams' definiert und funktionale Gruppenstrukturen im Bild der sozialen Architektur von Gruppen beschrieben.

Das dritte Kapitel befaßt sich mit den wichtigsten Basiskompetenzen, die ein Moderator braucht: transparent und flexibel strukturieren, aktiv zuhören, Brainstormings anleiten und faire Kommunikation an die Stelle sprachlicher Fouls setzen.

Im Anhang befindet sich eine heraustrennbare Kurzfassung der Handlungsstrategie (gewissermaßen für die Brieftasche), eine Checkliste mit den wichtigsten Verhaltenskompetenzen in der Konfliktmoderation und ein Beurteilungsverfahren, mit dem man die wichtigsten Moderationsfähigkeiten einschätzen kann. Schließlich findet man noch die Ausgangslagen von vier Fällen, die typische Konfliktkonstellationen repräsentieren. An solchen Fällen haben sich unsere Profis in Rollenspielen als Moderatoren erprobt.

Unter welchen Bedingungen ist Konfliktmoderation sinnvoll?
In die Rolle des Konfliktmoderators kann man auf zweierlei Weise geraten. Man wird als Diskussionsleiter, Trainer, Führungskraft, Lehrer oder in einer anderen gruppenleitenden Funktion plötzlich von einem Konflikt überrascht. Die aktuelle Aufgabe der Gruppe kann nicht wie geplant bearbeitet werden, weil um die richtige Lösung ein Streit entbrennt, sich zwei Rivalen

in die Haare kriegen, der Umgang miteinander bemängelt wird, sich feindliche Lager unterschwellig blockieren oder irgendetwas anderes stört. Aus der Leitung einer Diskussion wird mehr oder weniger explizit eine Konfliktmoderation. Als professioneller Konfliktmoderator dagegen wird man schon Tage oder Wochen vorher engagiert, um eine Gruppe wieder in Gang zu bringen, bei der Informationen nicht mehr fließen oder das Arbeitsklima vergiftet ist, die Kooperation stockt, Beziehungen gestört sind oder um Güter und Grundsätze offener Streit ausgebrochen ist.

In diesem Fall ist man als Moderator besser dran. Man kann sich nicht nur seelisch und sachlich vorbereiten. Zentrale Prinzipien der Konfliktberatung sind von vornherein erfüllt: Man ist systemfremd und neutral, hat keine eigenen ‚Aktien‘ im Spiel. Die eigene Rolle ist klar definiert. Man ist nur für die Strukturierung der Konfliktbearbeitung verantwortlich, nicht aber für die inhaltliche Lösung. Ein eindeutiger Auftrag kann mit der Gruppe vereinbart werden, und – last but not least – man bekommt einen Fehlschlag seiner Bemühungen später nicht ständig unter die Nase gerieben. Kurz: Die Rahmenbedingungen stimmen! Für diesen Fall ist das hier entwickelte Grundgerüst der Konfliktmoderation gedacht.

So rein und sauber, wie es Moderationsgrundsätze und theoretische Konzepte vorsehen, geht es in der Praxis aber selten zu. Oft steckt man schon weit im Konflikt, bevor man ihn überhaupt bemerkt und daran denkt, daß er strukturierter Moderation bedarf. Sogar der vorbereitete Moderator hat inhaltliche Vorstellungen von guten und schlechten Lösungen, kennt das eine oder andere Gruppenmitglied aus vergangenen Zeiten näher oder findet sich als Angegriffener überraschend in einer neuen Konfliktposition wieder. Auch für den, der überraschenden Konflikten ausgesetzt ist, bietet dieses Buch in Verbindung mit dem Grundgerüst eine Menge anschaulicher Beispiele, interessanter Moderationsideen, einfacher Handlungsschritte und praktischer Kommunikationswerkzeuge.

Er sollte sich aber immer klar machen, daß ein munteres Drauflosmoderieren mit der einen oder anderen Technik ziemlich sicher schiefgeht, wenn er anfangs nicht das ausdrückliche Einverständnis der Gruppenmitglieder zu folgenden Punkten einholt:
■ Es liegt ein Konflikt vor: Problembewußtsein

■ Er wird mit genügend Zeit bearbeitet: Zeitrahmen
■ Er wird von einer bestimmten Person moderiert: Rollenklarheit
■ Die Konfliktmoderation richtet sich auf ein vereinbartes Ziel: Zielstrebigkeit.

Ohne Einverständnis der Gruppenmitglieder, das der Moderator im Konfliktlösungsverlauf bei jedem Schritt erneut einholen muß, sollte man keine Moderation durchführen.

Wer die eigene Position im Konflikt vertritt, wird den Konflikt kaum erfolgreich moderieren. Selbst wenn er sich bewußt heraushielte: Die Vertreter der anderen Seite müßten annehmen, daß er die Moderation nur benutzt, um seine Position manipulativ durchzusetzen. Sie würden die Moderation offen ablehnen oder unterschwellig torpedieren. Man sollte darum dreimal überlegen, ob man die Diskussion bei einem Konflikt leitet, in den man selbst verstrickt ist. Meist ist es besser, mit aller Kraft und ehrlich für die eigene Position zu streiten.

Was muß der Moderator mitbringen?
Die hier vorgestellten Konzepte und Methoden setzen voraus, daß der Moderator die Kommunikationspsychologie von Schulz von Thun (1989) kennt. Da sie zum Basiswissen von Trainern und Moderatoren gehört und bereits im Deutsch- und Psychologieunterricht an allgemeinbildenden Schulen hier und da vermittelt wird, darf man diese Voraussetzung wohl getrost machen. (Einen kurzen Auffrischungskurs findet man am Anfang des dritten Kapitels.) Ebenfalls grundlegende Voraussetzung für jede Konfliktbearbeitung ist die Beherrschung der inzwischen schon klassisch zu nennenden Moderationsmethodik, wie sie in der ‚ModerationsMethode' von Klebert, Schrader u. Straub (1994, in dieser Reihe) sehr praxisnah vermittelt wird.

Darüber hinaus sollten Konfliktmoderatoren allgemeine Gesprächsführungskompetenzen besitzen, die vor allem im Spannungsfeld von Verständnis und Stellungnahme, von Kontaktfähigkeit und Konfrontationsbereitschaft liegen. Hierzu gibt es in den Materialien aus der Arbeitsgruppe ‚Beratung und Training' mein Übungsbuch ‚Kooperative Gesprächsführung in der Beratung' (1992) zum Selbsttraining. Weitere Übungen in kommunikationspsychologischen Methoden finden sich in dem Übungsbuch ‚Praxisberatung in Gruppen' (Schulz von Thun 1996). Empfehlenswert ist auch das Buch ‚Klärungshilfe' von Thomann u. Schulz von Thun (1988). Über Mediation gibt eine kleine Schrift von Besemer (1993) ausgezeichnet Auskunft, und zum theoretischen Hintergrund informiert das ‚Konfliktmanagement' von Glasl (1990).

Man merkt es schon: Ich benutze bei allgemeinen Personenkategorien die maskuline Form offensichtlich auch dann, wenn beide Geschlechter gemeint sind – um der besseren Lesbarkeit willen. Denn das große ‚I' und ‚Schrägstrich/innen' sowie Sie/er-Geholper lassen das Lesen immer wieder stolpern, wo es eigentlich frei fließen sollte.

Die KonfliktModeration wäre ohne die interessierte Mitarbeit und den Mut der Seminarteilnehmer aus Organisationen wie dem Otto-Versand, der Ruhrgas AG, der Hamburger Schulbehörde, der Universität Hamburg und anderer mehr, nicht zustande gekommen. Ihre große Zahl macht es mir unmöglich, sie alle zu nennen, und ihr gleichverteiltes Engagement erlaubt nicht die Hervorhebung Einzelner. Ihnen allen danke ich gern für Unterstützung, Kritik und fürs Mitmachen!

Alexander Redlich   Hamburg, im August 1996

Konflikt im Elternrat – Ein Beispiel

Konflikte sind das Salz in der Suppe des zwischenmenschlichen Lebens. Sie nerven, aber ohne sie gibt es keinen Fortschritt. Die folgende Geschichte illustriert, wie Konflikte fruchtbar ablaufen können.

Der Schauplatz
Es ist 20.30 Uhr. Gerade tagt der Elternrat einer Grundschule. Es geht um den Tagesordnungspunkt ‚Schulfest für mehr Schule‘.

Die Besetzung
Ein Vater leitet als Elternratsvorsitzender die Diskussion. Wie immer ist auch der Schulleiter anwesend, außerdem vier Eltern des Festausschusses sowie fünf weitere Eltern. Außergewöhnlich ist die Anwesenheit von drei Lehrerinnen. Sie haben sich in der Vorstellung bei der Festlegung der Tagesordnung als ‚Repräsentantinnen des Kollegiums‘ bezeichnet, das mit dem Festvorhaben nicht einverstanden sei.

Zur Vorgeschichte
Der Elternrat hatte vor einigen Wochen in Anwesenheit des Schulleiters ein Protestfest wegen zu kleiner Räume, ausfallenden Unterrichts, fehlender Pausenhalle usw. beschlossen. Vier Eltern haben einen Festausschuß gebildet und das Fest geplant: Es soll an einem Sonntag in vier Wochen von 10 bis 14 Uhr stattfinden. Elterngruppen machen Kuchenstände. Eine Jazzband spielt. Lehrer führen interessierte Eltern durch die Klassen, um zu zeigen, wie klein diese sind. Lehrer und Schüler können Aufführungen machen usw. Die Einladung an die Eltern der Schule liegt dem Elternrat im Entwurf vor.

Ein Konflikt entwickelt sich
Die anwesenden Lehrerinnen bringen ihre Ablehnung prägnant zum Ausdruck: Zwar sei die Idee sehr lobenswert, aber so gehe es nicht, es würde

chaotisch, alles übereilt usw. Die ebenso dominanten Mütter der Eltern-
gruppe halten dagegen: Wenn man wirklich wolle, dann gehe es doch, die
Lehrerinnen würden von dem Protest für eine bessere Schule auch profitieren usw. Die Lehrerinnen kontern, es sei unmöglich, beim besten Willen,
und dann noch am Sonntag, vier Stunden seien viel zu lang, 250 Schüler
würden durch die Schule rasen, …

Der Elternratsvorsitzende beobachtet das Geschehen zunächst und identifiziert die Konfliktlage(r): drei dominante Lehrerinnen gegen vier redege-
wandte Elternratsmitglieder. Der Rest, auch der Schulleiter, hält sich
zurück, ist vielleicht auch ein bißchen peinlich berührt.

Es handelt sich offenbar um einen sachbezogenen Interessenkonflikt zwischen der Gruppe der Lehrerinnen, die ein heilloses Chaos an ihrer Schule zu ihren Lasten befürchten, und den Ausschußeltern, die befürchten, daß
ihr ganzer Plan nichts wird. Der Vorsitzende spürt, daß die Lehrerinnen in
vielen Punkten recht haben. Möglicherweise sind sie auch gekränkt, weil
sie sich übergangen fühlen. Das scheint aber nicht im Vordergrund zu stehen. Er selbst nimmt keine Position für die eine oder andere Seite ein und
kann sich dementsprechend unvoreingenommen sehen. In seiner Rolle als
Diskussionsleiter greift er moderierend ein.

Der Konflikt klärt sich
Er beabsichtigt zunächst, die Sichtweisen beider Seiten sorgfältig zu erkunden, damit die Konfliktlage allen Beteiligten auch hinreichend klar ist.
So wendet er sich den streitenden Parteien zu: „Es entwickelt sich hier ein
Gegensatz, der sehr schnell eskaliert. Wir sollten uns etwas Zeit nehmen,
um die Auseinandersetzung fruchtbar zu nutzen. Ich möchte erst einmal
verstehen, worum es Ihnen im einzelnen geht." Und zu den Lehrerinnen gewandt: „Sie vertreten ja offensichtlich das Lehrerkollegium. Können Sie genauer sagen, welche Vorbehalte das Kollegium hat?"

Die Lehrerinnen schildern ihre Interessen. Sie werden dabei immer wieder
durch Ausschußeltern unterbrochen, die irgendeinen Sachverhalt richtig-
stellen wollen. Allerdings hält der Diskussionsleiter die Eltern in freundlich-
bestimmter Weise zurück: „Sie können Ihre Gegenargumente gleich bringen. Erst mal sollten wir verstehen, was genau die Vorbehalte und Hinter-

gründe der Ablehnung sind." Das gibt den Lehrerinnen Luft, und sie können ihre Punkte und deren Hintergründe im einzelnen ausführen. Der Diskussionsleiter faßt ihre Kritikpunkte und Wünsche schließlich zusammen und schreibt sie an eine Tafel.

Nun wendet er sich an die Ausschußeltern: „Wie stehen Sie dazu?" Während die Eltern ihre Vorstellungen zum Ausdruck bringen, schützt er auch sie vor Unterbrechungen, die jetzt aus den Reihen der Lehrerinnen kommen. Die Wünsche und Argumente der Eltern werden ebenfalls zusammengefaßt:

Wünsche des Kollegiums:	*Wünsche/Argumente der Eltern:*
1. Die Kinder sind nicht beaufsichtigt und werden nicht genügend beschäftigt.	*1. Es wurde schon viel Vorarbeit hineingesteckt.*
2. ‚Schulfest' ist ein Begriff, der dem richtigen Sommer-Schulfest vorbehalten bleiben soll und von den Schülern nicht mit Protest verwechselt werden darf.	*2. Der Termin muß eingehalten werden, sonst ist die Luft raus.*
3. Die Eltern sollen von den Lehrern nicht soviel Zuarbeit erwarten.	*3. Es wird kein Chaos stattfinden.*
4. Es dürfen keine Klassen für alle offenstehen. Denn das gibt Chaos.	*4. Viele Lehrer müssen mitmachen, sonst geht es gar nicht.*
5. Der Termin ist zu kurzfristig angesetzt und auch noch am Sonntag.	*5. Der Festcharakter sollte beibehalten werden, weil sonst zu wenig Eltern kommen.*
6. Die Dauer der Veranstaltung ist zu lang.	

Abschließend fragt er alle Anwesenden, ob die unterschiedlichen Interessen klar geworden sind und ob noch etwas hinzugefügt werden sollte, bevor es an die Findung von Lösungen geht. Alle sind einverstanden.

Eine Lösung entsteht

Nun geht es dem Diskussionsleiter darum, Bewegung in die Positionen zu bringen. Dazu schlägt er vor, „eine Pause zu machen, in der alle die Gelegenheit haben, über Lösungen nachzudenken und sich frei über Ideen auszutauschen." Daraufhin wird die Sitzung für 20 Minuten unterbrochen.

Lehrerinnen und Schulleiter gehen auf den Flur, um die Sache zu besprechen, und auch die Ausschußeltern diskutieren angeregt in der Raucherecke. Der Sitzungsleiter geht herum, um hier und da zuzuhören. Schließlich trommelt er alle wieder zusammen.

Er bittet zunächst die Lehrerinnen zu berichten: Am wichtigsten ist ihnen ein Angebot, das die meisten Schüler beschäftigt, z.B. ein attraktiver Kinderfilm, der in der Turnhalle gezeigt wird. Wenn Klassenräume einbezogen werden, dann nur unter Kontrolle der jeweils zuständigen Klassenlehrerinnen. Der Termin soll frühestens in vier Wochen sein. Dann können mehr Lehrkräfte mitmachen. Die Veranstaltung darf nur zwei Stunden dauern. Länger halten es die Kinder nicht aus.

Der Diskussionsleiter wendet sich an die Ausschußeltern: „Und was meinen Sie dazu?" – „Ein Film in der Turnhalle ist eine gute Idee. Die Veranstaltung kann auch kürzer sein und anders genannt werden. Wir schlagen vor: ‚Jazz für mehr Schule'. Selbstverständlich sollen die Klassenräume unter Kontrolle der zuständigen Lehrerinnen bleiben. Aber der Termin muß beibehalten werden. Es war schon schwierig, eine Jazzband zu bekommen. Und wenn wir länger warten, befürchten wir, daß die Luft raus ist aus dem Protest und daß nur wenige Eltern kommen werden." Der Diskussionsleiter streicht die ‚gelösten' Punkte an der Tafel und wendet sich nun an alle: „Dann sind wir uns bis auf den Termin in vier Wochen einig. Gibt es Vorschläge, wie wir diesen Punkt lösen können?"

Der Schulleiter äußert seine Vermutung, daß die Lehrkräfte auch zu einem späteren Zeitpunkt nicht in größerer Zahl mitmachen können als zum geplanten. Die wichtigsten Interessen der Lehrerinnen seien doch nun berücksichtigt, ihre zentralen Befürchtungen und Belastungen beseitigt. Vielleicht ginge es doch wie geplant?

Eine weitere Person schlägt vor, noch vier Wochen länger zu warten, dann gebe es einen Feiertag mitten in der Woche. Ein Vater bietet „eine Woche später" als Kompromiß an.

Während diese Vorschläge eingebracht werden, ‚tuscheln' die Lehrerinnen miteinander. Schließlich meldet sich eine und schlägt vor, daß ihre Gruppe es sich inzwischen doch vorstellen könne, die Veranstaltung am geplanten Termin zu machen und dies dem Kollegium zu empfehlen. Allerdings müsse man jetzt hier genau festlegen, wer welche Aufgaben übernimmt, damit es nicht doch noch zum Chaos kommt.

Hierauf achtet der Diskussionsleiter. Es werden Vorschläge gesammelt und festgelegt, wer für die einzelnen Aufgaben verantwortlich ist: Einige Eltern werden einen Kaffee- und Kuchenstand übernehmen, andere die Getränkebeschaffung für die Kinder. Eine Lehrerin will den Kinderfilm besorgen. Der Schulleiter möchte die ‚Führungen' durch die kleinen Räume der Schule machen. Zwei Eltern werden sich um die Werbung im Stadtteil kümmern und die Einladung an alle Eltern fertigstellen usw.

Die Bilanz
Dieser alltägliche Konflikt nahm dank dem moderatorischen Geschick des Elternratsvorsitzenden einen fruchtbaren Verlauf. Er hat wichtige Grundsätze einer erfolgreichen Konfliktmoderation intuitiv und ohne große Worte verwirklicht. Dadurch eskalierte der sachbezogene Interessenkonflikt nicht zu einer Störung der zwischenmenschlichen Beziehungen oder gar zu einer Frontenbildung zwischen Eltern und Lehrerinnen. Es bildeten sich nicht zwei ‚Lager', wie zu befürchten war.

Im Gegenteil: Die aus dem Konflikt entwickelte Lösung führte letztlich zu einer besseren Veranstaltung, als wenn nur der ursprüngliche Plan der Ausschußeltern umgesetzt worden wäre. Auf diese Weise war der Widerstand der Lehrerinnen keine Störung, sondern von Vorteil. Darum das Motto der Moderation: ‚Konflikte nutzen!'

Eine fruchtbare Konfliktentwicklung fällt nicht so auf wie ein destruktiver Verlauf, der mit den eigenen ‚Bordmitteln' nicht mehr aufgehalten werden kann.

Bei destruktiven Konflikten kriegen die Beteiligten die ‚Kurve' zur Lösung nicht. Dann entwickelt sich nach Glasl (1990) meist eine typische Eskalation – eine Abfolge von Konfliktphasen, die hier als ‚Treppe in den Abgrund' dargestellt ist.

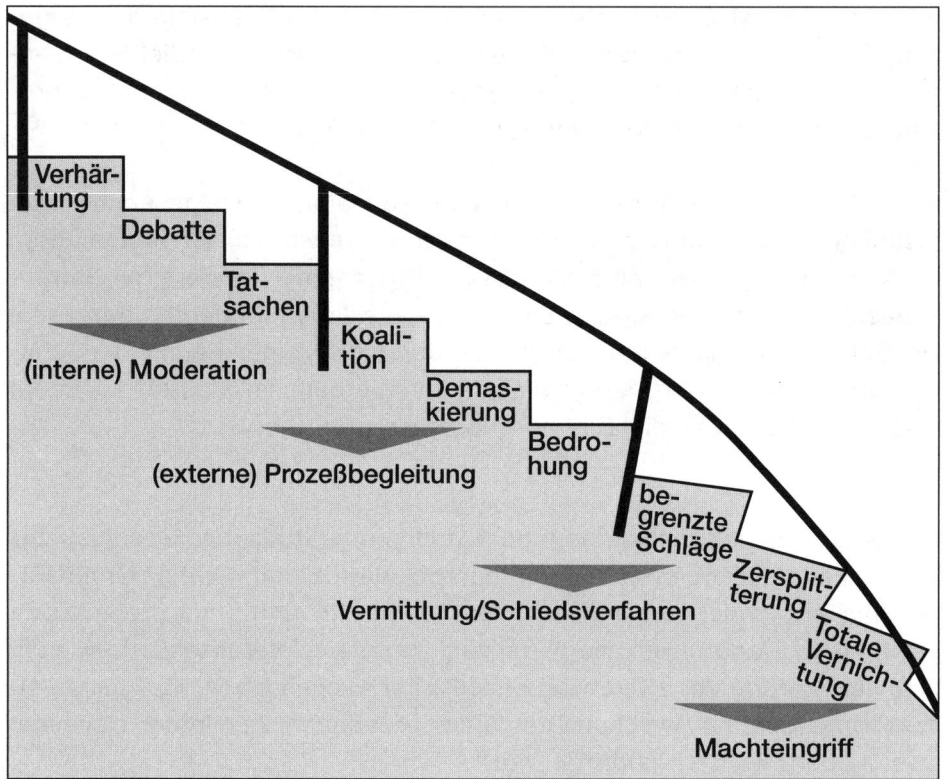

Demnach hätte sich der Konflikt auch folgendermaßen auf den Abgrund zu-bewegen können:

Zunächst kommt es bereits vor der Elternratssitzung zu einer Verhärtung der Standpunkte (1. Stufe in den Abgrund). Die Lehrkräfte des Kollegiums haben von den Planungen des Festausschusses gehört und sind zu der Auffassung gekommen: „So nicht. Nicht über unsere Köpfe hinweg. Die Eltern können gerne helfen, aber nicht bestimmen. Da müssen wir erst einmal gefragt werden."

In der Elternratssitzung findet die Auseinandersetzung darüber als Debatte statt, die weitgehend sachlichen Charakter hat (2. Stufe).

In der 3. Stufe wird bereits versucht, den Konflikt dadurch für sich zu entscheiden, daß die eine oder andere Seite vollendete Tatsachen schafft. Dies taucht in diesem Fall kaum spürbar auf: Die Jazzband ist schon bestellt. Wenn der Konflikt nur bis hierher eskaliert, kommt man meistens aus eigener Kraft zu einer akzeptablen Lösung. So ist es auch in der Elternratssitzung.

Wenn es nun aber weiter treppab geht, wird es schwieriger. Denn die Parteien steigern den sozialen Druck auf die Leitung, Stellung zu beziehen. Sie suchen sich Koalitionspartner für ihre Positionen (4. Stufe). Der Konflikt saugt gewissermaßen alle Personen auf. Externe Moderation wird notwendig.

In der 5. Stufe wird es ‚persönlich': Die Kontrahenten behaupten, daß die Gegenseite hinter einer ehrenhaften Maske abscheuliche Einstellungen und Pläne verberge (Demaskierung). So könnten die Eltern behaupten, daß die Lehrer letztendlich nur zu faul sind, um vier Stunden ihrer Freizeit am Wochenende zu opfern. Dabei müssen doch gerade sie an einer Vergrößerung der Räume interessiert sein. Es könnten Stichworte wie „mangelndes Engagement" und „typisch Lehrer" fallen. Es ginge dann auch öffentlich nicht mehr nur um die ‚Sache', sondern um die Personen. Die Beziehungen werden bewußt und sogar gezielt beschädigt, persönliche Brücken abgebrochen. Im Bereich dieser beiden Stufen ‚Demaskierung' und ‚Bedrohung' ist externe, nach Möglichkeit prozeßbegleitende Moderation gefragt. Sie thematisiert auch die Beziehungen und persönlichen Verletzungen.

Danach geht es überwiegend um die Schadensbegrenzung durch juristische Mittel oder bloße Machtausübung. Über gegenseitige Bedrohungen rutschen die Konfliktparteien in den Bereich der Gewalttätigkeit. Es folgen begrenzte Schläge, die den Gegner gefügig machen sollen (7. Stufe), und schließlich Versuche der Zersplitterung seiner Infrastrukur sowie der totalen Vernichtung (8. und 9. Stufe). Engagierte Eltern mit Beziehungen zu den Medien – und engagierte Personen haben fast immer Beziehungen zu Presse oder Fernsehen – könnten in diesem Stadium z.B. Zeitungsartikel im Regionalblatt lancieren, in denen die Raumnot der Schule mit einem Hinweis auf die allgemeine Lethargie von langsam vergreisenden Lehrkräften verknüpft wird, die ohnehin nur ihre Beamtenheimstättenfinanzierung oder Ferienplanung im Kopf haben… Im regionalen Fernsehprogramm könnte die Schulleitung mit betonter Besorgnis dagegen setzen, daß hier parteipolitische Interessen einzelner Eltern die räumliche Notlage dazu benutzen, den nahenden Wahlkampf in die Schule zu tragen und das bisher so kooperative Klima zu vergiften ...

Das Beispiel zeigt, wie wir im Alltag ständig Konflikte durch geschickte Gesprächsleitung lösen und dadurch zu besseren Ideen und Planungen kommen. In diesem Sinne nützen uns Konflikte. Sie bringen uns in der Sache weiter.

Gelegentlich entwickeln sich Konflikte in die andere Richtung, stürzen gewissermaßen die Treppe hinunter. Dann ist professionelle Konfliktmoderation nötig. Aber dann sollten wir nicht nur an eine Schadensbegrenzung denken, sondern Spannung und Konflikt aktiv benutzen, um zu besseren, bisher nicht gedachten Lösungen zu kommen.

Thema dieses Bandes ist, wie Konfliktmoderation dazu beitragen kann, von den mittleren Stufen der Eskalationstreppe wieder nach oben zu kommen.

1. Kapitel – Konfliktmoderation

Führung durch unwirtliches Gelände

Wie immer man die Aktivität eines Konfliktmoderators definieren mag, eine Aufgabe ist Kernbestandteil aller Definitionen: Ein Moderator gibt der Kommunikation der Beteiligten eine Struktur. Aber welche? Wie geht der Moderator vor? Wie soll eine Moderation ablaufen?

Einige Psychologiestudierende und ich haben in den vergangenen Jahren etwa 40 Personen, die sich professionell mit Moderation, Supervision, Entwicklung und Beratung von Arbeitsgruppen befassen, ausführlich dazu befragt, nach welchen Handlungsleitlinien sie die Bearbeitung von Konflikten in Gruppen strukturieren. Jede Person hat dabei an typischen Beispielen aus ihrer Praxis ihr Vorgehen skizziert und ihre konzeptionellen Überlegungen dazu erläutert.

In einem zweiten Projekt haben wir über 100 Moderatoren typische Konfliktfälle vorgegeben. Sie erprobten daran im Rollenspiel verschiedene Interventionen. In diesen Projekten wurde eine große Fülle unterschiedlicher Methoden entwickelt, die in diesen Band einfließen. Aus ihnen und aus publizierten Konzepten habe ich einen einfachen Ablauf für die Konfliktmoderation rekonstruiert, der auf die Bewältigung von vier Gefahren ausgerichtet ist (s. S. 22). Danach kann man eine Konfliktmoderation als einen Weg durch unwirtliches Gelände beschreiben, in dem bestimmte Gefahren drohen. Viele professionelle Konfliktmoderatoren sehen vier Gefahrenzonen.

Am Anfang des Weges liegt gewissermaßen eine emotionale Wüste.

Die Gruppenmitglieder sind zu Beginn einer Konfliktbearbeitung mit einem externen Berater sehr vorsichtig, und viele mögen sich folgendes fragen: Da kommt ein Moderator zur Behandlung eines Konfliktes, der unangenehmsten Thematik, in die Gruppe. Wie wird der wohl mit mir umgehen? Wird er uns in unangenehme Auseinandersetzungen hineinbringen? Wie werde ich am Ende dastehen? Kann ich meine (können andere ihre) Gefühle beherrschen? Werde ich (wieder) verletzt werden? Ist das Klima in der Gruppe hinterher schlimmer als vorher? Wird die Gruppe zerfallen?

In einer solchen Situation stellen viele Menschen zunächst eine ausdruckslose Fassade zur Schau, um sich die eigenen Gefühle nicht anmerken zu lassen. Reagieren alle Gruppenmitglieder in der Anfangsphase so, werden Stimmungsäußerungen und Beziehungssignale minimiert, und es entsteht kaum Kontakt. Wenn man nun die Bearbeitung des Konfliktes beginnt, besteht die Gefahr, daß die emotionalen und zwischenmenschlichen Aspekte der Gruppe in dieser Wüste der Fassaden verdorren: Es wird viel geredet und wenig gefühlt. Kurz: Es kommt kein Kontakt zustande.

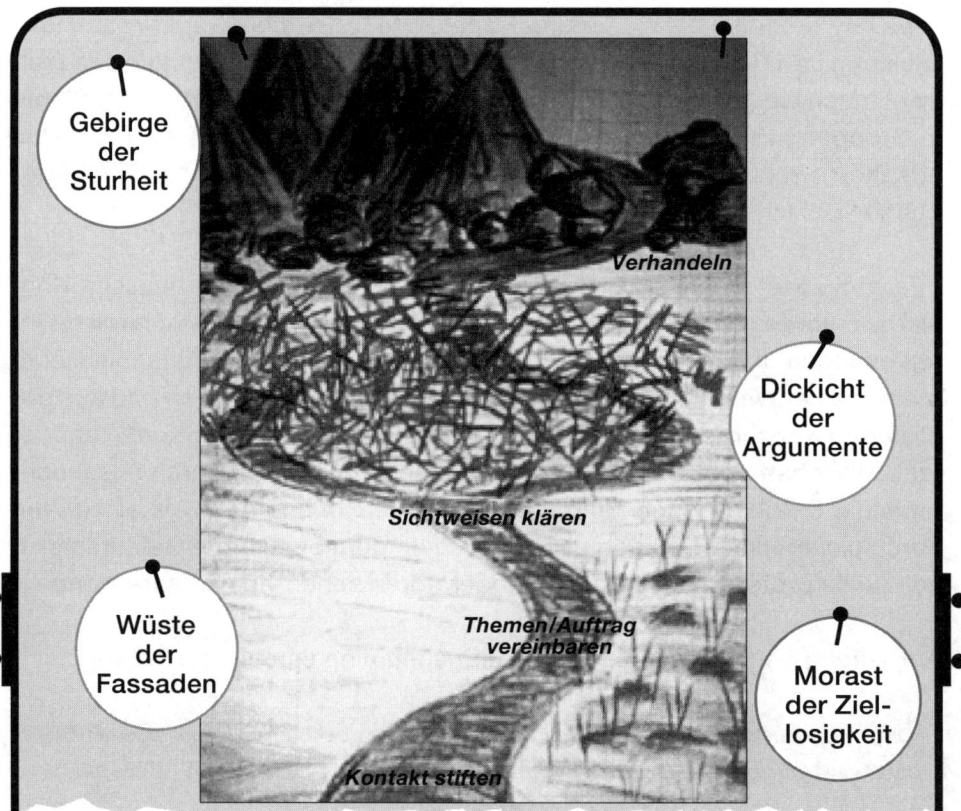

Darum beginnen die meisten Moderatoren die Konfliktbearbeitung mit einer sorgfältigen Kontaktaufnahme zu jedem Gruppenmitglied und der Förderung des Kontaktes zwischen den Gruppenmitgliedern; z.B. durch eine ‚Runde', in der jede Person sich vorstellt und in einen kleinen Dialog mit dem Moderator kommt. Sie geben einen Eindruck von ihrem Moderationsstil und gehen auf die individuellen Hoffnungen und Befüchtungen der Gruppenmitglieder ein. Dabei sehen sich die meisten Moderatoren als Modell für den ehrlichen Ausdruck von Befürchtungen und Hoffnungen sowie für das Interesse am andern. Die Aufgabe in diesem ersten Schritt der Moderation ist es also, zwischenmenschlichen Kontakt zu stiften und authentischen Ausdruck zu fördern, statt mit der (Konflikt-) Tür ins Haus zu fallen. Das sollte allerdings zum Ernst der Situation passen und nicht übertrieben werden.

Der Weg geht nun weiter. Die Kontaktaufnahme fördert das Vertrauen der Gruppenmitglieder, sie äußern sich zunehmend freier, und das erste benennt schon einen Konfliktpunkt aus seiner Sicht. Sofort kommt Widerspruch: „So kann man das doch nicht sehen. Es war doch ganz anders!" - Gegenrede erfolgt, dritte Positionen, Polarisierer und Vermittler schalten sich ein... und schon ist man mitten in den Konflikt hineingerutscht wie in einen Morast. Jeder Versuch des Moderators und der Gruppenmitglieder, sich daraus zu befreien, läßt sie nur noch tiefer versinken. Hier lauert sozusagen der Sumpf der Ziellosigkeit und droht alle gutgemeinten Bemühungen zu verschlingen.

Systemisch geschulte Profis empfehlen für diesen Teil der Moderation eine sorgfältige Gestaltung des Auftrages zwischen allen (wirklich allen!) Gruppenmitgliedern und dem Moderator. Offensichtlich hat es sich dabei nicht bewährt, einen abstrakten Auftrag (wie etwa „Verbesserung der Kooperation") zu vereinbaren, sondern ihn durch die Sammlung und Auswahl der Konfliktthemen, die bearbeitet werden sollen, zu konkretisieren.

Gesetzt den Fall, es wurden Konfliktthemen gesammelt und ausgewählt; außerdem wurde vereinbart, an ihrer Klärung und Lösung in einer bestimmten Reihenfolge mit Hilfe eines Moderators zu arbeiten, dann ist der Zeitpunkt der eigentlichen Konfliktbehandlung gekommen. In der Regel geht es dabei um einen einfachen Gegensatz, d.h. um einen Streit zwischen

zwei Positionen, die oft auch von zwei Personen ('Protagonisten', d.h. Vor-
kämpfern) vertreten werden. Die eine ergreift beherzt die Gelegenheit und
beginnt ihre Position darzustellen. Sie möchte mit einem Schlag die unangenehme Situation beenden. Dazu hat sie alle Aspekte sorgfältig überlegt
und reiht ein schlagendes Argument an das andere, verbunden mit der unterschwelligen Beziehungsbotschaft, daß nur ein vollständiger Idiot diese
Argumentation nicht zu akzeptieren vermag. Die andere Seite kann dies
nun keineswegs so einfach laufen lassen. Kaum holt die erste einmal Luft
und läßt eine kleine Pause in ihrer Rede, schaltet sich die andere Person
ein und fügt nun ihrerseits ein Gegenargument ans andere, nicht ohne ebenfalls unterschwellig zu signalisieren, daß dabei eigentlich jeder vernünftige
Mensch sich ihren Überlegungen anschließen müßte. Bevor sie endet, wird
sie unterbrochen und der bewußten oder dümmlichen Verzerrung von Tatsachen bezichtigt. Sie rechtfertigt sich, beschwert sich darüber, daß hier
Argumente durch unangemessene Gefühlsausbrüche ersetzt würden und
der Kommunikationsstil unerträglich sei, wenn man nicht einmal ausreden
könne. Kurz und gut, bevor der Moderator überhaupt die einzelnen Argumente verstanden hat, sind die beiden Kampfhähne schon so miteinander
verstrickt, daß sie kaum noch zu trennen sind. Man ist mitten im Dickicht
der Argumente und herabsetzenden Beziehungsbotschaften, aus dem es
kein Entrinnen gibt.

Nahezu alle befragten Moderatoren – mit Ausnahme eines einzigen, der eine Kostprobe der Streitigkeiten immer selbst einmal erleben will, bevor er
moderativ eingreift, – arbeiten an dieser Stelle von vornherein mit einer
deutlichen Trennung der beiden gegensätzlichen Positionen. Sie lassen
sich und damit auch dem Konfliktgegner sowie den anderen Gruppenmitgliedern zunächst einmal die eine Sichtweise so schildern, daß sie sie verstehen können. Dann wird die andere Seite ebenso ausführlich gehört. Beiden Seiten wird dazu erklärt, daß es ausschließlich um das Verstehen geht,
um die Klärung der Sichtweisen, nicht um ihre Bewertung oder Lösung.
Durch dieses Auseinander-Setzen der beiden Seiten wird das Dickicht der
Argumente gewissermaßen auf beiden Seiten umgangen. Die Gefahr einer
Verstrickung ist damit erheblich verringert.

Sind nun die Positionen klar geworden, kommt es durchaus nicht selten
vor, daß der Konflikt verschwindet. Die Beteiligten erleben die Klärung zu-

gleich auch als Lösung im wörtlichen Sinne, als Auflösen der gemeinsamen Verstrickung.

Aber oft bleibt auch nach einer gelungenen Klärung und (Wieder-) Herstellung einer guten Beziehung ein Interessengegensatz, etwa unter dem Motto: „Ich verstehe jetzt zwar die andere Seite gut, aber möchte trotzdem ... (... in der Sache nicht nachgeben, meine Interessen wahren, keinen Nachteil erleiden usw.)." Hier bleiben alle Beteiligten manchmal fest bei ihren Interessen, und die Moderation steht quasi vor einem Gebirge der Sturheit. Es sind alle Argumente genannt, und trotzdem kann niemand nachgeben. Niemand möchte nun noch einmal in den Konflikt einsteigen, dem ja gerade durch den sorgfältigen Klärungsprozeß die zwischenmenschliche Brisanz genommen wurde. Manchmal erzeugt die Gruppe Druck, einen Kompromiß zu machen, der um des lieben Friedens willen angenommen wird, aber alle spüren, daß es ein fauler Kompromiß ist.

Manche Moderatoren sehen ihre Aufgabe dann als erfüllt an. Die Beziehungen sind geklärt – die sachbezogenen Regelungen sollte die Gruppe allein finden. Andere sehen weiteren Moderationsbedarf und die Aufgabe, die festgefahrenen Positionen in Bewegung zu bringen. Es müssen kreativ neue Regelungen gefunden und ausgehandelt werden. Nach Auffassung derjenigen Moderatoren, die sich dieser Aufgabe stellen, scheint es nicht hilfreich zu sein, die Verhandlungen zwischen den beiden Seiten in der Gruppe direkt zu moderieren, sondern beiden Seiten für sich allein Gelegenheit zu geben, Kompromiß- und Bewegungsmöglichkeiten auszuloten oder neue Lösungswege kreativ zu erfinden. Das Gebirge der Sturheit wird damit nicht direkt überwunden, sondern eher durch kreativitätsfördernde Methoden umgangen.

Soviel einführend in groben Zügen zum Ablauf einer Konfliktmoderation. Die einzelnen Schritte werden ausführlich beschrieben und mit Beispielen illustriert.

In meinem Verständnis ist Moderation eine professionalisierte Form der Alltagsverständigung. Sie richtet sich nach denselben Regeln, wird aber zielgerichteter, systematischer und sorgfältiger aufgebaut als die rasche und intuitive Kommunikation im Alltag. Sie weist die Grundstruktur auf wie das Vorgehen bei der Lösung von sachlichen Problemen. Da es sich allerdings um zwischenmenschliche, kommunikative Probleme in Gruppen handelt, enthält diese Struktur viele Elemente der Verständigung; d.h, die Teammitglieder stellen ständig ihr Einverständnis über die (problematische) Situation, (angestrebten) Ziele, (wirksamen) Methoden usw. her.

Symmetrie von Eröffnung und Beschluß

Kern des Vorgehens ist eine Handlungseinheit, die ich den ‚Grundbaustein der Verständigung' nenne. Auf dem Weg des Teams von der Konfliktbenennung bis zur Konfliktlösung eröffnet der Moderator jede einzelne Teilprozedur, jeden Schritt der Verständigung, indem er den Teammitgliedern die Möglichkeit gibt, sich zur jeweils anliegenden Frage zu äußern, und beschließt diese Prozedur durch eine Absprache zwischen allen Beteiligten. Der Grundbaustein besteht gewissermaßen aus den Elementen des Öffnens und Schließens, aus dem verständigungsorientierten Austausch und der wirkungsorientierten Entscheidung.

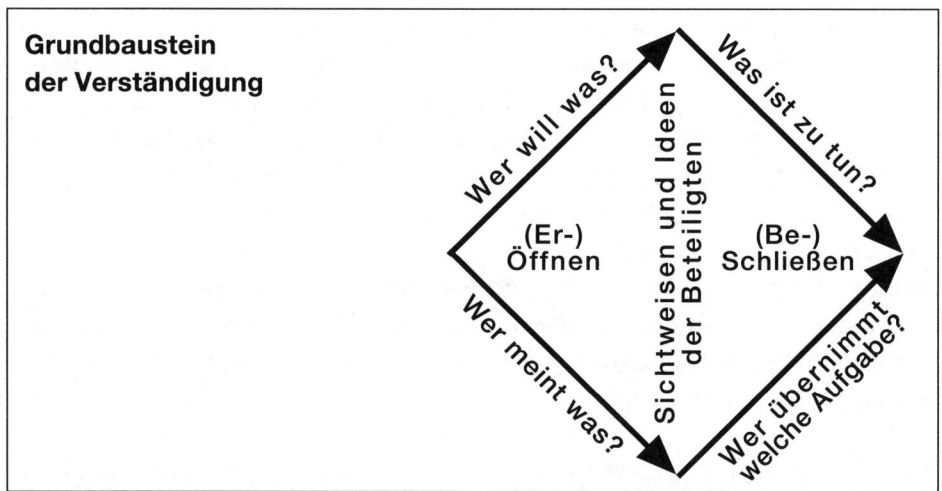

Grundbaustein der Verständigung

Wer will was? Was ist zu tun?
(Er-) Öffnen   Sichtweisen und Ideen der Beteiligten   (Be-) Schließen
Wer meint was?   Wer übernimmt welche Aufgabe?

Er läßt sich als ein auf einer Ecke stehendes Quadrat darstellen, dessen Seitenlinien öffnende und schließende Aktivitäten symbolisieren. Die Thematik, über die man sich verständigt, wird durch Fragen bzw. Aufforderungen eröffnet und durch konkrete Absprachen beschlossen. Diese moderativen Leitfragen sind jeweils an den Seitenlinien angegeben. Sie begleiten die Moderation auf den eröffnend-auseinandergehenden bzw.

beschließend-zusammenführenden Wegen. In der Fläche sind die beiden Kernaufgaben jedes Schrittes benannt.

In der Eröffnungsphase kommen die Sichtweisen und Ideen der Beteiligten zu Wort. Dabei geht es um
- Sachverhalte
- inneres Erleben einzelner Personen und
- um zwischenmenschliche Beziehungen.

Es gibt keine objektive Bestimmung des Punktes, wann die Eröffnung abgeschlossen ist, sondern nur die Möglichkeit, sich im Team darüber zu verständigen, d.h. ein Einverständnis zu erzielen, daß die Sichtweisen der Teammitglieder hinreichend zum Ausdruck gebracht sind. Dann wendet sich der Verständigungsprozeß einem gemeinsamen Beschluß zu, der zur nächsten Handlungsprozedur führt, die wiederum im Sinne der Beteiligung aller Teammitglieder eröffnet wird, bis alle relevanten Sichtweisen zu Wort gekommen sind, so daß wieder ein Beschluß eingeleitet werden kann usw.

So werden z.B. Tagesordnungen von Konferenzen systematisch (meist schon vor der Zusammenkunft) eröffnet, so daß zu bearbeitende Probleme und Fragen (‚Tagesordnungspunkte') von den Mitgliedern eingebracht werden können. Erst in einem zweiten Teil dieser Verständigungsprozedur wird die Tagesordnung (einschließlich der Reihenfolge der Punkte) formell beschlossen.

Bei jedem einzelnen Punkt einer Tagesordnung sollten nach dem Modell des Eröffnens und Beschließens zunächst Beiträge von den Mitgliedern des Gremiums gesammelt werden, die das Spektrum ihrer Auffassungen wiedergeben, um sich dann in der Abschlußphase auf eine gemeinsame Entscheidung zu konzentrieren. Hier wird oft der Fehler begangen, daß die Beteiligten sich schon um einen Punkt streiten, bevor alle im Gremium zu bearbeitenden Punkte überhaupt genannt sind. Dann merken die dominanten Mitglieder oft erst am Ende, daß sie gar nicht den wichtigsten Punkt behandelt haben oder nur einen kleinen Ausschnitt der Problematik.

Hierbei kommt dem Moderator die Aufgabe zu, den Beteiligten nicht nur transparent zu machen, um welches Thema es gerade geht, sondern auch, ob man sich gerade in einer Eröffnungs- oder Beschlußphase befindet. Typische eröffnende Formulierungen sind: „Hierzu bitte ich jetzt um Meinungsäußerungen", „Wie sehen die Anwesenden die Problematik?" Und beschließende: „Ich schlage vor, nun zur Beschlußfassung zu kommen." Dabei muß er immer wieder das Einverständnis der Beteiligten abfragen, d.h. zugleich auch dazu ermutigen, Widerspruch zu äußern: „Ich habe den Eindruck, daß sich jetzt die Argumente wiederholen und die unterschiedlichen Sichtweisen klar geworden sind – oder gibt es noch Auffassungen, die bisher noch nicht genannt wurden?"

Dabei ist die Symmetrie des Öffnens und Schließens zu beachten. Zwei typische Schieflagen von Verständigungsprozessen sollten vermieden werden.

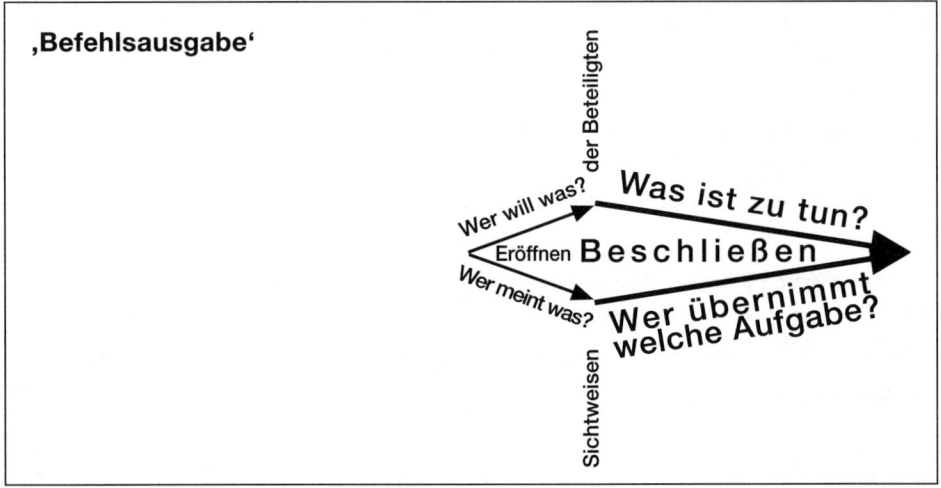

‚Befehlsausgabe‘

Erdrückt der Prozeß des Beschließens die Eröffung, verarmt das Gespräch und wird zur ‚Befehlsausgabe‘. Die Sichtweisen der Beteiligten kommen kaum zur Geltung. Es geht um rasche Lösungen. In manchen Situationen mag ein solches Verfahren nötig und erfolgreich sein. Meist führt es aber zu langfristigen Rückschlägen, weil wichtige Informationen vernachlässigt wurden (Stichwort: mangelhafte Information) oder die Betroffenen sich ungenügend beteiligt fühlen (mangelhafte Motivation). In der Moderation von Beziehungskonflikten mit geringem Sachanteil ist eine vernachlässigte Eröffnung der folgenreichste professionelle Kunstfehler.

Der Projektleiter in einer Arbeitsgruppe zur Einführung eines neuen EDV-Systems eröffnet die Bearbeitung des Tagesordnungspunktes ‚Auswahl des Textverarbeitungsprogrammes' mit den Worten: „Wir kennen das Problem: Alle klagen über das bekannte, aber veraltete Programm. Wenn wir aber die neue, bessere Alternative R2D2 vorschlagen, wird es auch erheblichen Widerstand auslösen. Ich denke, daß wir uns dem stellen sollten. Darum möchte ich, daß wir nach Möglichkeiten suchen, wie wir den Anwendern das neue Programm schmackhaft machen können." Er wunderte sich dann über das geringe Engagement der Projektgruppenmitglieder. Die Eröffnung geriet hier zu eng. Offenbar waren ihre Situationsdefinitionen nicht gefragt, sondern nur Lösungsideen, die zum Beschließen gehören. Nach schleppender Diskussion mußte er bei der Einführung des neuen Programms am Ende das meiste selbst übernehmen.

Auf der anderen Seite droht die Gefahr einer ausufernden Konversation. Wenn die Offenheit für alle möglichen Sichtweisen und Ideen nicht begrenzt wird durch die Konzentration auf praktische Ziele, verkommt die Verständigung zur ‚Kaffeerunde'. Am Ende wird meist unter Zeitdruck und ohne Verbindlichkeit nur darauf verwiesen, was zu tun sei. Die Folge ist oft ein Versanden der Pläne im Alltag. Oder die praktische Planung und Umsetzung bleibt an einzelnen Personen hängen.

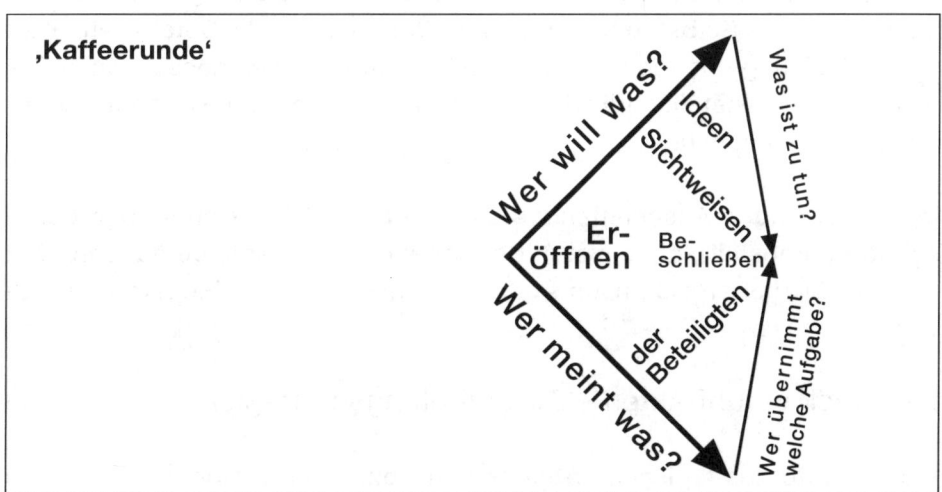

Es gibt kein objektives Kriterium dafür, wann eine Eröffnung abgeschlossen ist und wann ein Beschluß ‚fertig' ist. Als Kriterium gilt der Konsens, das (vorläufige) Einverständnis der Beteiligten. Der Moderator kann beide

Asymmetrien nur vermeiden, indem er mit ihnen immer wieder vereinbart, wo der Moderationsprozeß gerade steht, wohin und wie es weitergehen soll. Das schafft die erforderliche Transparenz und Flexibilität im Vorgehen.

Dieser Grundbaustein der Verständigung findet sich in allen Teilschritten der Moderation wieder.

Zusammengefaßt
Auch eine Konfliktmoderation folgt im großen und ganzen dem allgemeinen Problemlösemodell von 1. Diagnose, 2. Planung und 3. Intervention. Allerdings geht es hier nicht nur um die individuelle, ‚einsame' Lösung von Sachproblemen mit instrumentellen Mitteln, sondern auch um innerpsychische und zwischenmenschliche Konflikte. Hier wird nicht ausschließlich zweckgerichtet, sondern zugleich auch verständigungsorientiert kommuniziert. Es geht um das Ergebnis und um den Prozeß. Denn es hat erhebliche Folgen für die weitere Zusammenarbeit der Beteiligten, wie sie den Prozeß subjektiv erleben.

Dazu muß die klassische instrumentelle Problemlösungsstrategie ‚kommunikativ' gestaltet werden. Darum bezeichne ich die Diagnose des Problems lieber als Selbsterkundung oder Klärung durch die Beteiligten. Statt von Zielsetzung und Planung spreche ich von zwischenmenschlichen Regelungen und anstelle individueller Intervention von der Kooperation der beteiligten Personen.

In den folgenden Abschnitten werden die fünf wichtigsten Moderationsschritte dargestellt, die meist in der genannten Reihenfolge abgearbeitet werden. Sie haben sich nach Auffassung der befragten Moderatoren bewährt.

Ein Stück in fünf Akten – Die Handlungsstrategien

Vier Schritte des typischen Ablaufs von Konfliktmoderationen sind oben schon plakativ vorgestellt worden. Ich füge jetzt noch einen weiteren Schritt hinzu, der die Vorgespräche mit der Führungskraft betrifft, gewissermaßen die ‚Vorgeschichte' der Moderation. Man sollte sich also bei einer vollständigen Moderation auf fünf Schritte einstellen:

1. Vorgespräch: Den Auftrag mit dem Teamleiter (vorläufig) vereinbaren
2. Zwischenmenschlichen Kontakt stiften
3. Konfliktthemen sammeln und Vorgehen vereinbaren
4. Sichtweisen der Konfliktpartner klären
5. Positionen in Bewegung bringen und Regelungen aushandeln.

Dieses Buch verfolgt auch einen ‚heimlichen Lehrplan': Training in Lösungsaufschub.

Die Konfliktpartner, häufig ein Team, werden systematisch darin geschult, eine rasche Lösung aufzuschieben. Weil zwischenmenschliche Konflikte unangenehm sind, wollen alle Beteiligten sich möglichst nicht damit beschäftigen und vermeiden ihre Thematisierung zunächst. Wenn ein Konflikt aber auf den Tisch kommt, wollen ihn alle möglichst schnell loswerden.

Dadurch, daß bei allen Konfliktpartnern Druck nach einer raschen Lösung in ihrem Sinne herrscht, wird die Problematik verstärkt. Denn die Konfliktpartner akzeptieren ja gerade nicht die (vor-) schnelle Lösungsoption der anderen Seite. Viel zu früh hauen sie sich unausgegorene Lösungsvorschläge gewissermaßen um die Ohren, deren Fehler leicht durchschaut werden. Unfruchtbares Gerangel ist die Folge, wo man mit Ruhe und Sorgfalt den sachlichen, persönlichen und zwischenmenschlichen Hintergründen des Konflikts gemeinsam auf die Spur kommen sollte, um erst dann begründete Lösungen zu finden.

Eine frühe Lösungssuche verhindert die genaue Konfliktanalyse und den Aufbau stabiler Beziehungen zwischen den Beteiligten, die gerade für eine fruchtbare Auseinandersetzung nötig sind. Man kann davon ausgehen, daß jeder fehlschlagende Problemlösungsversuch die Beziehung der Beteiligten strapaziert. Die ersten vier Schritte kann man deshalb unter das Motto ‚Lösungsaufschub' stellen. Erst im letzten Schritt geht es um Lösungswege.

Den Auftrag mit der Führungskraft vereinbaren

Bevor es mit der Moderation im Team losgeht, ist meist schon viel passiert. Der Moderation im engeren Sinne, d.h. der Klärung und Lösung sachlicher und zwischenmenschlicher Konflikte, geht in der Regel eine Vorgeschichte voraus, in der wichtige Weichen für den gesamten Ablauf gestellt werden.

Jemand aus dem konfliktuösen Team muß mit dem Konfliktmoderator Kontakt aufgenommen und ihn beauftragt haben. Dabei hat die betreffende Person aus dem Team in der Regel eigene Interessen – sei es, daß sie die Vermittlungsposition zwischen verfeindeten Lagern innehat, allein nicht mehr weiterkommt und Außenstehende hinzuziehen möchte, sei es, daß sie Schützenhilfe für ihre eigene Position sucht u.ä.

Die Zielvorstellung, die diese Person besitzt, trifft oft nicht für die anderen Teammitglieder zu. Der von ihr genannte Auftrag an den Konfliktmoderator muß dann später korrigiert werden. So kann es passieren, daß der Konfliktmoderator in der praktischen Arbeit aus dem Vorgespräch auf Voraussetzungen aufbaut, die unzureichend oder falsch sind. Und schließlich kann die Tatsache, daß in diesem Vorgespräch Informationen geflossen sind, selbst Stein des Anstoßes werden bei den Teammitgliedern, die wissen wollen, was denn dort besprochen wurde, oder gar argwöhnen, daß etwas zu ihren Lasten verabredet wurde. Dies gilt vor allem dann, wenn das Gespräch mit jemandem geführt wurde, der eigene Interessen im Konflikt hat.

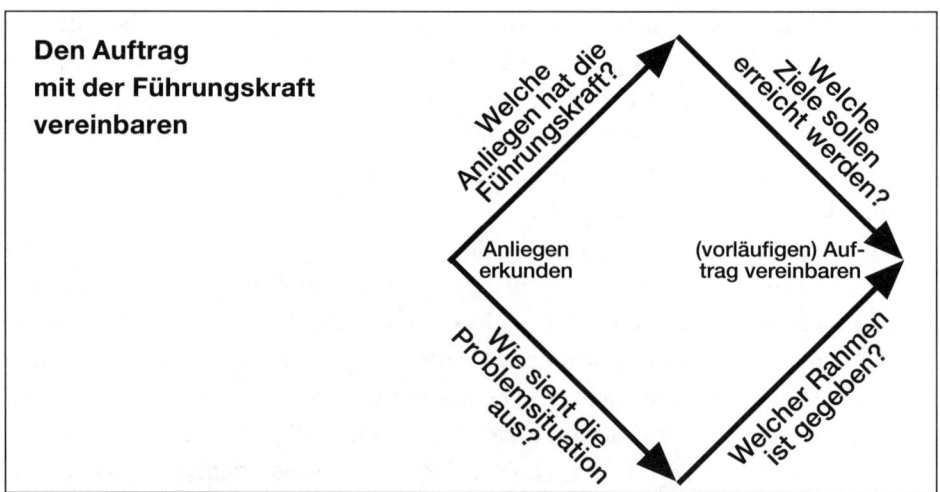

**Den Auftrag
mit der Führungskraft
vereinbaren**

Unabhängig davon, welches Mitglied des Teams beim Moderator vorfühlt, – das erste substantielle Gespräch des Moderators muß mit der designierten Führungskraft des Teams stattfinden. Bei diesem Treffen geht es den meisten Moderatoren darum, die Anliegen der Führungskraft zu erkunden und mit ihr einen vorläufigen Auftrag zu vereinbaren. Dieser Auftrag definiert Zielvorstellungen und Rahmenbedingungen, unter denen die Konfliktmoderation stattfinden soll.

So wurden Störungen des Informationsflusses zwischen zwei Arbeitsgruppen in einer Abteilung in einer eintägigen Moderation ausgeräumt. In einem Schulkollegium wurde für die Klärung der unterschwelligen Vorwürfe zwischen Vollzeit- und Teilzeitkräften ein vierstündiges Treffen durchgeführt. Eine ,Vergangenheitsbewältigung' von Konflikten zwischen mehreren Teammitgliedern in einer seit langen Jahren bestehenden Abteilung umfaßte 2 1/2 Tage in einem Block. Ein konzeptioneller Streit zwischen zwei Untergruppen in einer Erziehungsberatungsstelle wurde im Rahmen einer einjährigen Teamentwicklungsmaßnahme mit insgesamt einem ganztägigen Einstieg und neun zweistündigen Treffen bearbeitet.

Der Führungskraft selbst muß dazu gesagt werden, daß dieses ein vorläufiger Auftrag ist, der von den übrigen Teammitgliedern bestätigt, ergänzt oder korrigiert werden kann. Das heißt natürlich nicht, daß dann ein völlig anderer Auftrag durch die Teammitglieder definiert und anstelle des Auftrags der Führungskraft durchgeführt wird. Auch hier geht es um Konsens – Team und Führungskraft müssen dem Moderator in etwa denselben Auftrag geben. Darum geht es im dritten Moderationsschritt.

Der Konfliktmoderator wird in diesem Vorgespräch zu verstehen versuchen, warum die Führungskraft eine Konfliktmoderation wünscht, welche Ziele sie hat und welche Probleme sie im Team sieht. Diese Informationen dürfen nicht zu Geheiminformationen werden, die der Konfliktmoderator dem Team verschweigt. Die Teammitglieder werden über die Vorgeschichte informiert werden wollen. Außerdem ist es wichtig, daß man alle Beteiligten auf denselben Informationsstand bringt.

Für dieses Vorgespräch mit der Führungskraft gilt außerdem, daß sich die Führungskraft für eine Konfliktlösung engagiert. In vielen Fällen versuchen nämlich Führungskräfte, sich aus Konflikten im Team herauszuhalten. Nach meiner Erfahrung und den Aussagen vieler Moderatoren macht das eine erfolgreiche Lösung von Konflikten in den meisten Fällen wenig wahrscheinlich.

So habe ich in den vergangenen Jahren immer wieder Anfragen von Teammitgliedern (Lehrkräften aus Schulen, Mitarbeitern aus Arbeitsgruppen usw.) bekommen, die der

Auffassung waren, daß in ihrem Team eine systematische Klärung und Lösung von (latenten) Konflikten nötig wäre. Nachdem ich mehrfach die Erfahrung gemacht habe, daß die Führungskräfte der Teams die Moderation nicht unterstützten, sondern sich heraushielten, und oft nur ein kleiner Teil der Teammitglieder mitmachte, habe ich anfragenden Teammitgliedern immer als erstes gesagt, daß ihre Führungskraft mit mir Kontakt aufnehmen soll. Das Ergebnis war, daß die Führungskraft nur in zwei von zehn solcher Anfragen soviel Engagement zeigte, daß sie mich anrief und es überhaupt zu einer Vorbesprechung kam. An den anderen 80% hätte ich mich wahrscheinlich erfolglos bemüht. Die Führungskräfte hätten nicht dahinter gestanden, und das Ganze wäre bestenfalls im Sande verlaufen.

Erst wenn der Moderator verstanden hat, was die Führungskraft selbst will, wie sie zu dem Konflikt steht, und wenn sichergestellt ist, daß sie an der Konfliktbearbeitung, möglichen Klärungen und Lösungen interessiert ist, erst dann ist diese erste Prozedur des Ablaufes einer Konfliktmoderation beendet, und es kann an die eigentliche Arbeit mit dem Team gehen. Eine unterengagierte Führungskraft ist Hinweis darauf, die Finger von dem Auftrag zu lassen. Sie ist gewissermaßen eine Kontraindikation für die Konfliktmoderation. Denn sie schwächt als Führungskraft die ohnehin gemischte Motivation der Teammitglieder. Ein wenig motiviertes Team tendiert dazu, dem Konfliktmoderator ständig die Verantwortlichkeit für alles aufzubürden und sich selbst aus der Verantwortung zu stehlen.

Demgegenüber ist eine überengagierte Führungskraft, die sehr klare Zielvorstellungen hat, die sie dem Team aufs Auge drücken will, das ‚täglich' Brot' des Konfliktmoderators. Mit einer solchen Führungskraft läßt sich letztlich recht gut arbeiten. Denn sie im Zaume zu halten und die Teammitglieder genügend zu Wort kommen zu lassen gehört zu den Standardanforderungen an Moderatoren.

Soviel zum Vorgespräch. Nun kommt es zur Moderation im engeren Sinne, zur Arbeit mit dem Team.

Zwischenmenschlichen Kontakt stiften

Trifft sich der Moderator mit dem Team zum ersten Mal, stellt er sich zunächst selbst vor. Viele Moderatoren geben den Teammitgliedern verbunden mit ihrer persönlichen Vorstellung eine knappe Übersicht über die Vorgeschichte des Treffens und über die üblichen Moderationsschritte. Deutlich weniger, aber immer noch die Mehrheit der befragten Moderatoren hält es für unerläßlich, über eine Vorstellungsrunde hinaus etwas tiefergehenden Kontakt zu den Gruppenmitgliedern herzustellen, und eröffnet diesen Moderationsschritt mit Leitfragen wie „Wer ist hier dabei?" „Welche Wünsche oder Fragen hat jeder?" oder Aufforderungen wie „Bitte stellen Sie sich uns vor, und sagen Sie ruhig auch etwas zu Ihrer augenblicklichen Stimmung, Ihren Gefühlen der Hoffnung oder Befürchtung!"

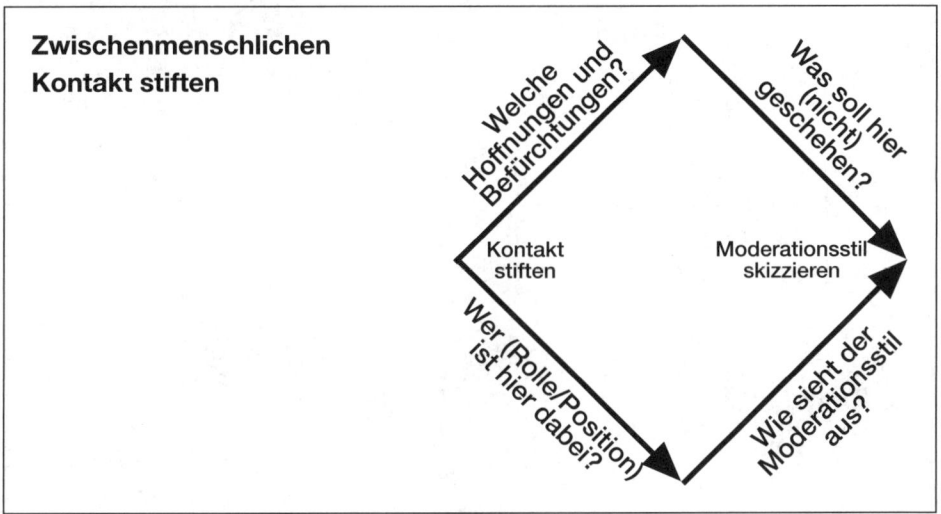

Zwischenmenschlichen Kontakt stiften

Je sicherer sich der Moderator fühlt, desto weniger läßt er sich durch die forschen Teammitglieder unter Zeitdruck setzen („Endlich mal zur Sache kommen!"), sondern führt kurze Dialoge mit jedem einzelnen Gruppenmitglied, indem er nachfragt, wenn er mehr wissen will oder etwas nicht ganz verstanden hat. Außerdem beantwortet er Fragen zur Person und Moderation, die direkt oder unterschwellig gestellt werden. Kurz: Der vorhandene persönliche Informationsbedarf sollte befriedigt werden.

Methodisch sollte die Eröffnung visuell unterstützt werden, damit jedes Teammitglied buchstäblich sichtbar wird. Eine solche Visualisierung kann mit einer Kärtchenabfrage gemacht oder vom Moderator direkt an Flipchart, Pinnwand oder Tafel gebracht werden.

Der Auftakt zu einem Teamtag einer Lebensberatungsstelle waren die Fragen: „Wer ist hier dabei? Und welche Wünsche (+) und Befürchtungen (-) verbinden Sie mit dem heutigen Tag?" Der Moderator visualisierte die Runde an der Pinnwand:

Er sprach dabei mit jedem Teammitglied, um die Wünsche und Befürchtungen zu verstehen und einen persönlichen und tiefergehenden Kommunikationsstil zu etablieren. Hier zeichneten sich schon allgemeine Themen und Anliegen der Gruppe ab wie z.B. die klare Definition von Zuständigkeiten und die fehlende gegenseitige Unterstützung. Die Befürchtungen gehen typischerweise dahin, daß die Konfliktbearbeitung aus dem Ruder läuft oder nichts bringt, weil die Zeit zu knapp angesetzt ist.

Waren alle Gruppenmitglieder dran, fragt der Moderator, ob jemand noch etwas sagen möchte. Ist das nicht der Fall, ist die Eröffnung dieses Moderationsschrittes beendet, und er leitet die Beschlußphase ein, indem er zusammenfassend seinen Moderationsstil in den Punkten skizziert, zu denen einzelne Gruppenmitglieder Wünsche oder Befürchtungen genannt haben. Das kann durchaus so aussehen, daß er falsche Vorstellungen korrigiert (z.B. die Vorstellung, er wüßte sachliche Konfliktlösungen), spezifische Wünsche ablehnt (wie den Wunsch nach einer Art richterlichem Urteil) oder deutlich macht, daß manche Befürchtung (z.B. vor Gefühlsausbrüchen) nicht auszuräumen ist.

> Im letztgenannten Beispiel ging der Moderator auf die Befürchtung ein, daß es zum ‚Seelenstrip' kommt. Jeder bestimme selbst, was er von sich zum Ausdruck bringt. Wenn er, der Moderator, zu weit gehen sollte, könne ihn der Betroffene ‚zurückpfeifen'. Die Befürchtung, daß ein Tag zu kurz ist, könne er nur bestätigen. Dementsprechend werde er darauf achten, daß Themen ausgewählt werden, die auch in diesem Zeitrahmen bearbeitbar sind; z.B. könne er keine Fallsupervision für die praktische Arbeit machen, wenn die Neuregelung von Zuständigkeiten als zentrales Thema gewählt würde.

Wollen die Gruppenmitglieder auf dieser Grundlage weitermachen, geht der Moderator zum nächsten Schritt über.

Konfliktthemen sammeln und Vorgehen vereinbaren

Im bisherigen Verlauf wurde ein vorläufiger Auftrag zwischen Führungskraft und Moderator explizit vereinbart und den Teammitgliedern bekannt gemacht. In der Phase der gegenseitigen Vorstellung wird meist klar, ob sie überhaupt eine Moderation wünschen. Eine erfolgreiche Kontaktaufnahme darf aber nicht darüber hinwegtäuschen, daß noch erhebliche Vorbehalte gegen eine Konfliktbearbeitung hochkommen können, wenn den Beteiligten klar wird, um welche Themen und Konfliktpunkte es im einzelnen gehen wird. Darum sollte sich der Moderator darauf einstellen, daß der Moderationsauftrag letztlich erst jetzt in tragfähiger Weise vereinbart werden kann – und zwar dadurch, daß er sich möglichst konkret auf die Anliegen und Konfliktpunkte aller Teammitglieder bezieht. Ein Moderationsauftrag ist eine zweiseitige Vereinbarung zwischen einem Team und dem Moderator. Den Mitgliedern des Teams ist die Konfliktlage selbst oft unklar. Sie ziehen an verschiedenen Strängen. Die Auftragsvereinbarung ist wichtig, weil sie

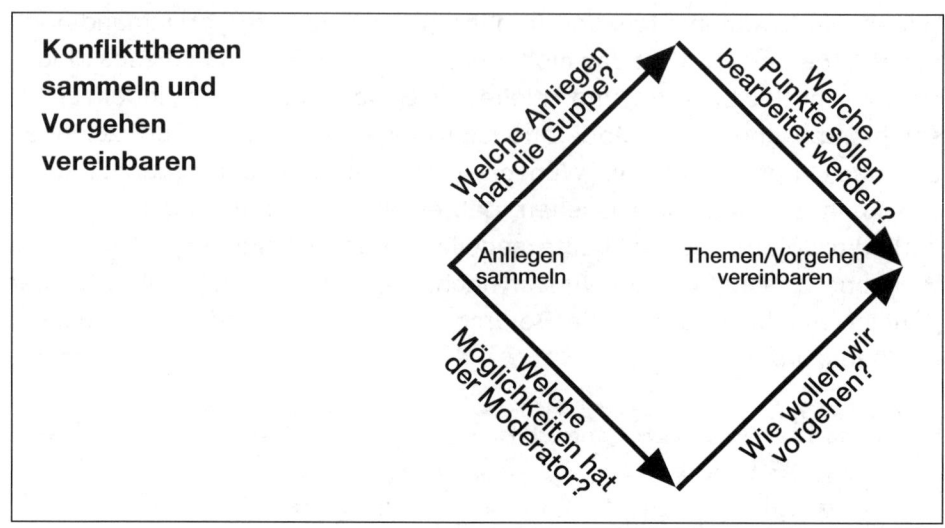

neben der Förderung von Verbindlichkeit klärend und koordinierend wirkt. Hier werden Prioritäten gesetzt. Eine gute Vereinbarung über den Moderationsauftrag ist der halbe Erfolg, eine unklare oder falsche ist nur schwer korrigierbar.

Dieser Schritt umfaßt wie alle Schritte im Moderationsablauf zunächst eine Eröffnung, in der die Themen/Anliegen der Gruppenmitglieder (einschließlich der anwesenden Führungskraft) geklärt werden.

Es hat sich recht gut bewährt, die Teilnehmer im ‚Zickzack' durch das bekannte Kommunikationsquadrat des Schulz von Thun (1989) zu leiten. Dazu werden Führungskraft und Gruppenmitglieder aufgefordert, mit folgenden Fragen eine kurze Zeit ‚in sich zu gehen'. Die Abbildung auf Seite 39 illustriert den Grundgedanken.

Wie es damit weitergeht, wird gleich erläutert. Vorher soll ein wichtiger Punkt angesprochen werden, der die Grundhaltung im Umgang mit zwischenmenschlichen Konflikten betrifft – ob anspruchsvoll-verbissen oder flexibel und offen.

Grundhaltung im Umgang mit zwischenmenschlichen Konflikten
Ein Anliegen wie mehr Anerkennung oder besserer Informationsfluß ist keine Erwartung oder gar ein einklagbarer Anspruch, daß dies zu geschehen

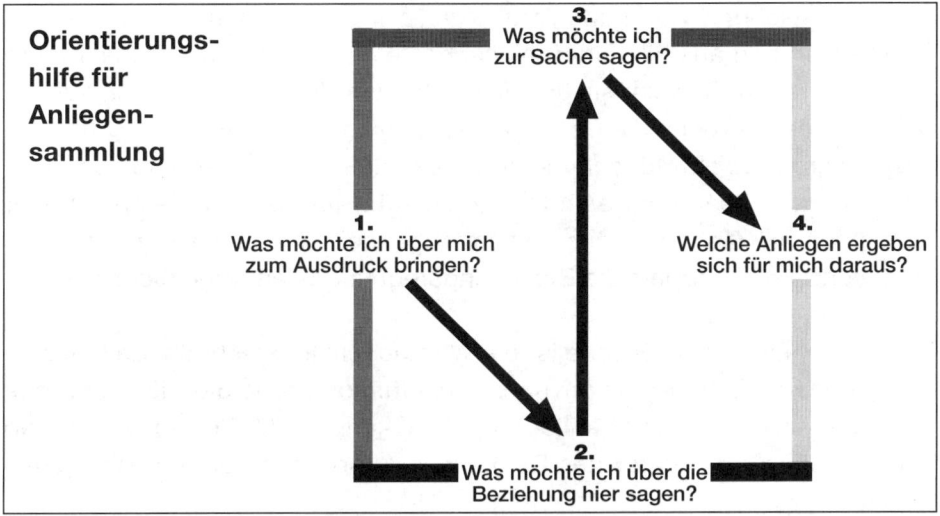

**Orientierungs-
hilfe für
Anliegen-
sammlung**

3.
Was möchte ich
zur Sache sagen?

1.
Was möchte ich über mich
zum Ausdruck bringen?

4.
Welche Anliegen ergeben
sich für mich daraus?

2.
Was möchte ich über die
Beziehung hier sagen?

habe, sondern zunächst einmal ein Wunsch des Betreffenden, der von den anderen nicht unbedingt erfüllt werden muß.

In der Psychoanalyse und humanistischen Psychologie wird zwischen ‚Anspruch' und ‚Wunsch' unterschieden. Ein Anspruch hat die psychische Qualität eines einklagbaren Rechts. Wird ein berechtigter Anspruch nicht erfüllt, hat die Person das Gefühl von Ungerechtigkeit und den Handlungsimpuls, ihn einzuklagen. Wenn andere daran beteiligt sind, werden sie in den Augen der Person juristisch oder moralisch schuldig. Wenn die Person niemanden findet, der für die Nichterfüllung des Anspruchs verantwortlich gemacht werden kann, muß sie äußere Umstände oder sich selbst verantwortlich machen und gewissermaßen schuldig sprechen. Ansprüche sind darum eng verbunden mit moralischen Fehlern und Schuldzuweisungen. Die Formulierung eines Anspruchs aktiviert erhebliche psychische Energien, wenn er nicht erfüllt wird. Wer sein Anliegen als Anspruch, als einklagbares Recht betrachtet, kann gewöhnlich wenig Zeit und Geduld aufbringen, sich mit den kontroversen Anliegen zu befassen: Er besitzt dann eine geringere Spannungstoleranz.

Die psychische Qualität eines Wunsches dagegen ist viel offener. Wenn ich einen Wunsch habe und er mir nicht erfüllt wird, ist die Folge nicht die Suche nach einem Verantwortlichen, die Klage über moralische Fehler und Schwächen sowie die Zuweisung von Schuld an mich oder andere, sondern Enttäuschung, Ärger und Traurigkeit, also authentische Gefühle. Wenn eine Person nun anstelle eines Wunsches einen Anspruch an eine andere Person erhebt (z.B. wenn sie den Wunsch nach Nähe als Anspruch auf Zuwendung definiert), ist die Gefahr einer konflikthaften Entwicklung der Beziehung groß, weil Enttäuschung und Traurigkeit nicht verarbeitet, sondern durch moralische Vorwürfe und Klagen ersetzt werden. Die Person spricht nicht über ihre Gefühle, um zu einem gegenseitigen Verständnis zu kommen, sondern akzeptiert die Beziehungsregeln des anderen nicht.

In einer konfliktuösen Gruppe ist die Wahrscheinlichkeit hoch, daß es zwischen den Konfliktpartnern um unerfüllte Wünsche geht, die wie Ansprüche behandelt werden. Bei der Anliegenfindung kann der Moderator spüren, ob in der Gruppe eine Kultur des Denkens in Ansprüchen oder in Wünschen besteht.

Haben die Gruppenmitglieder sich über die oben skizzierten vier Aspekte Gedanken gemacht, fordert der Moderator jede Person auf, ihre Anliegen zum Ausdruck zu bringen. Wieweit sie dabei auf ihr inneres Erleben, auf die zwischenmenschlichen Beziehungen im Team oder bestimmte Sachverhalte eingeht, sollte sie selbst bestimmen.

Auch hier sollte sich der Moderator Zeit lassen und dem Druck der dominanten Gruppenmitglieder widerstehen, die von vornherein schon zu wissen glauben, welches die zentralen Konflikte (‚Knackpunkte') des Teams sind. Die Güte dieser Anliegensammlung zeigt sich, wenn neue Aspekte auf den Tisch kommen, die nicht allen bekannt sind.

Wer systematisches Vorgehen liebt, kann die Eröffnung dieses Schrittes mit Hilfe einer Wünsche-Matrix machen (s. folgende Abb.): Jedes Teammitglied schreibt stichwortartig zunächst für sich auf Kärtchen, welche Wünsche es an andere Teammitglieder hat: „Was soll wer in Zukunft verändern?" – auf graue Kärtchen – und „Was soll wer beibehalten?" – auf weiße Kärtchen. Die Wünsche sollten (a) möglichst konkret und (b) realisierbar sein. Bevor die Kärtchen veröffentlicht werden, überprüft jedes Mitglied seine Stichworte noch einmal daraufhin, ob ihre Formulierung überspitzt oder herabsetzend ist, und wählt die wichtigsten zwei oder drei Wünsche aus, die es an der Pinnwand in folgender Matrix anbringt. Jeder kann nun sehen, wer welche Wünsche an wen hat, und sich jedes Kärtchen kurz erläutern lassen. Übrigens: Die Auswertung – sie gehört in die nächste Phase – ist später strukturierbar unter vier Gesichtspunkten, die man z.B. so symbolisieren kann:

√ Die angesprochene Person kann und will den Wunsch erfüllen: erledigt.

? Sie will den Wunsch erfüllen, weiß aber nicht wie: Problemlösungsbedarf.

≈ Sie sieht die Situation anders: Klärungsbedarf.

≠ Sie will den Wunsch nicht erfüllen, weil er ihren Zielen widerspricht: Verhandlungsbedarf.

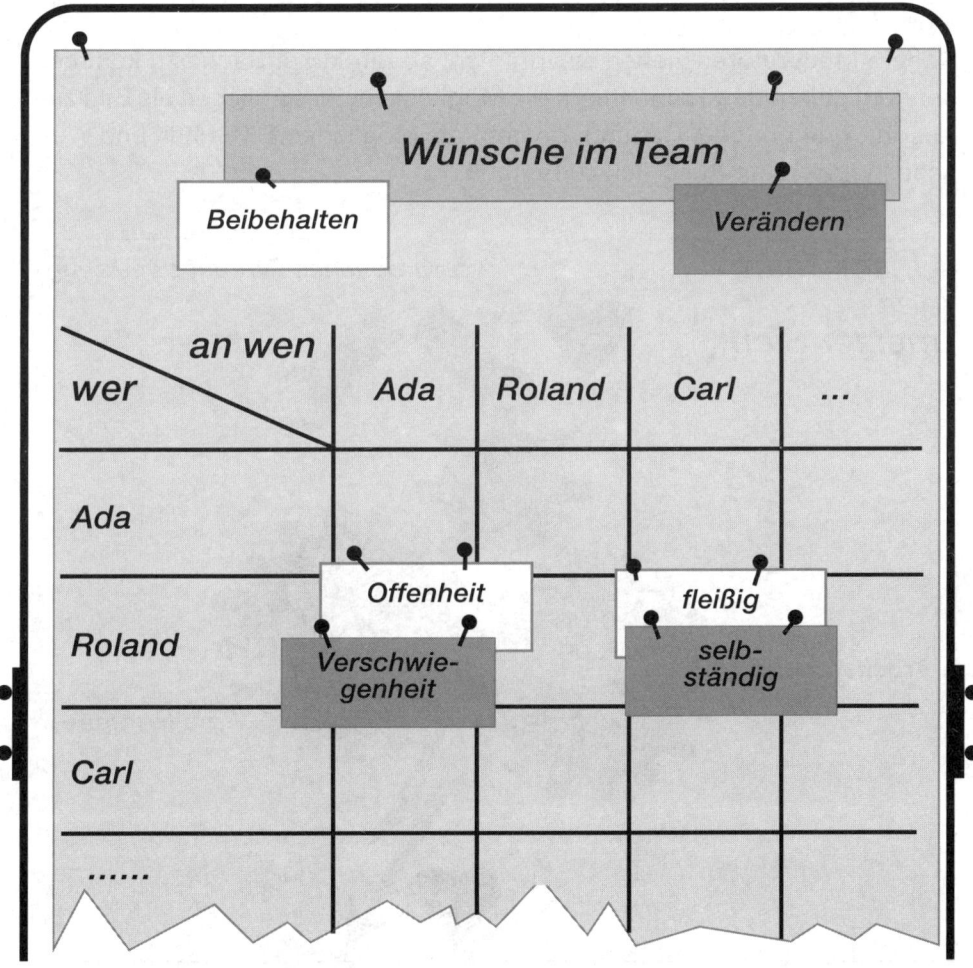

Dieses Verfahren geht sehr zügig und direkt ‚zur Sache' und überfordert viele Teams, weil es direkt in die Klärungs- oder sogar Lösungsphase führt.

Sehr brauchbar hat sich auch die Sammlung von Anliegen und Themen in Zweier- oder Dreiergruppen gezeigt. Die Kleingruppen sollten per Zufall zusammengesetzt sein, damit die etablierten Interessengruppen gemischt werden. Zunächst werden alle Anliegen gesammelt, die den Kleingruppenmitgliedern einfallen. Sie sollen dann die drei ihnen wichtigsten Anliegen auswählen und so konkret und zielführend wie möglich auf eine Wandzeitung oder ein Flipchart schreiben. Wenn alle wieder zusammenkommen, stellt jede Kleingruppe ihre Anliegen vor und begründet ihre Auswahl. Schließlich erfolgt die endgültige Vereinbarung.

Andere Moderatoren ziehen es vor, nicht so direkt zur Sache zu kommen, sondern geben den Teilnehmern die Möglichkeit, ihre Anliegen als Bild zum Ausdruck zu bringen. Dadurch besteht die Möglichkeit, Themen und Wünsche indirekt zum Ausdruck zu bringen.

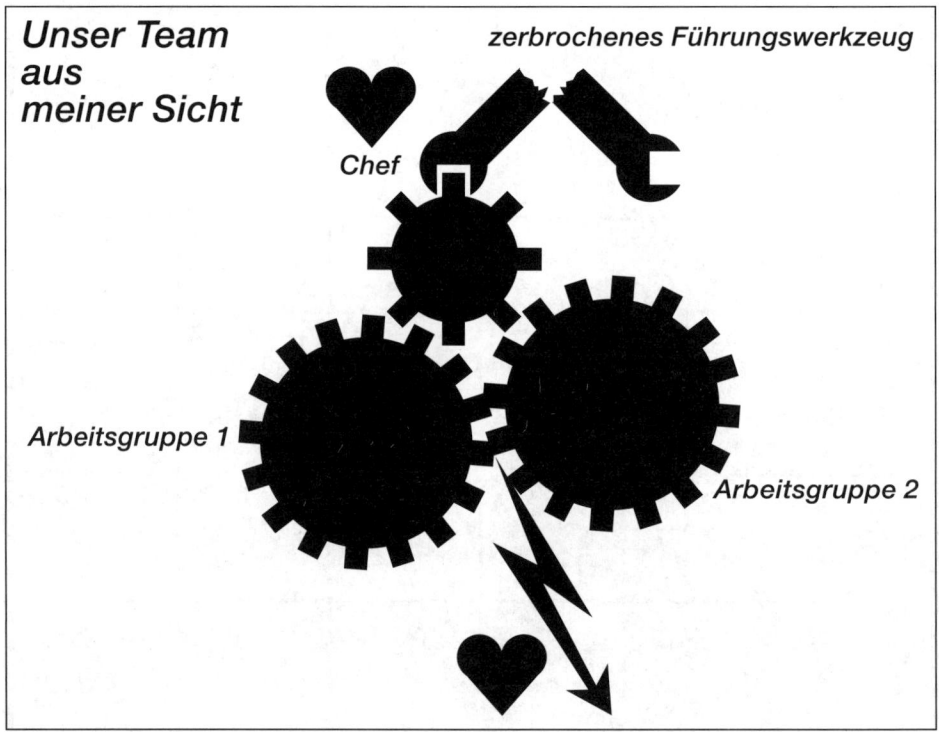

So wurden die Mitglieder von zwei Arbeitsgruppen einer Abteilung gebeten, ‚Unser Team aus meiner Sicht' auf einem halbierten Flipchart darzustellen. Das Beispiel links zeigt eines der Bilder. Der Zeichner sieht die beiden Arbeitsgruppen wie zwei Zahnräder, deren Zähne immer mal wieder aufeinanderstoßen statt, ineinanderzugreifen. Der Abteilungsleiter, selbst auch ein Zahnrad, das allerdings mit beiden Arbeitsgruppen reibungslos läuft, hat nach Auffassung des Zeichners nicht das richtige Führungswerkzeug, symbolisiert durch den gebrochenen Schraubenschlüssel, um die Störungen zu beheben. Die Herzen deuten positive Beziehung zum Chef und zwischen Mitgliedern innerhalb der Arbeitsgruppen an.

Sind alle Anliegen gesammelt, beginnt der Moderator, den Auftrag abzuschließen, indem die Themen und das weitere Vorgehen (meist die Reihenfolge ihrer Bearbeitung) festgelegt werden.

Hier besteht übrigens die letzte Chance, den Auftrag begründet abzulehnen oder ihm aufgrund der Anliegen eine andere Richtung zu geben.

Ein Moderator berichtete z.B., daß er einen Moderationsauftrag abgelehnt habe, als ihm klar wurde, daß es sich um einen Konflikt zwischen einem einzelnen Teammitglied und allen anderen handelte. Er gewann den Eindruck, daß die einzelne Person zum Sündenbock gemacht wurde, und spürte, wie er schon während der Anliegensammlung für sie Partei ergriff.

In einem anderen Fall stellte sich in einem Vorgespräch mit einer Projektgruppe heraus, daß die meisten Mitglieder das Hauptproblem in der unterschwelligen Rivalität der zweiköpfigen Projektleitung sahen. Nachdem die Teammitglieder dies den beiden schonend beigebracht hatten, lehnte der Moderator eine Konfliktmoderation mit dem gesamten Team ab und schlug den beiden Projektleitern eine Beratung unter sechs Augen vor. Sie akzeptierten seinen Vorschlag. Ein Projektleiter verließ schließlich das Projekt. Die Beratung hatte im wesentlichen diesen Trennungsprozeß erleichtert.

Von der (eröffnenden) Anliegensammlung kommt man zum (beschließenden) Auftrag über folgende Leitfragen: „Welche Themen stehen für die Gruppe im Vordergrund? Wie sollen sie bearbeitet werden?"

Auch wenn diese Auftragsvereinbarung nicht als operationalisierter Vertrag, dessen Paragraphen letztlich einklagbar sind, mißverstanden werden darf – sie stellt während der gesamten Moderation einen zentralen Bezugsrahmen dar. Aber sie ist jederzeit in gegenseitigem Einvernehmen korrigierbar und wird meistens erheblich ergänzt und verfeinert. Das folgende Beispiel illustriert diesen Moderationsschritt.

Der Schulleiter eines Kollegiums mit 35 Lehrkräften möchte einen Nachmittag zum Thema ‚Konflikte durch Teilzeitarbeit?' machen. Er ruft einen Moderator an und schildert zum Hintergrund: Mehr als die Hälfte der Mitglieder habe die wöchentliche Arbeitszeit (Unterrichtsstunden) erheblich verringert. Ein Drittel unterrichte sogar nur mit halber Stundenzahl. Die Vollzeitkräfte beschwerten sich häufig über das geringe Engagement der Teilzeitkräfte. Der Moderator vereinbart eine Vorbesprechung mit ihm und einigen Lehrkräften, die die Konfliktpositionen im Kollegium repräsentieren. Er eröffnet diese Vorbesprechung, indem er seinen Informationsstand schildert. Sodann bringt er zum Ausdruck, daß er unsicher über den genauen Moderationsauftrag sei, weil er die Anliegen des Kollegiums zu wenig kenne. Er bittet die anwesenden Lehrkräfte, ihn zu informieren, worum es ihnen genau geht und welche Anliegen jede für den Teamnachmittag hat.

Der Schulleiter beginnt. Er berichtet, daß es in regelmäßigen Abständen zu Auseinandersetzungen zwischen Vertretern der Teilzeit- und der Vollzeitkräfte komme: Bei der Pausenaufsicht, bei der Planung von Projektwochen und bei ähnlichen Aufgaben hätten die Teilzeitkräfte sich geweigert, voll eingesetzt zu werden. Diese Konflikte verschlechterten die - ansonsten gute - Stimmung im Kollegium. Er wünscht sich, daß dieses Thema einmal ausführlich besprochen wird und es zu einer grundsätzlichen Lösung kommt. Der Moderator fragt ihn, ob er eine Lösung schon vor Augen habe. Dies verneint er.

Die Lehrkräfte bestätigen die Schilderung der Schulleitung und nennen (hier sehr verdichtet) folgende Anliegen: „Ich möchte hören, was die ‚schweigende Mehrheit' im Kollegium denkt." „Mir soll als Teilzeitkraft nicht mehr unterschwellig vorgeworfen werden, daß ich meinen pädagogischen Auftrag vernachlässige. Schließlich arbeite ich mehr als die reine Teilzeit." „Ich bin Vollzeitkraft und möchte, daß nicht immer alle zusätzlichen Gemeinschaftsaufgaben an uns hängenbleiben." „Wir sollten die Arbeit an den strittigen Aufgaben so organisieren, daß alle zufrieden sind."

Der Moderator beschließt die Anliegensammlung durch eine Zusammenfassung: „Es gibt Auseinandersetzungen zwischen Teilzeit- und Vollzeitkräften über die Verteilung der Arbeit bei bestimmten Aufgaben. Diese Konflikte verschlechtern das Betriebsklima

im Kollegium. Der Teamnachmittag soll 1. dem Austausch über die Sichtweisen der beiden Seiten sowie der schweigenden Mitglieder dienen. Und es soll 2. eine Lösung gefunden werden, die die Arbeitsteilung bei derartigen Aufgaben klarstellt. Entspricht das
Ihren Wünschen?" Nach einem zustimmenden Nicken eröffnet er sogleich wieder eine
zweite Runde: „Aber dazu reicht ein Nachmittag nicht aus! Ich denke, Sie müssen sich
beschränken. Was ist für Sie vorrangig?"

Am Ende steht folgende Auftragsvereinbarung: Die Moderation wirkt darauf hin, daß die
unterschiedlichen Meinungen und Sichtweisen aller Mitglieder des Kollegiums ausgetauscht werden. Die Suche nach Lösungen ist (in diesem Fall) zweitrangig. Ggf. gibt es
ein Folgetreffen für die Entwicklung von Lösungen.

Sichtweisen der Konfliktpartner klären

Bei der Anliegensammlung und Auftragsvereinbarung nennen die Gruppenmitglieder Konflikte und geben Hinweise auf ihre Hintergründe. Tiefergehende Beiträge würdigt der Moderator und verweist sie auf den nächsten Schritt, die Klärung der verschiedenen Sichtweisen. Um diese Phase
geht es jetzt. Voraussetzung ist die Vereinbarung, welches Sach- oder Be-
ziehungsthema bearbeitet werden soll. Was bei Beziehungsstörungen zu
beachten ist, erläutere ich im Kapitel ‚Beziehungsstörungen: Innere Teams
prallen aufeinander' (S.92).

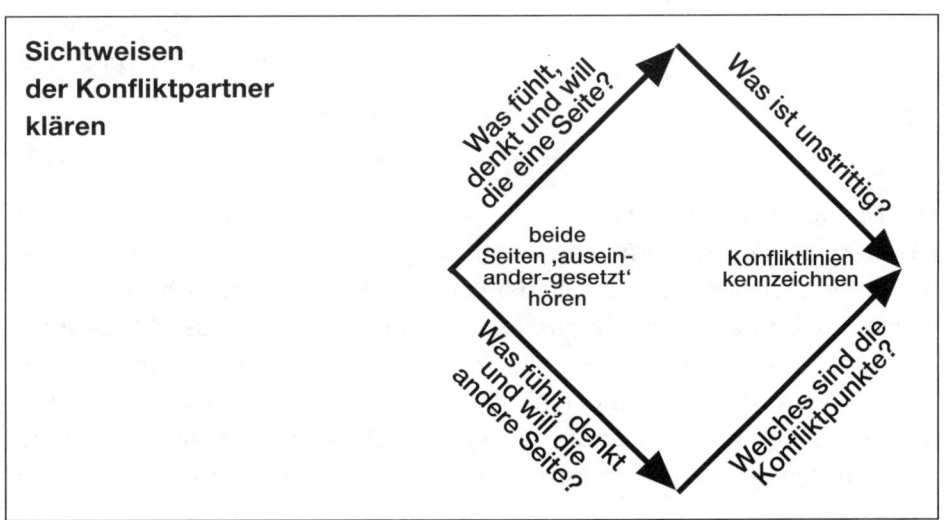

**Sichtweisen
der Konfliktpartner
klären**

Was fühlt, denkt und will die eine Seite?

Was ist unstrittig?

beide
Seiten ‚ausein-
ander-gesetzt'
hören

Konfliktlinien
kennzeichnen

Was fühlt, denkt und will die andere Seite?

Welches sind die Konfliktpunkte?

Dieser Schritt soll zunächst wirklich nur zur Klärung, nicht zur Lösung des Konfliktes führen (Stichwort: Lösungsaufschub). Allerdings kann man in manchen Fällen Beziehungskonflikte oder innerpsychische Probleme so weit klären, daß eine weitergehende Moderation nicht mehr nötig ist. Die Moderation dieses Handlungsschrittes beruht in der Regel darauf, daß in der vorangehenden Phase zwei Konfliktparteien, d.h. Einzelpersonen oder Untergruppen, im Team identifiziert wurden.

Dieser Schritt stellt für viele Moderatoren den Kern der Konfliktmoderation dar. Thomann hat den Prozeß der Klärung einmal prägnant auf den Begriff gebracht: „Klärung ist ein guter Dialog über Schlechtes!" und so dargestellt:

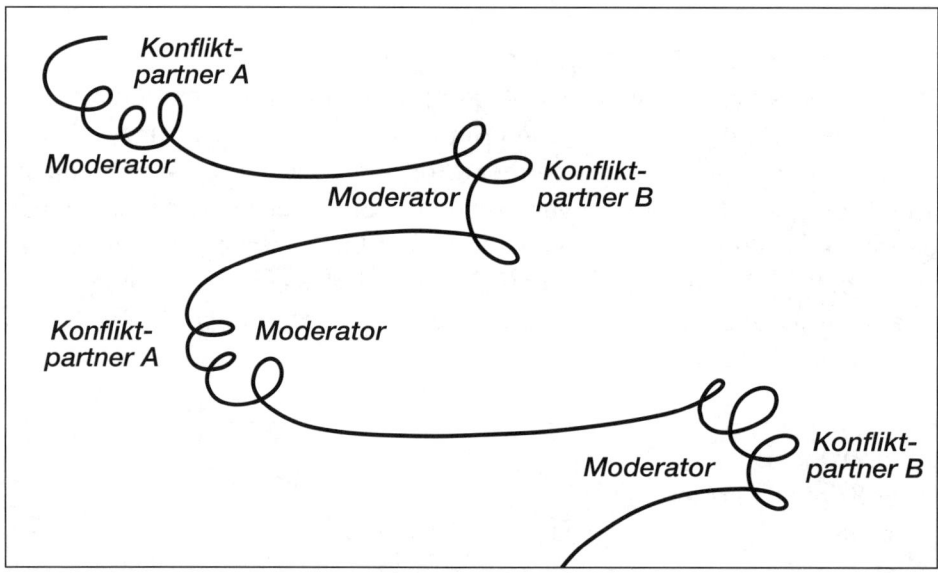

Der Dialog findet zwischen jedem Konfliktpartner A bzw. B und dem Moderator statt. Das Gespräch dreht sich längere Zeit nur um die Sichtweisen von A, wendet sich dann den Gedanken und Gefühlen von B zu, kehrt dann wieder zu A zurück usw. Es handelt sich dabei um einen sehr gedehnten, entzerrten Dialog – im Gegensatz zur sonst in Konflikten üblichen gegenseitigen Verstrickung im Dickicht der Argumente, wobei die Konfliktparteien dazu neigen, sich ständig zu unterbrechen und einander kaum zuzuhören. Die beiden Seiten werden also deutlich auseinander-gesetzt, damit jede für sich in Ruhe und Sorgfalt ihre Sichtweise darstellen kann. Hierbei können auch einzelne Sprecher oder Delegierte ihre Partei repräsentieren.

Schwerpunkt der eröffnenden Phase ist die Förderung von Beiträgen über zwischenmenschliche und innerpsychische Hintergründe des Konfliktes. Leitfrage: „Was denken, fühlen und wünschen Sie im Zusammenhang mit dem Konfliktthema?" Renner und Thomann (1995) zeigen an einem Team diese Vorgehensweise in verschiedenen Varianten. Die Grundstruktur läßt sich mit der Abbildung unten verdeutlichen.

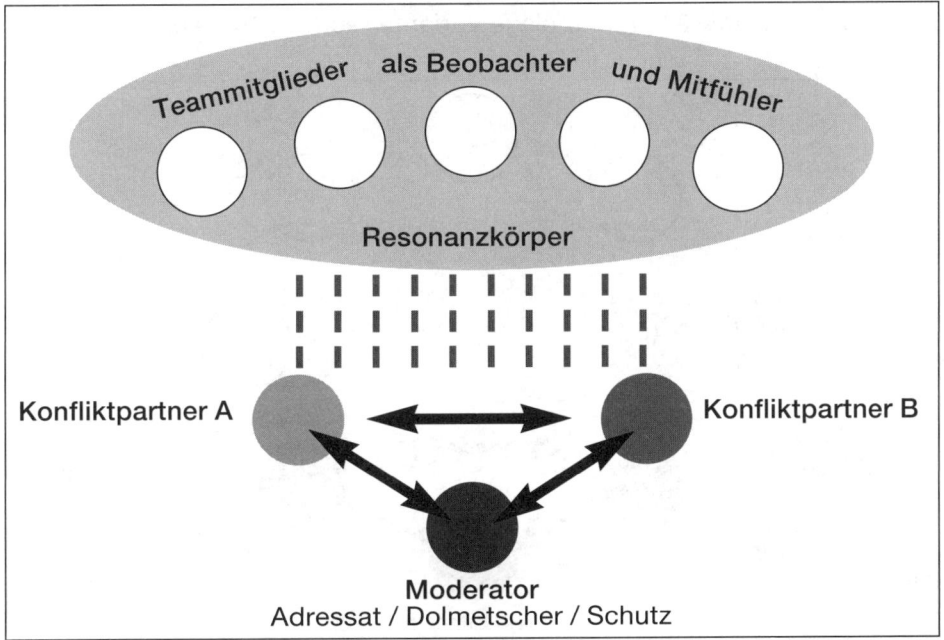

Der Moderator konzentriert sich auf den Dialog mit jedem der beiden Konfliktpartner, während die anderen Gruppenmitglieder die Rollen von Zuschauern einnehmen, aus denen heraus sie bei Bedarf als ‚Resonanzkörper' ihre Reaktionen wie Mitgefühl, Sachinformationen oder Lösungsideen zum Ausdruck bringen. Dazu muß der Moderator sie darauf hinweisen, daß sie darauf achten sollen, mit wem sie sich identifizieren bzw. in wen sie sich nur schwer hineinversetzen können. Ein deutliches Absetzen der Konfliktpartner von den übrigen Gruppenmitgliedern hilft dem Moderator, die Kommunikation unter Kontrolle zu halten. Wenn die Konfliktpartner im Kreis der Gruppenmitglieder sitzen und von dort aus miteinander streiten, tendiert die gesamte Gruppe dazu, in ihre üblichen Kommunikationsmuster zurückzufallen. Dann muß der Moderator ständig korrigierend eingreifen, was wiederum den Klärungsprozeß stört.

Andererseits ist ein deutliches Absetzen der Konfliktpartner von der Gruppe für manche Teams sehr befremdlich, vor allem in Wirtschaft und Verwaltung. Es wurde manchmal der Verdacht geäußert, daß es aufgesetztes psychologisches Brimborium sei, das mangelnde Substanz ersetzen solle. Manche Moderatoren vermeiden darum dieses Absetzen. In unseren Simulationen kam eine weniger auffällige Variante recht gut bei den Teams an.

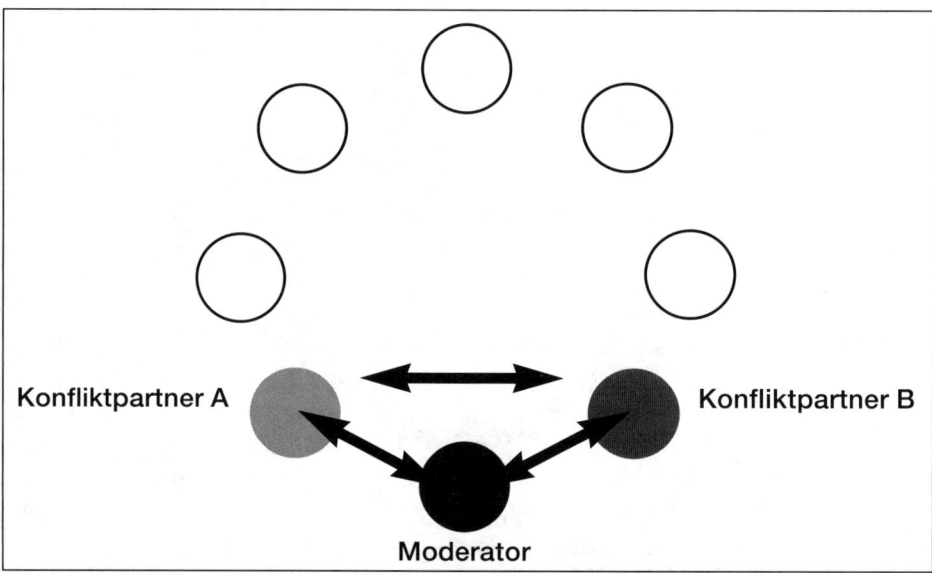

Die Gruppe einschließlich des Moderators bleibt im Kreis sitzen, während die Konfliktpartner gebeten werden, sich rechts und links neben den Moderator zu setzen. So hat er eine größere Nähe zu den beiden und kann sich jedem individuell zuwenden. Die Gruppenmitglieder sehen die Kontrahenten und den Moderator zusammen vor sich. Ihre Aufmerksamkeit wird dadurch stärker auf das Klärungsgeschehen gerichtet, als wenn die Konfliktpartner unter ihnen säßen. Sie neigen darum weniger dazu, wie gewohnt und darum fruchtlos, einzugreifen.

Das folgende Beispiel stammt aus einer Konfliktmoderation in einem Trainerteam, bei dem eine Reihe ‚alter Geschichten' die Beziehungen verschlechtert hat und die Kooperation nachhaltig stört.

> Die Anliegensammlung hat einige ‚Ärgernisse' zwischen Carl und Maria ergeben. Das Team hat mit dem Moderator vereinbart, daß diese ‚Beziehungskiste' als erstes bearbeitet werden soll. Die Sitzordnung wird verändert. Der Abstand zwischen den beiden Konfliktpartnern und dem Moderator auf der einen Seite und den anderen Gruppenmitgliedern auf der andren wird so groß, daß die drei im Klärungsprozeß deutlich abgesetzt sind. Die Zuhörer können jederzeit als ‚Resonanzkörper' herangezogen werden. Der Moderator fordert Maria auf, ihre Kritik an Carl zu erläutern, da dieser sie nicht verstanden habe. Er empfiehlt, deutlich zu formulieren, welches Verhalten sie sich von ihm wünscht.

(Die wichtige Unterscheidung von ‚Wünschen' und ‚Ansprüchen' wird auf Seite 39 beim Thema ‚Konfliktthemen sammeln und Vorgehen vereinbaren' begründet.)

Der Moderator leitet das Gespräch durch ständige Strukturierung, häufiges Nachfragen, gelegentliches Dolmetschen und seltenes Beschützen des einen oder anderen. Anfangs ist es oft notwendig, daß die Äußerungen zunächst an ihn gerichtet werden, um die Entwicklung eines aus dem Ruder laufenden Streites zu unterbinden. Dann ist er der Adressat anstelle des Konfliktpartners.

> Im Gespräch mit dem Moderator schildert Maria die Auseinandersetzung um ein Projekt, das sie bei einem neuen Kunden durchführt. Carl habe zwar gelegentlich interessiert nachgefragt, wie das laufe, aber keinen direkten Wunsch geäußert mitzumachen. Sie habe sich dann allerdings sehr geärgert, daß er zum Chef gegangen sei und dort behauptet habe, daß sie nicht kooperativ sei und ihn nicht mitmachen lasse. Maria wünscht sich von Carl mehr Offenheit. Sie kritisiert, daß er im direkten Kontakt harmonisiere und dann hintenherum seine Kritik zum Ausdruck bringe.
>
> Zunächst gibt Carl zu, daß er nicht immer offen sei. Allerdings gelte das nicht für die Geschichte mit dem Projekt. Da habe er von vornherein sein Teilnahmeinteresse deutlich zum Ausdruck gebracht, sei aber bei ihr immer abgeblitzt. Schließlich habe er sich gezwungen gesehen, zum Chef zu gehen und die Sache grundsätzlich klären zu lassen.

Immerhin habe das auch dazu geführt, daß er zur Beratung hinzugezogen wurde. Das scheint Maria allerdings nicht zu befriedigen. Sie wiederholt: „Ich finde, daß man seine Kritik offen zeigen muß, damit die anderen wissen, woran sie sind." Sie wendet sich jetzt Carl direkt zu: „Aber bei dir spüre ich, daß du die offene Konfrontation vermeidest und eine falsche Harmonie herstellen willst. Und genau das machst du auch jetzt: Du sagst nicht klar, was los ist, sondern drückst dich oft unklar und abstrakt aus. So bleiben dir immer Ausflüchte, wenn man dich mal festnageln will."

Carl beteuert: „Ich weiß ja, daß ich niemand bin, der die Auseinandersetzung sucht. Aber ich bemühe mich, klar zu sein. Schließlich sind wir alle hier keine Übermenschen." Maria macht einen skeptischen Eindruck. Der Moderator fragt: „Seine Antwort befriedigt Sie nicht?" Sie antwortet (unsicher): „Tja, ich weiß nicht", und schweigt ... Moderator: „Darf ich einmal an Ihrer Stelle laut denken, und Sie sagen dann, ob es so stimmt?" Sie nickt. Der Moderator ‚doppelt' sie, indem er sich schräg hinter sie stellt und nachdenklich aus ihrer Rolle heraus mit sich selbst spricht (‚laut denkt'): „Das nimmt mir den Wind aus den Segeln." Und schaut sie fragend an.

Sie nickt und fährt nach kurzem Zögern fort: „Aber ich bewerte es anders. Diese Unklarheit ist nicht bloß so irgendeine kleine menschliche Schwäche. Ich erlebe das als Unverläßlichkeit und nehme ihm vieles nicht mehr ab, was er sagt." Der Moderator fragt, was sie genau mit Unverläßlichkeit meint. Maria schildert nun, wie sie in ähnlichen Situationen, wenn Carl wieder irgendeinen Fehler zugibt oder weitschweifige, abstrakte Erklärungen abgibt, ihn nicht weiter kritisieren und zur Rede stellen mag, sondern sich zurückzieht und ihm nicht mehr abnimmt, daß er es ehrlich meint. Sie glaubt, daß er sich gar nicht ändern will.

Der Klärungshelfer wendet sich nun wieder Carl zu, der sagt: „Das ist ja ein Ding. Und was soll ich nun machen? Zu Kreuze kriechen? Glaubst du mir dann?" Sie (beschwichtigend): „Nein, so hab' ich das nicht gemeint, sondern nur mein augenblickliches Gefühl ausgedrückt. Irgendwie mußte das mal raus." Carl sagt heftig: „Und ich muß das schlucken!?" und sieht dabei den Moderator an. Der antwortet kurz: „Nein!" Carl blickt sich hilfesuchend um.

Der Moderator: „Darf ich jetzt mal an Ihrer Stelle laut denken?" Carl nickt. - Der Moderator anstelle von Carl: „Jetzt bin ich matt gesetzt." Carl: „Ja! (denkt etwas nach) Wenn ich ihr zustimme, glaubt sie mir nicht. Wenn ich mich rechtfertige, glaubt sie mir auch nicht. So oder so ist es falsch. Aber warum liegt mir überhaupt daran, daß sie mir glaubt? Ich kann niemanden dazu zwingen, und das will ich auch gar nicht." Und zu Maria gewandt erklärt er mit Achselzucken: „Das ist doch dein Problem. Wenn du mich nicht so nimmst, wie ich bin, kann ich dir auch nicht helfen." Sie entgegnet: „Okay! Ich bin erst mal froh, daß ich gesagt habe, was ich denke. Und jetzt in diesem Moment erlebe ich dich auch greifbarer und glaubwürdig. Jedenfalls ist mir das so lieber als dieses Um-den-heißen-Brei-Schleichen." Carl: „Das muß ich mir erst überlegen, wie ich das finde ... "

Der Moderator spürt, daß einige Teammitglieder unruhig werden. Das Gespräch zwischen den dreien hat zwar noch keine Lösung, aber genügend Klarheit über einen ‚Knackpunkt' in der Beziehung zwischen Carl und Maria hergestellt. Darum fragt er die beiden, ob sie jetzt hören wollen, was die anderen zu sagen haben. Sie bejahen. Er fragt, wozu sie etwas hören möchten. Carl: „Ja, wie die anderen das sehen." Moderator: „Genauer?" Carl: „Ob die anderen mich auch so sehen wie sie." Maria nickt. Genau das interessiert sie auch.

Einer findet Carl überhaupt nicht unglaubwürdig, sondern sehr verständnisvoll und offen. Eine andere findet ihn auch nicht unglaubwürdig, meint aber, daß Maria recht habe: Er sei manchmal ziemlich unklar und harmonisierend. Sie selbst würde sich aber nicht so darüber aufregen wie Maria. Eine dritte fragt sich, warum bei Maria so viel ‚Wumm' dahinter sei. Maria zuckt dazu mit den Schultern.

Ein vierter Mitarbeiter namens Horst sagt, daß er Maria gut verstehen könne, und erklärt: „Ich glaube, Maria ist besonders sauer darauf, daß sie oft die Arbeit hatte und Carl die ganze Anerkennung bekam, weil er sich blendend darstellen kann und andere wirklich begeistert von seinen Ideen. Das war so bei der Mitarbeiterbefragung voriges Jahr in der Spedition Speed. Das Austüfteln der Fragen, die Durchführung der Interviews und diese extrem schwierige Auswertung hat einzig und allein Maria in unendlicher Kleinarbeit gemacht. Das Ergebnis hat dann Carl allein vorgestellt und die Lorbeeren geerntet. Das war bei der Akquisition so und bei der Organisation des Assessment-Kongresses. Die Kleinarbeit hatten Maria und die anderen, die Anerkennung bekam Carl. Da kann ich schon verstehen, wenn da bei Maria etwas mehr ‚Wumm' dahinter ist...." Maria dazwischen: „Horst, das ist dein Ding mit Carl, nicht meins!"

Der Moderator: „Bei Ihnen scheint auch mehr ‚Wumm' dahinter zu stecken." Horst springt sofort an: „Ja, mir geht es ähnlich wie ihr," (er wendet sich an Carl) „ich habe so oft in der Zusammenarbeit mit dir gemerkt, daß ich mich nicht darauf verlassen kann, daß du die Absprachen einhältst und …"

Jetzt unterbricht der Moderator: „Mir scheint, jetzt geht es um die Klärung zwischen Ihnen und Carl zum Thema ‚Absprachen einhalten', das Sie ja schon anfangs genannt hatten. Auch das wollen wir sorgfältig und in Ruhe behandeln, wenn alle Teammitglieder zu Carl und Maria etwas sagen konnten und ihr Thema abgeschlossen ist. Außerdem brauchen wir vorher noch eine Pause. Einverstanden?" …

Dieser öffnende Teil der Konfliktklärung soll alle Beteiligten über die persönlichen und sachlichen Hintergründe des konfliktuösen (‚schlechten') Themas tiefergehend als bisher informieren und zugleich durch einen ‚guten' Dialog die Beziehung zwischen den Konfliktparteien verbessern. In der beschließenden Phase dieses Moderationsschrittes erfolgt eine Bestandsaufnahme der Konfliktlinien zwischen den beiden Seiten. Leitfrage: „Nachdem wir nun die Hintergründe Ihres Konfliktes näher kennengelernt haben – wo sehen Sie die Punkte, die Sie noch lösen wollen?"

Allerdings sollten die unstrittigen Elemente nicht übersehen werden. Sie stellen die gemeinsame Basis dar. Als externer Moderator neigt man wegen der Problemschlagseite des Auftrages dazu, positive und unstrittige Punkte zu übersehen und sich zu sehr auf die konflikthaften Elemente zu konzentrieren. Die gemeinsame Basis der Parteien sollte ebenso benannt werden wie die zentralen Konfliktpunkte.

Im Fall von Maria und Carl führte die weitere Klärung zu der Erkenntnis, daß die Weiterführung ihrer ursprünglich engen Kooperation aufgrund ihrer völlig unterschiedlichen Verhaltensstile zu einer unerträglichen Belastung geworden war. Sie stellten fest, daß sie sich eigentlich sehr gern mögen, sich früher in ihrer Kooperation sehr gut ergänzt haben und damals einander zum Ausgleich ihrer eigenen Schwächen brauchten. Die tiefergehende Klärung ermöglichte beiden, die Tatsache zu akzeptieren, daß sie sehr unterschiedlich sind: Maria wurde von den anderen eher direkt-konfrontativ im persönlichen Umgang, zurückhaltend in der Selbstdarstellung und routiniert im Abarbeiten bekannter Aufgaben wahrgenommen, während Carl andere durch Kontaktfreude und begeistertes Auftreten überzeugen konnte und sich lieber neugierig auf die Suche nach neuen Aufgaben machte bzw. sich kreativ um unkonventionelle Lösungen bemühte. Im

Laufe der Zeit hatten sie sich unabhängig voneinander gemacht, besonders Maria war nicht mehr so auf Carl angewiesen. Auf dieser Klärung baute im folgenden Schritt die Regelung einer neuen, weniger engen Art der Zusammenarbeit zwischen den beiden auf – im Sinne einer gegenseitigen Beratung bei eigenverantwortlichen Projekten.

Hierzu eine kritische Anmerkung: Es ging um eine ‚Beziehungskiste' zwischen zwei Personen, die im Team bearbeitet wurde. Das hat den Vorteil, daß alle Teammitglieder nun die Hintergründe der Störung genauer kennen und damit auch zu einer dauerhaften Lösung im Alltag beitragen können.

Auf der anderen Seite ist dieses Vorgehen für die beiden Konfliktpartner ein großes Risiko. Sie müssen danach ja nicht nur miteinander, sondern auch mit den anderen weiter zusammenarbeiten. In einer solchen Klärung können persönliche und private Informationen zum Ausdruck kommen, die für die beiden Betroffenen hilfreich sind, aber im Team weiterdiskutiert und, nach draußen kolportiert, sehr problematisch werden können. Ein solches Vorgehen erfordert von den Beteiligten viel Vertrauen in die positive Einstellung aller Teammitglieder und in die Kompetenzen des Moderators, den richtigen Tiefgang der Bearbeitung zu bewahren. Oft ist das eine oder das andere nicht hinreichend vorhanden. Manche Mitglieder des Teams gehen mit persönlicher Offenheit unsensibel oder fahrlässig um. Auch erfahrene professionelle Moderatoren sind durch die Komplexität der Klärung einer Beziehungsproblematik innerhalb eines Teams überfordert. In unseren Rollenspielen zur Bearbeitung von vorgegebenen Beziehungsstörungen haben wir immer wieder erlebt, wie schnell der gruppendynamische Prozeß auch Profis überrollt.

Achtung
Beziehungsprobleme sollten Moderatoren darum im Zweifel unter sechs Augen außerhalb des Teams bearbeiten und danach mit den beiden Betroffenen zusammen festlegen, was davon im Team berichtet wird.

Einer der von uns befragten Profis zieht bei Gruppen bis zu acht Personen in dieser Phase der Konfliktmoderation die folgende Variante vor:

Voraussetzung ist das Einverständnis der Gruppenmitglieder, daß es zu Störungen in der Sacharbeit kommt, weil die zwischenmenschlichen Beziehungen nicht auf optimalem Stand sind. Es wird vereinbart, daß man an ihnen arbeiten will. Das Verfahren setzt voraus, daß der Moderator schon länger mit der Gruppe arbeitet und gegenseitig Vertrauen aufgebaut wurde.

Jedes Gruppenmitglied schreibt zunächst auf Kärtchen, was er/sie sich von anderen wünscht (verändern o. beibehalten). Dabei werden Adressat und Absender mit aufgeschrieben. Jeder Adressat erhält dann seine Karten; allerdings so, daß kein weiteres Gruppenmitglied den Inhalt erfährt. Jeder liest sich seine Karten durch und bittet denjenigen Absender, mit dem er über das Geschriebene sprechen will, zu einem Zwiegespräch. Zu Anfang finden sich diejenigen, die wechselseitig Veränderungswünsche aneinander haben, später geht es mehr um einen Austausch über das, was man aneinander schätzt. Diese Zweiergespräche werden so lange durchgeführt, bis alle wichtigen Gespräche stattgefunden haben. Die Zeit für die Gespräche sollte begrenzt werden, damit immer wieder neue Mischungen von Gesprächspartnern zeitgleich zustande kommen können.

In jedem Zwiegespräch überlegen die Gesprächspartner, ob und wieweit sie ihr Thema/Ergebnis in die Gesamtgruppe bringen wollen. Dementsprechend kann es zu einer erweiterten Klärung in der Gesamtgruppe kommen.

Achtung
Bei diesem Vorgehen hat der Moderator keinen Einfluß auf die einzelnen Klärungsgespräche. Darum ist es zu risikoreich, wenn man die Gruppe nicht gut kennt und wenn es sich um schwerwiegende Störungen handelt.

Die Klärung von Konflikten kann sich auf zwischenmenschliche Beziehungsstörungen und/oder auf Sach-/Interessenkonflikte beziehen. Der Handlungsbaustein mit der eröffnenden und beschließenden Phase kann die Verzahnung unterscheidbarer Moderationsschritte darstellen. Wir gehen davon aus, daß jeder Moderationsschritt (hier: die Eröffnung des Klärungsprozesses) aus kleineren Schritten besteht, die aufeinander aufbauen. Dementsprechend lassen sich auch weitere, detaillierte Leitfragen für die Kommunikation und Kooperation nennen (s. nebenstehende Abbildung).

So unterscheiden viele Moderatoren zwischen Beziehungsstörungen und Sachkonflikten und halten es für sinnvoll, sie getrennt zu bearbeiten.

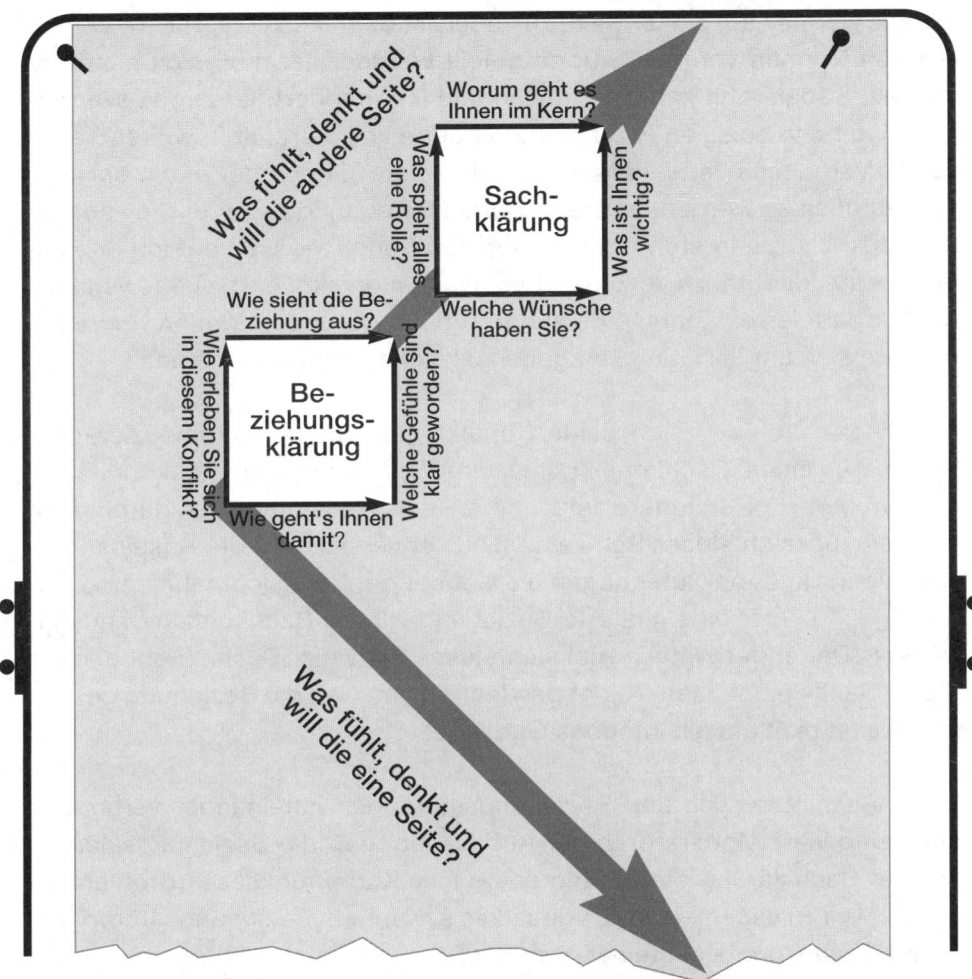

Ein Sachkonflikt wird im allgemeinen dadurch definiert, daß die Beteiligten um ein knappes Gut streiten. Wer bekommt die bessere Position oder den Dienstwagen? Wer darf die angenehme, wer muß die Dreckarbeit machen? In einem Beziehungskonflikt streiten die Beteiligten dagegen um soziale Normen: Wer hat sich inakzeptabel verhalten? Bin ich der Täter oder du? Wer ist schuld? Wer hat die richtige Weltanschauung, Theorie, Methode, Einstellung, Auffassung? Hier geht es nicht um ein knappes Gut, sondern um die Art des sozialen Umgangs miteinander, d.h. um soziale Regeln und Standards, an denen die Beteiligten ihr Verhalten (und sogar ihre Gedanken) orientieren können (und weitgehend müssen).

Soziale Normen auf seiner Seite zu haben ist demnach von großem Vorteil. Wessen Normen von der Gruppe geteilt werden, der muß sich nicht anpassen. Er darf sich im Recht fühlen und ist integriert; kurz: o.k. Wer dagegen mit den sozialen Normen der Gruppe kollidiert, ist in weiten Teilen seines Verhaltens verunsichert. Er läuft Gefahr, offen oder unterschwellig ausgestoßen zu werden, muß sich dauernd fragen, ob er oder die anderen nicht o.k. sind, und steht ständig vor der Frage, wie weit er sich anpaßt, ohne seine Identität zu verlieren. Beziehungskonflikte entstehen, wenn die Konfliktparteien einander Verletzungen gültiger Gruppennormen vorwerfen oder sie sich um die Gültigkeit gegensätzlicher Normen streiten.

Allerdings verbinden sich beide Konflikttypen oft in verkomplizierender Weise: Aus einem Sachkonflikt entwickelt sich ein Beziehungskonflikt unter dem Motto: „Der andere setzt immer seine Sachinteressen durch. Also ist er ein rücksichtsloses Schwein." (D.h., er verstößt bei der Auseinandersetzung um knappe Güter gegen die Gebote der Rücksichtnahme und Gerechtigkeit.) Oder eine gestörte Beziehung wird in Sachkonflikten ausgetragen: „Der andere ist ein rücksichtsloses Schwein. Deshalb gebe ich in dieser Sache nicht nach – nicht bei dem!" (D.h., weil die Beziehung gestört ist, streitet man um ein knappes Gut.)

Wenn Sachinteressen und Beziehungsstörungen miteinander verbunden sind, sind viele Moderatoren der Auffassung, daß die Beziehungsklärung vor der Sachklärung stattfinden sollte (zur Korrektur dieses problematischen, weil zu allgemeinen Grundsatzes s. Kapitel: ‚Beziehungsstörungen: Innere Teams prallen aufeinander', S. 92).

‚Beziehungsklärung' heißt hier, daß die Beteiligten ihren Beziehungskonflikt erläutern und ihr inneres Erleben zum Ausdruck bringen. Damit wird der Konflikt (noch) nicht beseitigt, aber meistens erheblich entschärft, so daß die Beteiligten sich gewissermaßen wieder in die Augen sehen können. Im einzelnen geht es oft um eine ‚Vergangenheitsbewältigung', d.h. um eine Aussprache über frühere Ereignisse, die die Beziehung dauerhaft beeinträchtigen; eine Vergangenheitsbewältigung auf dem schmalen Pfad zwischen dem ‚Waschen schmutziger Wäsche' und dem flotten Übergehen der gemeinsamen Geschichte, „weil die meisten Leute der Meinung sind, daß persönliche Sachen nicht in der Öffentlichkeit des Arbeitsteams breitgetreten werden dürfen", wie es ein Moderator formulierte. Wie man bei einer solchen Vergangenheitsbewältigung im Detail den Klärungsprozeß fördern kann, ist bei Thomann u. Schulz von Thun (1988) ausführlich beschrieben und bei Renner u. Thomann (1995) an einem Beispiel dokumentiert.

Eine Klärung der sachlichen Konfliktbestandteile besteht dagegen darin, daß die unstrittigen und strittigen Interessen – im Rahmen des verabredeten Themas – von den Konfliktparteien genannt werden und ihre sachlichen Hintergründe und Argumente in Ruhe und Sorgfalt erläutert werden. Konfliktforscher (wie Fisher u. Ury 1984) betonen, daß in erfolgreichen Verhandlungen weniger über gegensätzliche Positionen und statt dessen mehr über unterschiedliche Interessen geredet wird. Sie empfehlen für die ‚Mediation', wie Konfliktmoderation durch professionelle Berater oder ausgebildete Laien im angelsächsischen Sprachraum oft genannt wird, die Aufmerksamkeit der Konfliktpartner auf ihre Interessen und Wünsche zu richten.

Trotz Trennung von Klärung und Lösung werden auch Sachkonflikte leicht unübersichtlich. Darum sollte man soviel wie möglich visualisieren. Das geht auch ohne Kärtchen und Pinnwand. Ein Flipchart reicht meist aus.

1-Jahres-Praktikum?

Pro	Contra
Berufsbildung	Akad. Bildung
Stud. Interesse	Forschung ‚jobben'
Theorielast verringern	Studienzeitverlängerung
Großes Interesse bei Unternehmen	Nicht genügend Praktikumsplätze
	zu teuer

Das Beispiel stammt aus einer Studienreformdebatte. Es stellt für mich eine eindrucksvolle Erfahrung mit Visualisierung dar. Es ging um die Frage, ob das 1/2-Jahres-Praktikum auf ein Jahr ausgedehnt werden sollte. Nachdem ich feststellte, daß die Ar–

57

gumente durcheinander gingen und zudem einige der Diskussionsteilnehmer wegen geringer Information überrollt und dementsprechend verärgert wurden, schrieb ich Pro- und Contra-Aussagen einfach aufs Flipchart. Ich war gegenüber solchen ‚simplifizierenden Methoden' damals sehr ablehnend eingestellt, wollte sie aber wenigstens mal ausprobiert haben. Der Effekt war verblüffend. Die Blickrichtung der Gruppenmitglieder ging mehr zur Sache am Flipchart als zueinander. Die Teilnehmer wiederholten ihre Argumente nicht ständig. Einige fingen an, mir Argumente zu diktieren und vereinzelt sogar für die Gegenseite Argumente zu sammeln. Dies war ein Beispiel für den Wechsel von einer ‚konkurrierenden' zur einer ‚problemlösenden' Konfliktbearbeitung, der mich überzeugte.

Wie gesagt: Zu diesem Moderationsschritt gehört für alle, besonders aber den Moderator, eine ausgeprägte Fähigkeit zum Lösungsaufschub. Er muß die Teammitglieder gewissermaßen bei der Klärungsstange halten, ihnen ständig Mut machen können, die ungelöste Situation noch länger auszuhalten. Lösungsideen sollten dementsprechend nur am Rande notiert werden. Der Fokus in diesem Schritt liegt auf der klaren Feststellung dessen, was zur Zeit an konflikthaftem Material zwischen den Beteiligten vorliegt.

‚Beziehungsstörungen' sowie ‚Lagerbildungen' machten nach Aussage der Moderatoren den Teams am meisten zu schaffen. Oben ging es um eine Beziehungsstörung. Am Abschluß dieses Kapitels will ich über die Klärung eines latenten Konflikts zwischen Subgruppen in einer Supervisionsgruppe berichten.

An einer zweisemestrigen Supervisionsgruppe zum Berufspraktikum im Fach Pädagogische Psychologie nehmen 12 Studenten teil. Nach der Phase des Kennenlernens und der Bearbeitung allgemeiner berufspraktischer Themen geht es ab der fünften Semesterwoche an die ‚Anliegenarbeit', d.h. an die aus dem Praktikum mitgebrachten Probleme. In der fünften und sechsten Sitzung werden Anliegen vorgebracht und auch intensiv mit erlebnisaktivierenden Methoden bearbeitet. In der siebten Sitzung – es ist Semesterhalbzeit – findet sich aber niemand, der ein Anliegen hat. Alle sind ohne Probleme. Der Supervisor macht die ‚Anliegenlosigkeit' zum Thema und fragt nach den Ursachen. Nein, an der bisherigen Arbeit liege es nicht. Die sei hochinteressant und auch hilfreich gewesen. Irgendwie sei aber noch nicht so richtig das ‚Vertrauen in die Gruppe' da. – Wie wäre das denn? – Ja, man könne sich dann mehr öffnen. Hier sei doch noch unklar, ob die anderen damit sensibel umgehen könnten, wenn man Fehler und Schwächen von sich preisgibt … Der Supervisor bohrt noch etwas weiter, aber bekommt nicht mehr heraus.

Darum fragt er die Teilnehmer, ob sie bereit sind, gemeinsam an den Fragen zu arbeiten, was die Entwicklung von Vertrauen verhindert und wie die Gruppe mehr Vertrauen aufbauen könnte. Einige Teilnehmer sind sofort einverstanden und begierig, „etwas Gruppendynamisches zu machen". Einige andere sagen nichts. Einer wagt sich vor: „Wie soll das denn gehen? Ich weiß gar nicht, worauf ich mich dabei einlasse." Der Supervisor skizziert darum seine Vorgehensweise: „Ich möchte zunächst einmal alle bitten, sich im Raum so aufzustellen, daß der Abstand zwischen jeweils zwei Personen ungefähr wiedergibt, wie ähnlich oder unterschiedlich diese beiden sich erleben. Das wird eine Weile dauern, bis die Konstellation für alle einigermaßen stimmt. Dann würde jeder seinen Standort im Hinblick auf die anderen kurz erläutern. Meistens wird dabei deutlich, welche Unterschiedlichkeiten als fremd und unberechenbar wahrgenommen werden und die inneren Warnlampen anschalten. Das gibt uns Hinweise auf vertrauensmindernde Spannungsfelder in der Gruppe." Nach dieser Konkretisierung sind alle einverstanden.

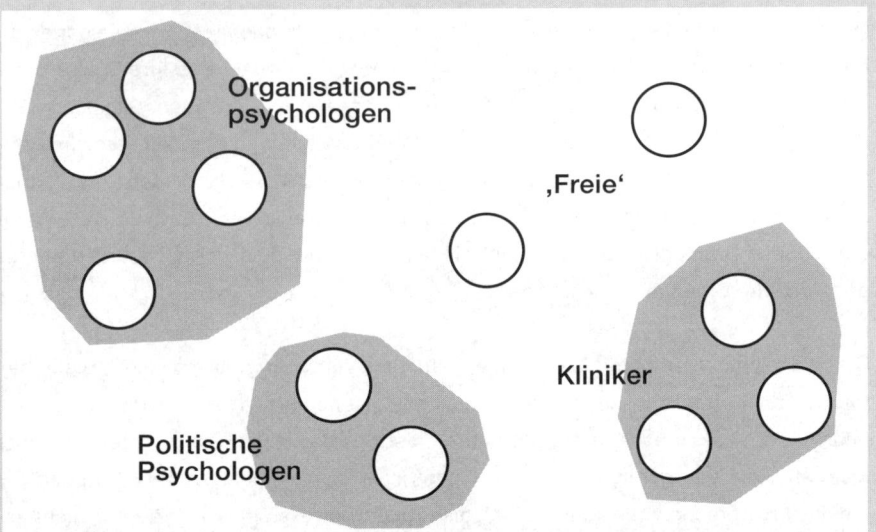

Nach etwa 20 Minuten steht die Gruppe. Zunächst kann man nichts Auffälliges sehen, aber bei den Beschreibungen der einzelnen Standorte in Relation zu anderen wird schnell deutlich, daß in der Gruppe mehrere Untergruppen vorhanden sind, die nach einigem Überlegen als ‚Organisationspsychologen‘, ‚Kliniker‘ und ‚Politische Psychologen‘ bezeichnet werden. Zwei Studenten bezeichnen sich als ‚freischwebend zwischen den Fronten‘. Es fällt auch der Begriff ‚Brücke‘. Interessanterweise sind zwar alle ‚Kliniker‘ in klinischen Praktika. Von den ‚Organisationspsychologen‘ sind aber nur zwei in der Wirtschaft. Ein dritter macht ein klinisches Praktikum. Der vierte ist in einer Lebensberatungsstelle. Von den ‚Freien‘ ist einer in der Wirtschaft, der andere in einer Schule. Die beiden ‚Politischen Psychologiestudenten‘ sind zusammen in einem medizinsoziologischen Forschungsprojekt.

Der Supervisor schlägt vor, daß sich die so lokalisierten Untergruppen sowie die beiden ‚Freien‘ zurückziehen und in Kleingruppen überlegen, welche eigenen Verhaltensweisen und Einstellungen die anderen Mitglieder möglicherweise daran hindern, Vertrauen zu entwickeln. Die Ergebnisse der Kleingruppen sollen danach ausgetauscht werden.

Nach einer dreiviertel Stunde kommen alle wieder zusammen. Der Supervisor bittet sie, von ihren Ideen zu berichten.

Die ‚Kliniker‘ berichten als erste. Sie haben den Eindruck, daß sie ‚gern im eigenen Innenleben wühlen‘, und denken, daß die anderen befürchten, ebenso ihre Seelen unter die Lupe legen zu müssen. Das würden sie aber gar nicht so erwarten. Sie seien auch an den strukturellen Problemen in Wirtschaftsunternehmen und an den medizinsoziologischen Fragestellungen der ‚Politischen‘ interessiert. Als sie anfangen, ihre Vermutungen darüber zu äußern, daß die ‚Organisationspsychologen‘ sich von den ‚Politischen‘ unter Druck gesetzt fühlen, weil sie ..., unterbricht der Supervisor und bittet die anderen, ihre Ergebnisse zu schildern.

Die ‚Politischen‘ bestätigen die gerade geäußerte Vermutung der ‚Kliniker‘. Sie haben tatsächlich ‚Bauchschmerzen‘ bei den psychologischen Praktiken in Wirtschaftsunternehmen, aber auch bei den psychotherapeutischen Verfahren. Sie möchten sich aber nicht arrogant darüber stellen, sondern gern im einzelnen mehr erfahren, um darüber mit allen zu sprechen. Sie könnten sich allerdings vorstellen, daß sie dadurch nicht gerade zum Vertrauen in der Gruppe beitragen. Aber sie wüßten auch nicht, wie sie das verändern sollten. Sie könnten ihre kritische Haltung nicht einfach wegwerfen. (Diese Äußerung wurde später von der Gruppe als die wichtigste vertrauensbildende Maßnahme gewertet.)

Die ‚Organisationspsychologen' haben in der Kleingruppe lange darüber geredet, worin sie sich ähnlich sind, und sind zu dem Ergebnis gekommen, daß sie eher an praktischen zwischenmenschlichen und strukturellen Problemen und weniger an innerpsychischen oder politischen interessiert sind. Sie sehen, daß sie schnelle Problemlösungen bevorzugen und die Anliegenarbeit ihnen oft sehr lange vorkommt. Daraus schließen sie, daß es die anderen vielleicht stört, wenn sie so ‚drängeln'. Sie sehen aber auch, daß eine sorgfältige Analyse von Anliegen wichtig ist, und wollen gerade das in der Supervision lernen. Die beiden Studenten der Untergruppe, die in Wirtschaftsunternehmen ihr Praktikum machen, schildern anschaulich, wie sie selbst oft ins Schaudern kämen, wenn sie sehen, wie in Wirtschaftsunternehmen oft mit ‚heißer Nadel gearbeitet' würde - ohne Theorie oder nur mit halbverstandenen Konzepten. So möchten sie nicht werden...

Der Klärungsprozeß läuft schließlich darauf hinaus, daß jeder in Zukunft auf die beschriebenen vertrauenshindernden Verhaltensweisen oder Einstellungen hinweisen sollte, wenn sie ihn tatsächlich stören.

Das Beispiel zeigt, wie die latenten ‚Subkulturen' in gemeinsamer Erkundung identifiziert werden. (Leider funktioniert das nicht immer so schön wie hier.) Mit der indirekten Methode des Perspektivwechsels (Wie setze ich die anderen wahrscheinlich unter Druck?) können gegenseitige Anschuldigungen von vornherein vermieden und die gegenseitige Öffnung gefördert werden. Bei dieser Sichtweisenklärung haben die beteiligten Studenten großes Einfühlungsvermögen und viel Spannungstoleranz von Hause aus mitgebracht. Es war daher kein Wunder, daß diese Supervisionsgruppe in der Folgezeit mit dem Einbringen von Anliegen keine Probleme mehr hatte. Später stellte die Gruppe fest, daß zunächst eigentlich gar nicht mehr Vertrauen entstanden sei, sondern eher mehr Mut, mit Kritik und Ablehnung von den anderen selbständig fertig werden zu können.

So kann Klärung allein schon Lösung bedeuten. Aber in vielen Fällen bleibt das Gefühl der Klärung ein kurzfristiges Vergnügen. Der Alltag läßt die positive Stimmung sehr schnell wieder verschwinden, wenn nicht konkrete Absprachen und Regelungen getroffen werden. Außerdem bleiben oft ganz handfeste sachliche Gegensätze auch dann noch bestehen, wenn allen alles klar geworden ist. Dazu der nächste Abschnitt.

Verhandeln: Positionen in Bewegung bringen

Eine erfolgreiche Klärung macht den Konfliktpunkt für alle Teammitglieder verständlich und durchschaubar. In manchen Fällen sind die Betroffenen damit zufrieden, besonders dann, wenn eine Beziehungsstörung im Vordergrund steht und durch den Klärungsprozeß zugleich auch gelöst wird. Oft bleibt allerdings noch Regelungsbedarf bezüglich der sozialen Normen, die in der Gruppe oder zwischen einzelnen Personen gelten sollen, oder eines Interessenkonflikts, der gelöst werden muß. Hierbei geht es um einen gemeinsamen Planungsprozeß, der durch gegensätzliche Wünsche beeinträchtigt ist – im allgemeinen ‚Verhandlung' genannt. Das bedeutet, nun sollen Regelungen ausgehandelt werden. Erst jetzt kommt es zu Überlegungen, wie man den Konflikt auch langfristig lösen kann. In diesem Sinn ist das Aushandeln von Regelungen zugleich auch eine präventive Maßnahme.

Konzepte des sachbezogenen Verhandelns von Interessenkonflikten wurden in den vergangenen 20 Jahren unter dem Stichwort ‚Mediation' in den USA entwickelt. Für deutschsprachige Leser ist das Praxis-Buch ‚Mediation' von Besemer (1993) sehr lesenswert.

Mediation – Vermittlung zwischen zwei streitenden Parteien – ist erstmals unter Präsident Carter in den USA angewendet worden und seither in einigen Bereichen wie Scheidungs-, Nachbarschafts- und Bürgerrechtskonflikten im Vorfeld von Gerichtsverfahren etabliert. Carter selbst hat in vielen Konflikten vermittelt: Camp David, Haiti, Nordkorea, Ruanda. Eines der Highlights war seine erfolgreiche Vermittlung zwischen Begin und Sadat, die zum Friedensvertrag zwischen Israel und Ägypten geführt hat. Carter verwendete gezielt Prinzipien der Mediation. So ging er beispielsweise differenziert mit den beteiligten Personen um (beziehungsorientiert mit Sadat und sachorientiert mit Begin), formulierte beiden gegenüber Probleme in Bildern und nutzte die Methode der getrennten Gespräche (Hare u. Naveh 1986).

Als ein Grund für die Mediationsbewegung wird der verlorene Vietnamkrieg genannt. Ein weiterer Grund ist die rapide Zunahme an (jugendlicher) Gewalt. US-Kinder sehen bis zum Alter von 16 Jahren im Durchschnitt ca. 200.000 Gewalttaten im Fernsehen. Jeder 4. Haushalt besitzt mindestens eine automatische Handfeuerwaffe. Registrierte Gewalttaten im Kindes-

und Jugendalter haben sich in den USA zwischen 1984 und 1990 verdoppelt. So werden 3,7% der schwarzen männlichen Jugendlichen vor Erreichen des 17. Geburtstages durch Gewalt zu Tode gebracht.

Als ökonomischer Grund gilt das Ausufern der Kosten für Rechtsstreitigkeiten. Es liegt auf der Hand, daß diese Kosten bei einer Scheidungsrate von 50% an die Grenzen dessen gehen, was eine Gesellschaft auch unter ökonomischen Gesichtspunkten noch verkraften kann. Hinzu kommt die anhaltende Verrechtlichung weiter Lebensbereiche sowie Zunahme an Bürgerrechtskonflikten (Nachbarschaft, ökologische Konflikte).

US-amerikanische Konzepte konzentrieren sich stärker als der Ansatz der Klärungshilfe (Thomann / Schulz von Thun 1988) oder Moderationstechniken wie die Metaplan-Methode (Klebert et al. 1987) auf das sachbezogene Verhandeln.

Verhandeln wird oft auf egozentrisches strategisches Handeln reduziert. Nach dieser Auffassung sind die Kontrahenten allein daran interessiert, den eigenen Nutzen zu mehren, also den anderen ,über den Tisch zu ziehen'. Aber offenbar bestimmt nicht nur das rationale Kalkül den Verhandlungsprozeß, sondern es spielen auch kommunikative Kompetenzen, soziale Normen und kooperative Motive mit. Denn selbst in Situationen, in denen die Verhandlungsparteien hinterher nichts mehr miteinander zu tun haben (wie beim privaten Gebrauchtwagenverkauf), spielen innere Normen und Werte der Beteiligten eine große Rolle. Jeder möchte vor sich und anderen weder als gewissenloses Schwein noch als gutgläubiger Trottel dastehen.

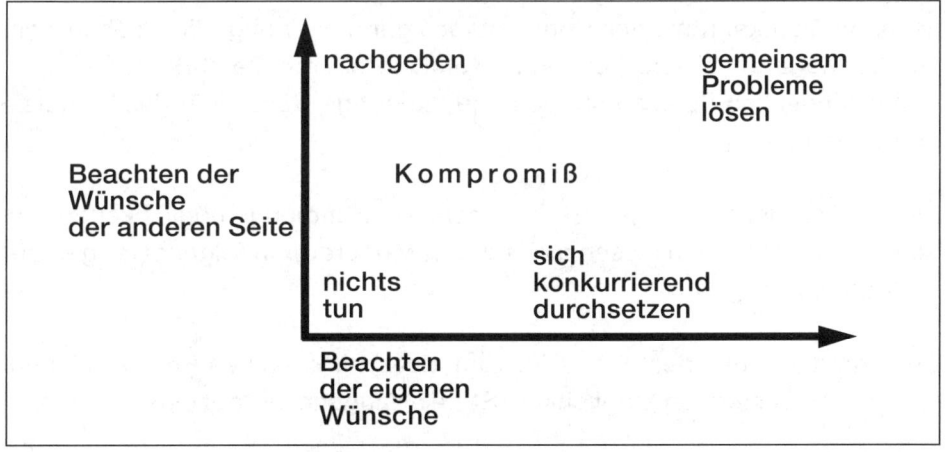

So werden üblicherweise fünf unterschiedliche Handlungsarten der Konfliktparteien unterschieden, je nachdem, ob sie eher die Erreichung der eigenen Ziele verfolgen oder sich um die Erfüllung der Wünsche der anderen Seite bemühen. Beide Motive treten allerdings in der Regel gemischt auf und führen im günstigen Fall zu gemeinsamen Bemühungen um eine Problemlösung.

Allgemein akzeptierte Regeln für die Gestaltung von tragfähigen zwischenmenschlichen Beziehungen wie Fairneß, Gleichheit und Gerechtigkeit sind beim Aushandeln von Interessengegensätzen in Arbeitsteams ebenso bedeutsam wie die Nutzenkalküle der einzelnen Personen. Das Motiv, daß auch die andere Seite nicht zu kurz kommen sollte, sowie das Interesse an einer beiderseitig akzeptablen Problemlösung führen nicht selten dazu, daß ein Konflikt, seine Klärung und Bemühungen um eine Lösung schließlich etwas Neues schaffen, auf das beide Seiten vorher nicht gekommen wären und das für alle Beteiligten besser ist als die bisher gedachten Alternativen. Insofern ist das Aushandeln von Regelungen immer auch ein gemeinsamer kreativer Problemlösungsprozeß. Konfliktmoderation sollte darum davon ausgehen, daß ein Konflikt immer auch eine Chance ist, etwas Neues und Besseres zu erfinden.

Allerdings kann keine Konfliktmoderation solche ideale Problemlösung garantieren. Sie kann nicht einmal eine Verbesserung in den zwischenmenschlichen Beziehungen oder einen sachlichen Kompromiß sicherstellen, sondern nur eine verständliche, klare Kommunikation sowie flexible, transparente Strukturierung des Vorgehens. (Daher scheint auch eine tiefgehende Sachkenntnis des Konfliktfeldes gar nicht nötig. Viele sehen sich bei der Moderation sehr bekannter Konflikte eher in Gefahr, ihre eigenen Auffassungen ins Spiel zu bringen und die nötige Neutralität des Moderators zu verlieren.)

Die fünf auf der vorherigen Seite skizzierten Handlungsmöglichkeiten der Verhandlungsparteien lassen sich für den Moderator in folgende abgestufte Strategie bringen.

Der Grundgedanke besteht darin, vom Ideal der kreativen Problemlösung (Stufe 1) bis zur letzten Möglichkeit (Stufe 5) langsam herabzusteigen, wenn

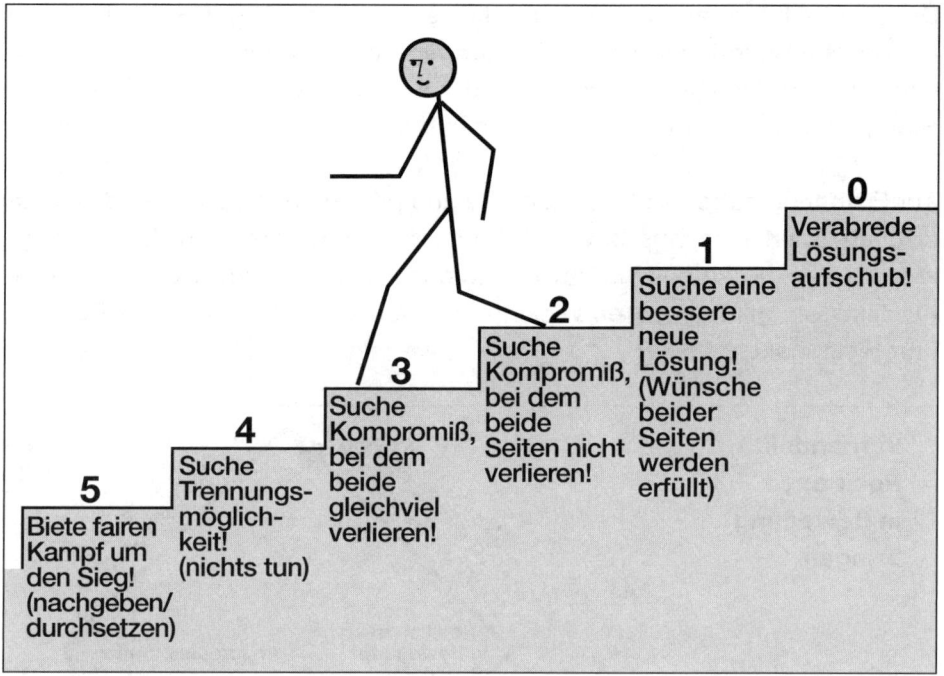

es notwendig ist. Auf jeder Stufe wird ausführlich geprüft, ob nicht eine Möglichkeit gefunden werden kann, die das jeweilige Kriterium erfüllt. Dieser Prozeß setzt die Verabredung des Aufschubs von schnellen Lösungen voraus (Stufe 0) und erfordert bei den Beteiligten die Fähigkeit, Unentschiedenheit zu ertragen.

In der Moderation eines Verhandlungsprozesses besteht die größte Gefahr für den Moderator darin, daß er sich in die Rolle des ‚Richters‘ drängen läßt. Als dritte, neutrale Kraft ist er in jedem Fall eine wichtige Verhandlungshilfe zwischen zwei Positionen. Ihre Wirkung besteht aber nicht in der Macht eines ‚Weisen‘, sondern vor allem in ihrer bloßen Anwesenheit, die die bindenden Kräfte der Öffentlichkeit und allgemeiner sozialer Normen wie Gerechtigkeit, Gleichheit und Fairneß repräsentiert. Und natürlich in der professionellen Strukturierung des Prozesses!

An dieser Stelle der Konfliktmoderation ist es wichtig, übergeordnete Interessen sowie Gemeinsamkeiten beider Parteien in Erinnerung zu rufen und die Möglichkeit von Kompromissen beim Namen zu nennen.

Der gleiche Informationsstand und die verbesserten Beziehungen im Team ermöglichen nun konkrete Verhandlungen über die Verteilung von sachlichen Dingen und (Neu-)Regelungen der Kommunikation und Kooperation. Hier geht es um die Kleinarbeit, und der Teufel steckt bekanntlich im Detail.

Zur Eröffnung haben sich Philosophie und praktisches Vorgehen des klassischen Brainstormings bewährt: kritikfreie kooperative Produktion konkreter Ideen. ‚Positionen in Bewegung bringen' heißt, eine große Menge an Konfliktlösungsideen zu entwickeln, statt an der eigenen engen Position stur festzuhalten.

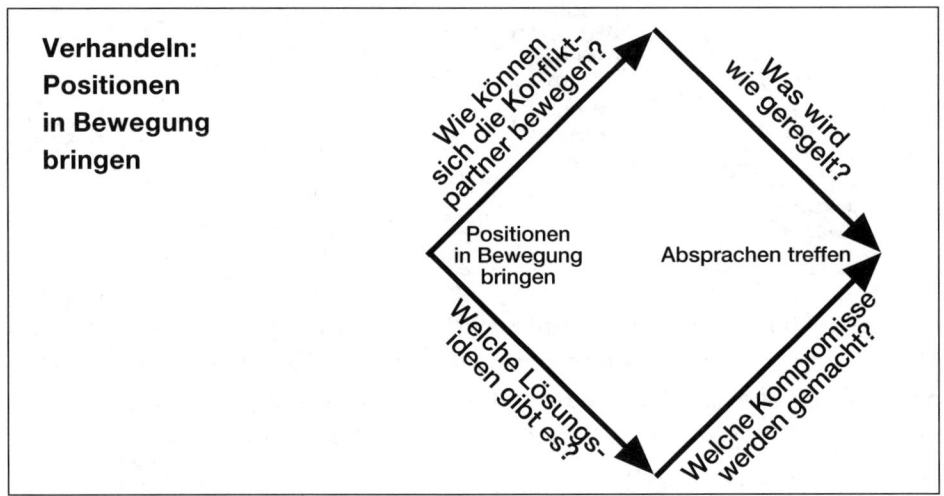

Verhandeln: Positionen in Bewegung bringen

Die wichtigste Aufgabe der eröffnenden Phase besteht daher darin, Bewegung in die Konfliktpositionen zu bringen. Dazu ist es meist hilfreich, die eingefahrenen Kommunikationsgleise zu verlassen und die Parteien anders miteinander reden zu lassen als bisher. Einige Ideen dazu: Die Konfliktpartner kommunizieren schriftlich aus ihren Gruppen miteinander. Sie bilden gemischte Kleingruppen. Sie bringen ihre Interessen über delegierte Sprecher zum Ausdruck, in Pro-und-contra-Diskussionen mit Sekundanten und neutraler Jury usw. Viele weitere Beispiele findet man bei Besemer (1993) oder Glasl (1990).

Hilfreiche Leitfragen dazu lauten: „Wohin, wie und unter welchen Bedingungen können Sie sich bewegen?" – „Wer kann wo zurückstecken?" –

„Sie kennen jetzt alle die Situation - welche Lösungsideen können Sie einbringen?"

Pruitt u. Rubin (1986) schlagen sechs pragmatische Detailfragen vor, mit denen Bewegung in festgefahrene Positionen durch die Erweiterung von Möglichkeiten gebracht werden kann:

‚Expanding the pie': Wie kann das knappe Gut (der ‚Kuchen') vergrößert werden?

Bei einer Auseinandersetzung um den Jugendetat innerhalb des Vorstandes eines Fußballvereins wurde verabredet, eine Sammlung von Sponsorengeldern bei Firmen im Stadtteil unter Beteiligung auch der Vorstandsmitglieder durchzuführen, die für die Herrenmannschaften zuständig waren.

‚Logrolling': Welche unterschiedlichen Prioritätensetzungen können miteinander verknüpft werden?

Dazu werden von jeder Seite Prioritätenlisten der Konfliktpunkte erstellt. Wer selbst bei einem Punkt, bei dem die andere Seite hohe Priorität setzt, eine geringe hat, kann leichter nachgeben. Wenn dies bei mehreren Punkten wechselseitig der Fall ist, lassen sich leichter Kompromisse finden, als wenn man sich an einem Einzelpunkt festfrißt. So war es nach einer Ehescheidung in einem Konflikt um das Ausmaß der Unterhaltszahlung für die Mutter wichtiger, so viel Unterhaltszahlungen zu bekommen, daß sie nicht arbeiten mußte, als den Kontakt zwischen dem früheren Ehepartner und den Kindern möglichst knapp zu halten. Dem Mann dagegen war die Aufrechterhaltung des Kontakts zu den Kindern wichtiger als die geringe Bemessung der Unterhaltszahlungen. Hier bahnte sich ein Kompromiß an, der zunächst als „Kontaktkauf" abgelehnt wurde, sich aber langfristig als beste Lösung für alle herausstellte.

Eine Variante dieser Methode beschreibt Jane Corbin (1994) in der Darstellung der geheimen Friedensverhandlungen zwischen Israel und der PLO in Norwegen. In der zentralen Krise dieser Verhandlungen, in der fast alle vorangegangenen Bemühungen gescheitert wären, ging man folgendermaßen vor: Jede Partei wählte von 16 noch strittigen Knackpunkten diejenigen 8 Punkte aus, die ihr am wichtigsten waren. Hieraus kristallisierten sich dann wechselseitige Lösungen heraus. So war z.B. den Israelis die PLO-Erklärung bzgl. des Existenzrechtes für Israel auf palästinensischem Boden wichtiger als ihre eigene Ablehnung der völkerrechtlichen Anerkennung der PLO. Den PLO-Vertretern dagegen ging es genau umgekehrt. Dadurch wurden die Zahl der Knackpunkte erheblich reduziert und die härtesten Nüsse geknackt.

‚Nonspecific compensation': Irgendwelche anderen Wünsche und Ziele ins Spiel bringen: Gibt es weitere, bisher nicht genannte Punkte, die wichtig sind und zur Verhandlungsmasse gezählt werden können?

Hiermit können vor allem Kompromisse ‚versüßt' werden, die eine Seite benachteiligen. Bei der Stundenverteilung für die Lehrkräfte eines Schulkollegiums erhielt der Musiklehrer seine schon seit langem beantragte Computeranlage, weil er sich nach langem Tauziehen auf eine Stundenplanlösung eingelassen hatte, die ihm überproportional viele Randstunden (erste und letzte Stunden) einbrachte.

‚Cost-cutting': Wie kann man Nachteile für eine Seite verringern?

Dies ist dann angemessen, wenn mit möglichen Lösungen für die eine oder andere Seite erhebliche objektive oder subjektive Kosten, oft höhere Arbeitskosten und -belastungen, verbunden sind. In einer öffentlichen Einrichtung stand der zentrale Schreibdienst im Kreuzfeuer der betriebsinternen Kritik. Nach langem informellen Hickhack wurde ein Ausschuß gebildet, der das Problem ‚Schreibbüro' systematisch lösen sollte. Nach der Untersuchung verschiedener Alternativen, wie Auflösung und Inanspruchnahme von privaten Dienstleistern oder Verteilung des Schreibpersonals auf die Abteilungen oder Trennung in zwei dezentrale Textverarbeitungsdienste, wurde beschlossen, den Schreibdienst durch Computer zu modernisieren. Die betroffenen Angestellten wehrten sich dagegen und schalteten den Personalrat ein, weil sie erhöhte Belastungen durch die Einarbeitung in komplizierte Schreibprogramme sowie durch Bildschirmstrahlung und Fixierung der Augen auf den Bildschirm befürchteten. Es wurde schließlich ein Paket an Maßnahmen verabredet, die diese Belastungen verringerten. Man schaffte ein teureres, aber wesentlich bedienungsfreundlicheres System mit höherer Strahlungssicherheit als das ursprünglich vorgesehene an und legte eine Höchstdauer der Arbeit am Computer mit einer präzisen Pausenregelung fest.

‚Specific compensation': Kann man die Wünsche / Ziele der einen oder anderen Seite mit anderen Mitteln erfüllen?

In einer Auseinandersetzung um die Zahl der Mitarbeiter auf einem Campingplatz, der auf das Doppelte vergrößert worden war, erklärte sich der Chef bereit, einige teure Maschinen zur Erleichterung der Arbeit zu beschaffen, wenn die Zahl der Mitarbeiter nur um 60% erhöht würde. Die Mitarbeiter hatten dadurch weniger schwere körperliche Arbeit zu leisten, der Eigentümer weniger langfristig festgelegte Personalkosten.

‚Bridging': Welche Hintergrundbedürfnisse spielen bei den offen geäußerten Konfliktpunkten eine Rolle? Wie können sie befriedigt werden?

Mein 11jähriger Sohn wünschte sich unbedingt ein Rennrad, das ich wegen der schmalen Reifen für viel zu gefährlich hielt. Ich bekam schließlich heraus, daß es ihm hauptsächlich um eine hochwertige Gangschaltung ging, die viele Gänge hat. Wir kamen überein, daß ein Mountainbike mit einer Gangschaltung wie ein Rennrad genausogut sei.

Diese Punkte sind sicher nicht scharf voneinander zu trennen, sondern überschneiden sich vielfach. In der Praxis werden ohnehin mehrere Aspekte miteinander kombiniert. Die Empfehlungen dienen vor allem der (eröffnenden) Funktion, die Zahl der Lösungsmöglichkeiten zu erhöhen, und motivieren die Beteiligten, sich der Lösung zu widmen und weniger der Verteidigung der eigenen Positionen. Auch die bekannte Arbeitsgruppe um den Konfliktforscher Ury betont im sog. Harvard-Konzept der Konfliktbearbeitung genau dieses Prinzip.

Bei allen diesen Fragen geht es also darum, starre Konfliktpositionen in Bewegung zu bringen und ‚Kompromißpakete' zu schnüren. Solche Leitfragen werden von beiden Parteien oft unabhängig voneinander bearbeitet, um gegenseitige Unterbrechungen und vorschnelle Kritik zu vermeiden. Die wichtigste Intervention des Moderators ist die Auffrischung der klassischen Brainstorming-Regel: Keine Bewertung oder Kritik vor Ende der Sammlung! Ggf. muß eine solche Arbeitsphase in Kleingruppen wiederholt werden, bis beide Seiten sich nach und nach einander genähert haben.

In der Beschlußphase erfolgt eine Bewertung von Vorschlägen und Ideen sowie die verbindliche Absprache. Leitfragen: „Welche Regelungen wollen

Sie treffen hinsichtlich des zukünftigen Umgangs miteinander bzw. bezüglich der Verteilung sachlicher Güter?" „Welche Kompromisse sind für Sie möglich?" Damit solche Absprachen nicht abstrakt bleiben, sollten sie als konkrete Handlungsanweisungen formuliert werden, die die Teammitglieder genau instruieren, was in Zukunft zu tun ist und wie ihre Umsetzung überprüft wird. Erfahrene Moderatoren sehen hier die Gefahr, aus Harmoniebedürfnissen sich nicht an die konkreten Einzelheiten zu wagen, weil man befürchtet, daß der Konflikt wieder aufflammen wird. Denn jeder weiß aus Erfahrung: Der Teufel sitzt im Detail. Hier gehen erfolgsbedürftige Moderatoren gern eine heimliche Koalition mit konfliktmüden Teammitgliedern ein unter dem Motto: Bloß nicht mehr an der mühsam hergestellten Harmonie rühren!

Einige Moderatoren berichteten davon, daß sich beim Aushandeln von Sachkonflikten die Einführung einer Gesprächspause oder freier Einzelgespräche bewährt habe. Dabei haben die Parteien ihre eigene Interessenlage für sich überdacht sowie ihre Wünsche und Ziele neu definiert. Manchmal haben dominante Gegenspieler von Interessengruppen miteinander in informeller Weise mögliche Kompromißlinien besprochen, die sie dann dem Team vorschlagen konnten. Besonders effektiv scheinen Einzelgespräche zu sein, in denen der Moderator mit beiden Seiten getrennt spricht und dadurch die systematische Bearbeitung der oben genannten Leitfragen unterstützen kann. Allerdings besteht hier die Gefahr, daß der Moderator zuviel Verantwortung für die Lösung übernimmt. Darum ist darauf zu achten, daß die Konfliktparteien früh wieder zusammenkommen, um direkt weiter zu verhandeln.

In diesem Moderationsschritt braucht der Moderator vor allem den Mut, gegen perfektionistische Tendenzen im Team anzugehen und ,halbe', unvollkommene Lösungen voranzutreiben, d.h. die Teammitglieder dazu zu bringen, Grenzen der Konfliktlösung zu akzeptieren und dort Einigungen zu fördern, wo die Parteien beweglich sind.

Im folgenden Beispiel geht es um einen territorialen Konflikt, um die Verteilung eines knappen Gutes. Anschließend wird das Aushandeln gegensätzlicher sozialer Normen bezüglich der Zusammenarbeit in einem anderen Fall beschrieben.

Schauplatz ist die Bauplanungsgruppe eines großen Krankenhauses. Es sind bereits seit Jahren umfangreiche Baumaßnahmen auf dem Krankenhausgelände im Gange, und weitere werden geplant. Die Baumaßnahmen belasten manche Stationen erheblich durch Lärm, manche müssen vorübergehend umziehen, andere liegen weit vom Schuß und sind bisher noch nicht betroffen. Die Planungsgruppe hat sich zum Ziel gesetzt, den gesamten Umbau möglichst reibungslos zu gestalten und zusätzliche Belastungen für die einzelnen Abteilungen soweit wie möglich zu vermeiden.

Anwesend sind der Ärztliche Direktor, der Verwaltungsleiter, der Architekt, die drei Chefärzte der wichtigsten Abteilungen sowie als Gast dieser Sitzung der Chefarzt der Geriatrie, einer kleinen Abteilung. Hinzugezogen ist auch der leitende Psychologe aus der Personalentwicklung, der diese Sitzung moderiert. Der Geriater wird heute von der Planungsgruppe gehört, weil er sich kürzlich beim Verwaltungsleiter vehement beschwert hat, daß er jahrelang benachteiligt wurde, daß Belastungen ständig auf ihn abgewälzt würden und er sich weitere Benachteiligungen keinesfalls mehr bieten lassen könne. Und gerade seine Abteilung müßte nach der Bauplanung in den nächsten zwei Jahren dreimal umziehen. Es kündigt sich also ein Konflikt an.

Nebenbei bemerkt: Die Tatsache, daß der Moderator selbst Mitglied der Einrichtung und zudem noch nach Status und Hierarchie eher untergeordnet ist, ist eine ungünstige Bedingung und macht eine erfolgreiche Moderation im allgemeinen unwahrscheinlich. In diesem Fall hat der Moderator jedoch eine sehr anerkannte Position im Krankenhaus und hat in der Vergangenheit bei Konflikten in schwierigen Situationen sehr hilfreich vermittelt.

Nach einer kurzen Vorstellung aller Personen und der Darstellung des Grundes ihrer Anwesenheit einigt man sich auf den einzigen Tagesordnungspunkt ‚Belastungen der Geriatrie durch die Baumaßnahmen'. Der Moderator bittet den Chef der Geriatrie, seine Beschwerden vorzubringen. In etwas klagendem Ton und mit leidender Miene berichtet dieser von dem ‚Leidensweg' der Abteilung in den vergangenen Jahren. Zu Beginn seiner Dienstzeit - er hat vor etwa 10 Jahren die Abteilung aufgebaut - sei die Abteilung in Notunterkünften untergebracht worden. Die Verwaltung und auch die ärztliche Leitung habe ihn jahrelang vertröstet. Schließlich habe man ihm viel zu enge Räume ‚übergangsweise' zugewiesen. Das sei vor fünf Jahren gewesen, und seitdem sei nichts geschehen. Seit Beginn der Baumaßnahmen habe er sich Hoffnungen gemacht, Nutznießer neuer Räume zu werden, aber bis jetzt habe seine Abteilung nichts davon gehabt.

Andere Abteilungen seien bevorzugt worden. Offenbar habe man in der Verwaltung des Krankenhauses kein Interesse an seiner Abteilung. Die Umbauten seien keine Belastung für ihn, eher die Art der Verwaltungsleitung. Inhalt und Art seiner Darstellung erzeugt bei den Zuhörern eine brisante Mischung von Schuldgefühlen, Mitleid und Ärger. Besonders der Verwaltungschef gerät zusehends mehr in Erregung und platzt schließlich heraus: „Nun aber mal halblang. Sie sind von den Baumaßnahmen bisher am wenigsten betroffen. Zu ihnen in ihre Idylle dort am Waldrand dringt doch kaum ein Baugeräusch. Wir haben einiges unternommen, um Sie und andere von Belastungen zu verschonen..." Der Moderator unterbricht: „Ich kann Ihr Bedürfnis verstehen, direkt Stellung zu nehmen, aber ich möchte zunächst noch einige Punkte vom Chef der Geriatrie erfahren. Vielleicht klären wir zunächst einmal seine Sicht ausführlich, um dann auch Ihre und die der anderen Mitglieder dieses Gremiums zu hören." – Mißmutig brummelnd lehnt sich der Verwaltungsleiter in seinen Sitz zurück.

Der Moderator treibt den Klärungsprozeß weiter voran über Fragen, was der Geriater sich von den Mitgliedern dieses Gremiums wünsche, was für ihn besonders kritisch sei, worum es ihm im Kern gehe und ob es auch Punkte gebe, in denen er zufrieden mit der Behandlung durch die Verwaltung ist. Es gelingt dem Moderator, den Geriater aus dem klagenden Ton heraus zu klaren Wünschen und Forderungen zu bringen. Der Geriater bringt zum Ausdruck, daß er gehört habe, in den nächsten zwei Jahren dreimal umziehen zu müssen. Dies wolle er auf keinen Fall, und das sei auch der wichtigste Punkt. Das Gefühl der Benachteiligung durch die Verwaltung im Vergleich zu anderen Abteilungen sei demgegenüber sekundär.

Nun kommt der Verwaltungsleiter zum Zuge. Er gesteht zu, daß die jahrelange Notunterbringung der Geriatrie eine große Zumutung gewesen sei und die gegenwärtige Unterbringung vom Raum her zu klein sei, von der Lage her allerdings sehr schön. Er schildert seine Bemühungen um die Vergrößerung des Raumvolumens für die Geriatrie, die allerdings nicht von Erfolg gekrönt waren, und erklärt klar und deutlich, daß die Geriatrie die kleinste Abteilung sei und daher für diese Räume am besten passe. Im übrigen litten auch andere Abteilungen unter akuter und langfristiger Raumnot.

Die Auseinandersetzung der beiden Sichtweisen führt dazu, daß sich die gereizte Stimmung langsam legt und zunehmend Verständnis für die andere Seite signalisiert wird. Schließlich meint der Geriater, daß er nun doch die Bemühungen der Verwaltung anerkennen könne. Aber dennoch wolle und könne er unter keinen Umständen seinem

Personal und den Patienten in so kurzer Zeit einen dreimaligen Umzug zumuten. Es müsse eine andere Lösung gefunden werden. (Hier deutet sich das Ende der Klärung einer Beziehungsstörung und der Übergang zur Klärung von Sachinteressen an.)

Nun schaltet sich der Architekt ein, der bisher nichts gesagt hat, und begründet ausführlich die Notwendigkeit des dreimaligen Umzugs mit der Minimierung der Kosten und Belastungen von Personal und Patienten. Er schildert die bisher diskutierten Alternativen, nämlich daß andere, größere Abteilungen mehrfach umzögen, und macht deutlich, daß keine Alternative auch nur ansatzweise so günstig sei wie die vorgeschlagene. Der Geriater konfrontiert die Anwesenden jedoch im Gegenzug mit zusätzlichen Personalkosten, weil ein Teil seines ohnehin nur wenig motivierten Personals zur Konkurrenz abwandern würde. Es sei sehr schwer, dieses Personal zu ersetzen. Die damit verbundenen Kosten könne er nicht beziffern, aber sie müßten unbedingt berücksichtigt werden. Außerdem sei er nicht sicher, ob er unter diesen Umständen selbst noch in der Lage sei, die Qualität der ärztlichen Versorgung in vertretbarem Maße aufrechtzuerhalten. Damit wolle er deutlich machen, daß man den Bestand der Abteilung riskiere, wenn man den Plan mit dem dreimaligen Umzug durchziehe.

Die folgende nachdenkliche Pause nutzt der Moderator für eine Intervention, die den Verhandlungsschritt eröffnet. Er bittet die Anwesenden, sich 15 Minuten jeweils zu zweit darüber auszutauschen, welche Kompromisse aus ihrer Sicht möglich sind und welche Lösungsmöglichkeiten noch in Frage kommen. Er betont, daß jetzt viel Kreativität gefragt sei und auch weit entfernte, abwegig erscheinende Punkte von großem Nutzen sein könnten. Die Mitglieder des Gremiums sollten insgesamt die Verhandlungsmasse vergrößern.

Er selbst spricht mit dem Geriater. Die Ergebnisse der Zweiergespräche werden anschließend zusammengetragen und in Form einer offenen Ideensammlung auf dem Flipchart notiert. Diese Sammlung kann jederzeit ergänzt werden. Die Vorschläge reichen von „überhaupt nicht umziehen - die Geriatrie bleibt, wo sie ist" über „Verwaltung zieht dreimal um" bis zu „zusätzliche Ausstattung als Belohnung". In der Diskussion ergeben sich allerdings insofern neue Perspektiven, als ein Mitglied des Gremiums die Möglichkeit einführt, daß eine Abteilung ja nicht unbedingt als Ganzes umziehen müsse. Für einen begrenzten Zeitraum sei ja eine Abteilung auch auf verschiedene Standorte verteilt arbeitsfähig. Einzelne Stationen könnten durchaus für sich existieren. Er erläutert seine Idee am Beispiel einer Abteilung, an der er selbst einmal gearbeitet habe, die über Jahre auf drei Standorte verteilt sei. Er wisse nicht, ob das zur Lösung beitrüge. Das müßten andere beurteilen. Zunächst erhebt sich ziemlicher Widerspruch bei allen Abteilungsleitern. Denn schließlich drohten hier Chaos und Kontrollverlust. Aber nach und nach setzt sich die Auffassung durch, daß diese Idee im Vergleich zu dreimaligem Umziehen erhebliche Vorteile hat. Am Ende besteht die Lösung darin, daß die Geriatrie auf zwei kleinere Standorte verteilt wird und dort abwartet, bis ihr Neubau fertig ist. So braucht sie nur zweimal umzuziehen. Überdies wird dies Verfahren in zwei anderen Fällen als ‚Geriatrie-Modell' zur Lösung herangezogen.

Diese Lösung erscheint dem unbefangenen Außenstehenden zunächst trivial, und er fragt sich, warum das Gremium nicht viel früher auf diese Möglichkeit gekommen sei. Aber es gibt in Teams wie in jeder (Sub-) Kultur oft Einschränkungen (‚Tabus'), die den befangenen Mitgliedern oft so selbstverständlich sind, daß sie sie gar nicht mehr bemerken und darum auch nicht formulieren können. Der Moderator bemerkte zu diesem Punkt, daß er selbst nicht auf diese Idee gekommen sei, weil er als Angehöriger der Organisation wie selbstverständlich von der Voraussetzung ausgegangen sei, daß eine Abteilung räumlich nicht getrennt werden dürfe.

In diesem Fall handelte es sich um die Verteilung eines knappen Gutes, nämlich um Räume. Territoriale Konflikte sind übrigens oft brisanter, als man annimmt. Die Verfügung über einen definierten eigenen Raum hat für die meisten Menschen einen sehr hohen Wert. Er bietet Rückzugsmöglichkeit, Schutz, ist Statussymbol, und im eigenen Territorium hat man die Macht. Auseinandersetzungen um angemessene Anteile am verfügbaren Raum erlebt jede Arbeitsgruppe, wenn es räumliche Veränderungen gibt (z.B. beim Umzug). Der Teamgeist in einer Gruppe wird sofort wach, wenn ihr Territorium irgendwie bedroht ist. Dies gilt nicht nur für faktische Räume, sondern auch für Zuständigkeitsbereiche und Handlungsspielräume. Darum sieht man in der systemischen Forschungsgruppe um Mara Selvini-Palazzoli in der Beachtung der ‚Territorialität' einen wichtigen Grundsatz der Konfliktberatung (Mara Selvini-Palazzoli et al. 1984).

Im folgenden Beispiel geht es dagegen um die Regelung von Normen, gewissermaßen um die Entwicklung der Teamkultur. Die Teammitglieder werden aus dem Konflikt heraus eine größere Toleranz für die Grundsätze der anderen entwickeln, gegensätzlich erscheinende Haltungen miteinander verbinden und schließlich integrieren.

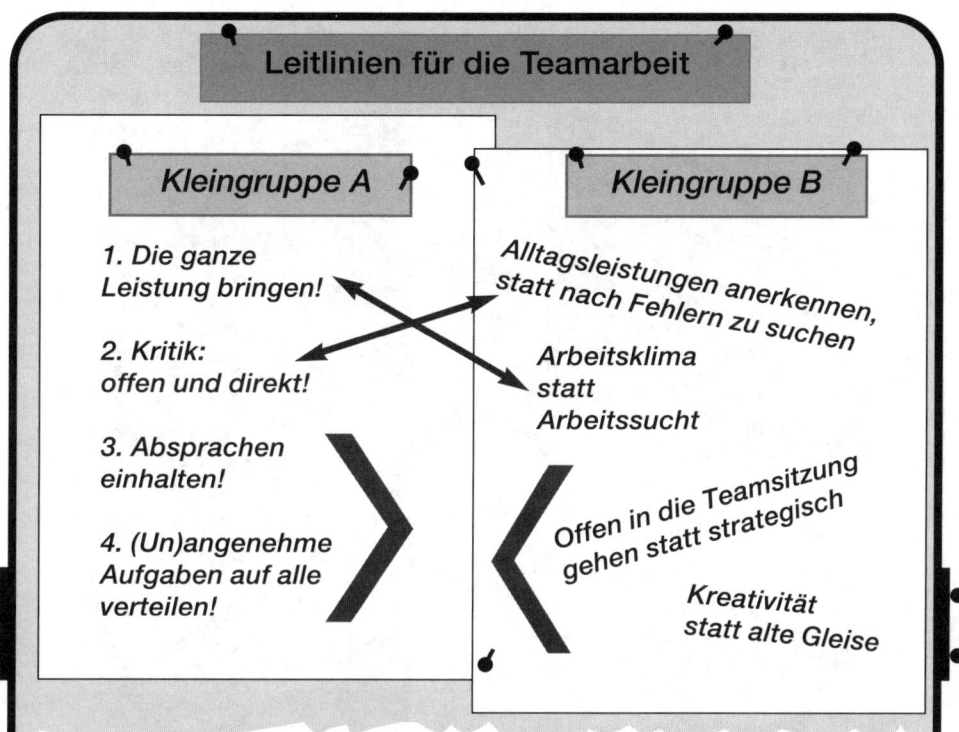

In einer Abteilung geht es um die Einstellung der Mitarbeiter zur Zusammenarbeit. Der Moderator erhält vom Abteilungsleiter den (vorläufigen) Auftrag, die Kooperation im Team zu verbessern. Hintergrund seien die „häufigen Klagen" der Teammitglieder übereinander. Er sei es leid, sich das „Gejammer" immerzu anhören zu müssen, und wolle, daß das jetzt mal grundsätzlich geklärt werde. Dem Moderator ist noch die Bemerkung in Erinnerung, daß die Teammitglieder sehr unterschiedlich in der Zusammenarbeit seien. Aber das sei in der Branche nichts Ungewöhnliches.

Schon am Anfang sowie im Klärungsschritt werden sehr unterschiedliche Einstellungen zur Zusammenarbeit deutlich. Die jeweiligen Anhänger der gegensätzlichen Arbeitshaltungen werden gebeten, in einer homogenen Kleingruppe ihre wichtigsten Leitsätze für die Arbeit zu formulieren. Diese werden an die Pinnwand gehängt und ausführlich erläutert („Machen Sie einmal richtig Werbung für Ihre Auffasssung!"). Die Gegensätze werden gekennzeichnet (Pfeile, Klammern), um sich dann im folgenden Arbeitsschritt mit ihnen auseinanderzusetzen.

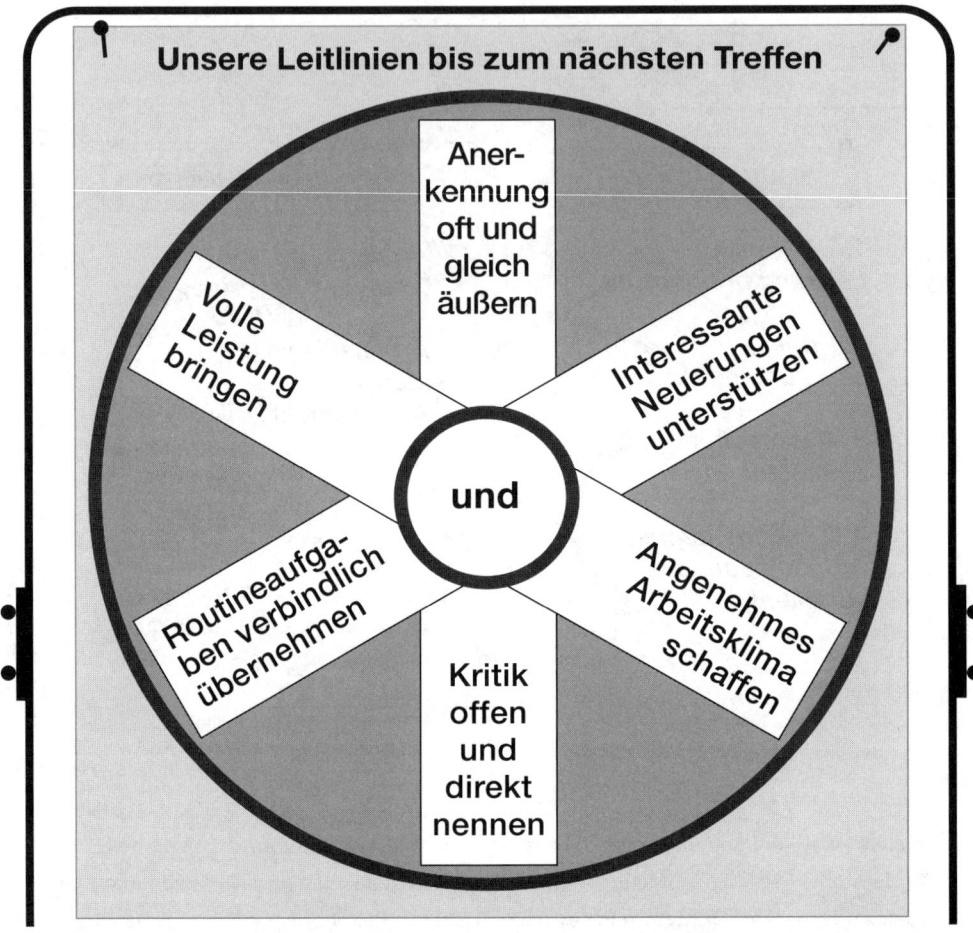

Dazu bittet der Moderator die Teilnehmer in gemischte Kleingruppen und beauftragt sie, die im Team steckenden gegensätzlichen Auffassungen miteinander zu ‚verbinden'. Aus den Vorschlägen der Kleingruppen entwickelt das Team schließlich das obenstehende ‚Rad der Leitlinien', das bis zum folgenden Evaluationstreffen mit dem Moderator (1/2 Jahr später) gilt.

Regelungen treffen

Meistens sollten die Teammitglieder den zukünftigen Umgang miteinander und mit den Sachaufgaben genauer vereinbaren. Dazu ist das bekannte Schema hilfreich: „Wer tut was mit wem bis wann und wie kontrolliert?"

Dann steht als Ergebnis des Prozesses ein Handlungsplan, der auch als Protokoll verwendbar ist.

Dazu hat sich folgende Übersicht bewährt. Allerdings muß man sich darauf gefaßt machen, daß bei der genauen Festlegung der Aufgaben und verantwortlichen Personen plötzlich Verteilungskonflikte auftreten oder Details zum Vorschein kommen, die erneut ausgehandelt werden müssen. Darum sollte man für diese Beschlußphase genügend Pufferzeit einplanen.

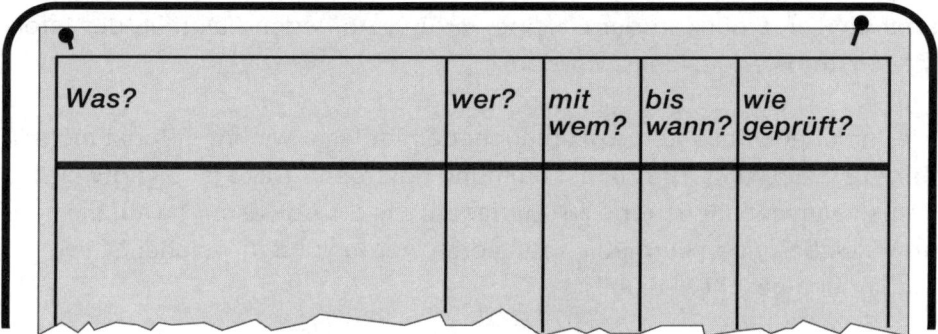

Was?	wer?	mit wem?	bis wann?	wie geprüft?

Informationstransfer: Fehlende Teammitglieder sensibel einbinden

In der Theorie wird vorausgesetzt, daß das Team vollständig am Konfliktbearbeitungsprozeß teilnimmt. In der Praxis sind jedoch oft nicht alle Mitglieder des Teams dabei. Nicht nur unvermeidbare Ursachen wie Krankheit, Urlaub oder andere Arbeitsverpflichtungen halten manche Mitglieder des Teams davon ab; man muß auch mit gezieltem Vermeiden der Konfliktsituation rechnen. Gerade diese Teilnehmer könnten später offene oder unterschwellige Widerstände im Team mobilisieren unter dem Schutzschild des Argumentes „Ich konnte ja leider nicht dabei sein, sonst hätte ich das nicht akzeptiert!". Umgekehrt mag die Gruppe gerade Vereinbarungen getroffen haben, die die Abwesenden nicht genügend berücksichtigen und sie sogar benachteiligen.

Die teilnehmenden Mitglieder sind in diesem Fall oft ärgerlich auf ihre ‚Pappenheimer' und tendieren dazu, sie über die Konfliktbearbeitung gar nicht oder irgendwie verdreht zu informieren. Wenn der Moderator das Thema auf den Tisch bringt, sprechen manche davon, daß die fehlenden Teammitglieder eine ‚Holepflicht' haben, sich also selbst darum kümmern müssen, wie sie an die Informationen kommen. Nach meinen Erfahrungen mit Großgruppen wie Schulkollegien empfehle ich allerdings, davon auszugehen, daß die anwesenden Teammitglieder eine ‚Bringeschuld' haben, also die fehlenden von sich aus informieren müssen.Darum sollte der Moderator darauf hinarbeiten, auch die abwesenden Teammitglieder in Prozeß und Ergebnis möglichst gut einzubinden. Dazu ist es absolut notwendig festzulegen, wer diesen Vermittlungsauftrag übernimmt. Am besten eignet sich von der Position her die Führungskraft dazu. Diese Funktion kann aber auch eine Person erfüllen, die im Konflikt einen neutralen Part hatte und zugleich über einigen Einfluß in der Gruppe verfügt. Auf jeden Fall muß der Informationstransfer gesichert werden.

Hierfür ist ebenfalls Zeit einzuplanen, damit dieser wichtige Punkt nicht in der Abschluß- und Aufbruchsstimmung untergeht. Dazu ist es notwendig, gemeinsam mit der Gruppe zu überlegen, wie die Abwesenden auf die neuen Vereinbarungen vermutlich reagieren werden und in welcher Weise die Einbindung geschehen soll.

Wenn bei den fehlenden Mitgliedern kritische Reaktionen wahrscheinlich sind, ist es wenig effektiv, nur darüber zu reden. Wesentlich schneller und wirkungsvoller ist es, das Transfergespräch im kurzen, improvisierten Rollenspiel zu erproben. Wenn z.B. die Führungskraft mit einem Teammitglied ein solches Gespräch simuliert, wird schnell deutlich, an welchen Punkten es hakt. Oft wird manchem erst dann das Transferproblem überhaupt in seiner Tragweite verständlich, und die Gruppe ist dann auch bereit, bessere Alternativen zu entwickeln.

Insgesamt verringert eine solche praktische Thematisierung des Informationstransfers die Gefahr, daß er nicht zur Nebensache verkommt und die fehlenden Mitglieder wegen mangelnder Einbindung wichtige Regelungen wieder kippen.

Abspann: Ein zwischenmenschlicher Schlußakkord

Damit ist der Prozeß allerdings noch nicht zu Ende. So wie der Moderator ihn mit der Förderung des zwischenmenschlichen Kontakts eröffnet hat, so sollte er ihn auch abschließen.

Dabei hilft auch die Ordnung der vier thematischen Aspekte (s.S. 113) oder anders: ‚Im Zickzack durchs Kommunikationsquadrat!' Der Moderator bittet die Teammitglieder um ein ‚Blitzlicht', ein ehrliches Stimmungsbild (bloß kein Feedback an den Moderator!). Darauf bereiten sie sich einige Minuten vor, indem sie die Fragen auf dem Flipchart durchgehen.

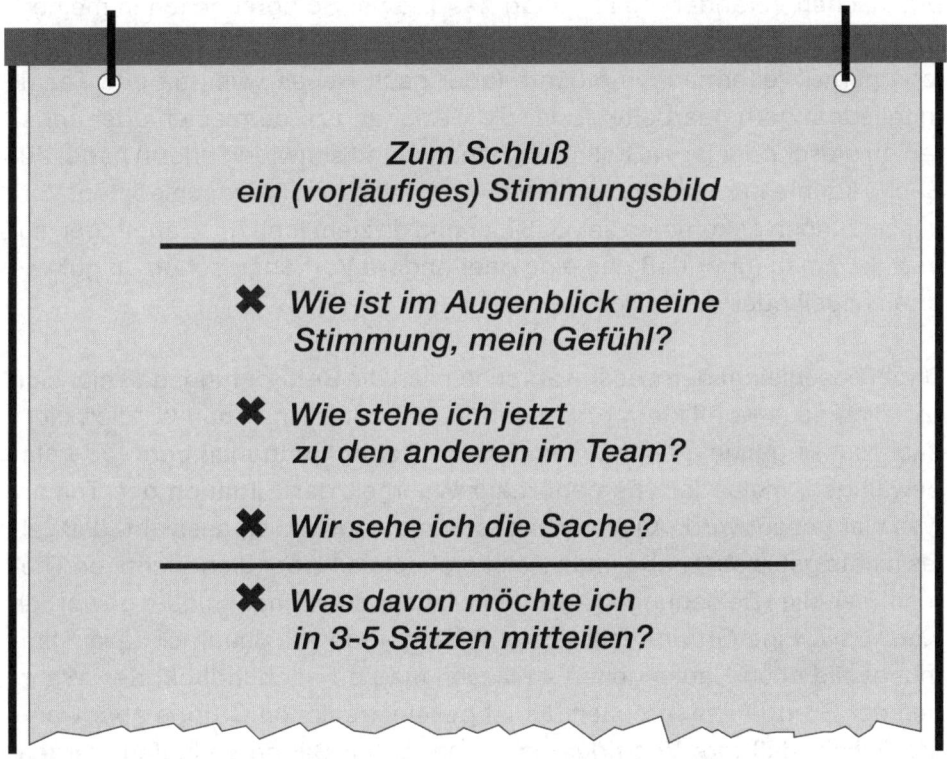

**Zum Schluß
ein (vorläufiges) Stimmungsbild**

✖ *Wie ist im Augenblick meine
Stimmung, mein Gefühl?*

✖ *Wie stehe ich jetzt
zu den anderen im Team?*

✖ *Wir sehe ich die Sache?*

✖ *Was davon möchte ich
in 3-5 Sätzen mitteilen?*

Wenn die Teammitglieder wirklich darüber nachdenken – dazu brauchen sie etwas Zeit und meistens auch Papier und Stift, um die Gedanken zu sortieren und die Übersicht zu behalten, – dann kann hier noch einmal Kontakt entstehen. Wenn nicht höfliche Floskeln ausgetauscht werden, wenn weder himmelhochjauchzende Euphorie noch skeptische Schwarzmalerei einseitig um sich greifen, kann es dazu kommen, daß ein ehrliches, differenziertes Stimmungsbild der Gruppe in vielen Farben gemalt wird. Dazu gehören Nachdenklichkeit und Tatkraft, Skepsis und Begeisterung, Hoffnung und Befürchtung, Enttäuschung und Überraschung sowie viele andere Gedanken und Gefühle.

Diese Stimmungen sollten vorläufig bleiben und sich nicht unter der Hand in ‚Feedback' oder ‚Bilanz' verwandeln. Ich habe in den vergangenen Jahren mehr und mehr Abstand genommen von der Form des ‚Schlußstrich-Endes', das klar und endgültig einen Punkt macht und die Gestalt schließt. Für eine Konfliktlösung ist dieses Ende ja erst der (offene) Beginn einer praktischen Veränderung im Alltag des Teams. So spreche ich in meinem Blitzlicht eher davon, daß ich mich erschöpft (oder energiegeladen) fühle, jetzt gerne weitermachen möchte (oder nach Hause will), mit den Teammitgliedern gern gearbeitet (oder die Beziehung zu dem einen oder anderen an dieser oder jener Stelle als gespannt und schwierig erlebt) habe. Zur Sache könnte mir einfallen, daß das Team mit guten (oder schlechten) Voraussetzungen gekommen sei, daß hier und da ziemliche Anstrengungen auf es zukommen (oder daß das eine oder andere Vorhaben schon so gut wie erreicht sei) oder so ähnlich.

Dabei beschleicht den Leser wahrscheinlich die Befürchtung, daß hier sich plötzlich neue Konfliktabgründe auftun, mit denen man nun wirklich nicht nach Hause gehen möchte. Genau diese Befürchtung muß der Moderator bewältigen, meine ich. Es gehört zur Wahrheit der Situation des Teams, was hier gesagt wird. Auch wenn das Stimmungsbild so aussieht, daß „alles nichts gebracht" habe, man „jetzt erst bei den eigentlich wichtigen Themen" sei, die „Beziehungen zwar klarer, aber auch gnadenloser geworden sind" usw. Eine Gruppe mit einem schöngeredeten, unaufrichtigen Stimmungsbild nach Hause gehen zu lassen mag oft auch indirekt der ‚Wahrheit der Gruppe' entsprechen. Es ist bei einer solchen Gruppe aber wahrscheinlich, daß ihre Veränderungsvorhaben im Sande verlaufen werden. Und am undifferenzierten Schönreden sollte sich der Moderator nicht beteiligen, sondern eher Modell stehen für ein knappes, präzises und differenziertes Stimmungsbild – bei aller Offenheit und Vorläufigkeit. Denn Konflikte können fruchtbar für die Entwicklung eines Teams genutzt werden, aber diese Entwicklung – davon sollte man ausgehen – verläuft nicht schmerzlos und leichtfüßig.

In diesem Kapitel ging es um die Gliederung der Konfliktbearbeitung nach verschiedenen Moderationsschritten, also um die Frage, nach welchen Leitlinien Konfliktmoderatoren den Prozeß strukturieren. Dabei schien die Gliederung der Konfliktmoderation in fünf Moderationsschritte hilfreich:

1. Den Auftrag mit der Führungskraft vereinbaren
2. Zwischenmenschlichen Kontakt stiften
3. Konfliktthemen sammeln und Vorgehen vereinbaren
4. Sichtweisen der Konfliktpartner klären
5. Verhandeln: Positionen in Bewegung bringen und
   Regelungen aushandeln.

Jeder dieser Schritte wurde dargestellt, begründet und an Fallbeispielen und Situationen aus der Praxis illustriert. Mit Hilfe eines Grundbausteins der Verständigung wurden Leitfragen oder -aufforderungen benannt, die den Moderationsverlauf steuern.

Das folgende Kapitel behandelt die ‚Diagnostik' in der Moderation oder, besser und genauer gesagt, die Merkmale der Konfliktsituation, die vom Moderator beachtet werden sollten, damit er den Prozeß in seinen einzelnen Phasen zielgerichtet strukturieren kann.

2. Kapitel
Konzepte zur Schärfung der Wahrnehmung

Auf was sollte man neben der Strukturierung bei der Moderation achten? In diesem Kapitel werden wichtige Orientierungshilfen gegeben, die die Wahrnehmung von Moderatoren auf wesentliche Aspekte des Konfliktgeschehens richten.

Zuvor ein kleines Konfliktbeispiel zur Illustration verschiedener Konflikttypen. Stellen Sie sich einmal vor, der Haushaltsausschuß eines beliebigen Fachbereiches einer deutschen Universität tagt gerade. Sie moderieren die Sitzung. Tagesordnungspunkt ist „Studentisches Hilfskraftgeld". Es soll verteilt werden. Ein Antrag der Abteilung X, vertreten durch Herrn Prof. Überberg, steht zur Debatte. Prof. Überberg will studentische Hilfskräfte in einem seiner Forschungsprojekte einsetzen und beantragt einen großen Teil des Etats dafür.

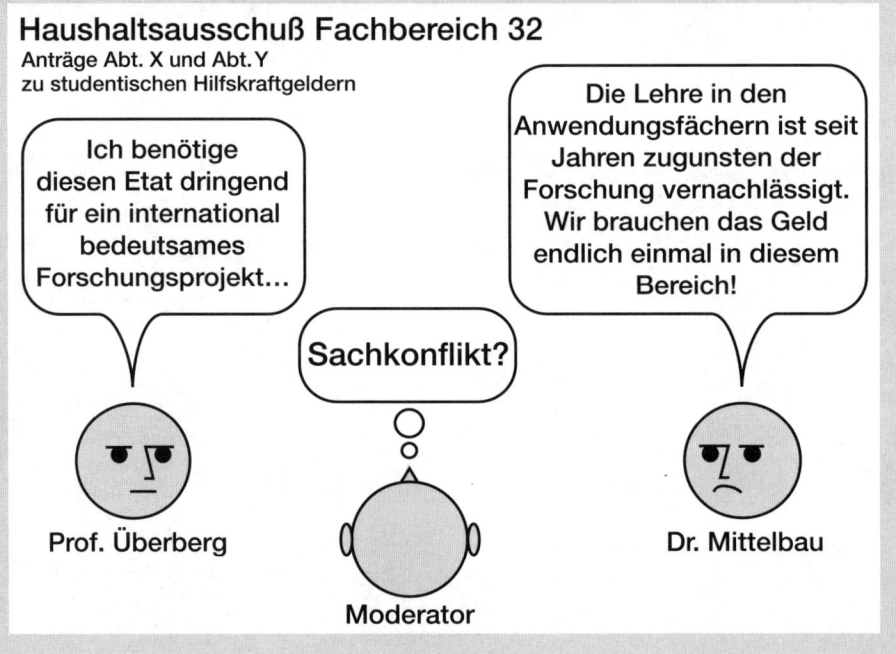

Es gibt jedoch einen Alternativantrag der Abteilung Y, vertreten durch Dr. Mittelbau, der ebenfalls diese Gelder zur Unterstützung der Lehre in praktischen Übungen haben möchte. Sein Antrag wird durch die Gruppe der Studierenden unterstützt, deren Gremienvertreter darum gebeten hatten, daß die Sitzung öffentlich stattfindet. Dem war stattgegeben worden, so daß etwa ebenso viele Studierende wie offizielle Vertreter anwesend sind.

Die beiden Anträge werden begründet, und man möchte meinen, es ist ein Sachkonflikt. Da geht es um ein knappes Gut, das verteilt werden muß.

Überraschenderweise sagt Prof. Überberg: „Es ist ja nicht so, daß ich das Geld in meine eigene Tasche wirtschaften will. Schließlich stehe ich hier als Vertreter der Professorengruppe, die hier noch forscht und Wert darauf legt, daß gute Forschung stattfindet." Worauf Dr. Mittelbau kühl antwortet: „Und ich stehe hier für die Abnehmer unserer Dienstleistung in der Wirtschaft draußen und für die Interessen der Studierenden, die Anrecht auf eine anständige Berufsausbildung haben."

Man denkt jetzt: Das ist nicht nur ein Sachkonflikt, da geht es auch um die Vertretung von verschiedenen Interessengruppen.

Aber es bleibt nicht dabei – die nächste Replik von Prof. Überberg lautet: „Tja, Herr Kollege, Sie als Dozent ... – vielleicht können Sie nicht so ganz durchschauen, welche Bedeutung internationale Forschung hat ..." Woraufhin Dr. Mittelbau ihm ins Wort fällt: „Ich dachte immer, hier würde entschieden nach vernünftiger, rationaler Argumentation und nicht danach, welchen Status hier jemand hat."

Man merkt: Jetzt wird's persönlich, der Konflikt hat wohl etwas mit der Beziehung zwischen den beiden zu tun.

Prof. Überberg gibt der Sache eine neue Wendung: „Ich weiß gar nicht, warum ausgerechnet Sie, Herr Dr. Mittelbau, immer bei mir die Anträge zu Fall bringen wollen, mit Ihren merkwürdigen Gegenanträgen!" Worauf Dr. Mittelbau nur knapp erwidert: „Naja, jeder weiß doch, wie man hier mit mir umgegangen ist in den letzten Jahren, und da bin ich der letzte, der hier Terrain kampflos preisgibt."

Der Zuschauer oder Moderator wird jetzt denken: Oje, eine uralte Beziehungskiste. Da ist eine Menge dran zu tun.

Bis zu diesem Zeitpunkt läuft dieser Konflikt ab, als wären es nur zwei Personen. Mitgedacht ist zwar immer, daß diese zwei Personen unter Beobachtung der anderen Mitglieder agieren, also vielleicht etwas rigider sind in den Argumenten und sich fester im Griff haben und kontrollierter verhalten, als wenn sie beide allein wären. Aber es ist ein Konflikt zwischen zwei Personen. Das bleibt in Gruppen meist nicht so, sondern wird noch komplizierter.

Es schalten sich weitere Gremiumsmitglieder ein. Ein anderer Professor äußert sich sichtlich verärgert: „Ich finde es unerträglich, daß wir in diesem Gremium unsere kostbare Zeit verschwenden mit der Auseinandersetzung um solche Kinkerlitzchen. Es ist doch eindeutig, wie hier zu entscheiden ist. Wir sollten endlich mit diesem unsäglichen Gerede aufhören und endlich abstimmen." Daraufhin kommt Gemurre aus den Reihen der Studierenden. Irgend jemand erwidert: „Genauso unerträglich wäre es, wenn hier die Mehrheit durch die herrschende Machtverteilung ständig benachteiligt würde."

In dem Moment beginnt die Auseinandersetzung alle Gremiumsmitglieder einzubeziehen. Wir haben als Konfliktthema nun nicht nur die Beziehungsstörung zwischen Überberg und Mittelbau, nicht nur die Verteilung des knappen Geldes, ob in Forschung oder Lehre, nicht nur Interessengruppen wie Professorenschaft, akademischer Mittelbau und Studierende, sondern wir haben auch einen Konflikt, bei dem es um die richtige Art der zwischenmenschlichen Kommunikation in diesem Gremium, um soziale Normen geht; um die Fragen: Wie wollen wir hier eigentlich miteinander umgehen? Wie steht es mit dem Einsatz von Macht, mit Mehrheitsrechten und kommunikativer Fairneß?

Das ist alles ziemlich komplex, und wenn man sich vorstellt, man müßte diese Sitzung moderieren, da kann man schon das Gefühl haben: Ich weiß gar nicht, wo mir der Kopf steht. Wo soll ich ansetzen?

Sachliche Streitinhalte und die damit verbundenen Interessen der Konfliktparteien erkennen wir meist auf Anhieb. Bei Konflikten um die Verteilung von Geld, Räumen, angenehmen oder unangenehmen Aufgaben benennen die Konfliktparteien in der Regel selbst bereits in der Themensammlung solche sachlichen Streitpunkte.

Die Identifikation von Machtkämpfen ist schwieriger. Sie werden von den Teammitgliedern selten beim Namen genannt werden. Systemische Berater beispielsweise informieren sich schon früh über die hierarchische Struktur sowie Statusunterschiede im Team, um Anhaltspunkte für Machtkonflikte zu bekommen. Wir können außerdem mit wachem Auge darauf achten, wer innerhalb des Teams mit wem rivalisiert, wer sich zurückhält, welche Personen gewissermaßen die Hauptdarsteller, welche die Mitspieler und welche die Zuschauer sind.

Beziehungsstörungen spürt man recht schnell. Aber man weiß oft nicht, wo die ‚Knackpunkte' liegen und wie man an sie herangehen soll.

Worin wir wenig sensibel sind, ist die Wahrnehmung von normativen Konflikten, bei denen es offen um Sachinteressen geht, unterschwellig aber darum, welche Ge- und Verbote im Team Gültigkeit haben sollen. Bei einem solchen Konflikt werden die meisten Teammitglieder leicht in eine offene oder verdeckte Lagerbildung hineingezogen.

Dieses Kapitel befaßt sich nicht mit der Moderation von Interessen- und Sachkonflikten. Für professionelle Moderation sind mir die Konzepte zum Erkennen des weniger Offensichtlichen wichtiger. Im Vordergrund stehen darum:

1. einige Überlegungen zu den Quellen von Macht. Ihre Identifikation kann helfen, die Möglichkeiten und Grenzen der Moderation zu sehen;
2. ein Konzept zur Analyse von Beziehungsstörungen zwischen zwei Personen. Dies unterstützt die Klärungshilfe bei ‚Beziehungskisten';
3. ein Konzept zur Identifikation von Gruppenpositionen und -normen. Dies dient der Klärung von ‚Lagerbildungen'.

Quellen der Macht in Gruppen

In Soziologie und Sozialpsychologie unterscheidet man soziale Macht nach ihren verschiedenen Quellen: Macht beruht auf Belohnung, Bestrafung, Legitimität, Identifikation, Expertentum, Information usw.

Die folgende Abbildung gibt Machtquellen wieder, die in einem Arbeitsteam von praktischer Bedeutung sind. Es ist keine vollständige Auflistung, sondern soll exemplarisch sensibilisieren für die Wirkung wichtiger Einflußgrößen in Teams. Teammitglieder verfügen in unterschiedlichem Maße über diese Machtquellen. Macht sollte in einem Team möglichst gut verteilt sein, auch wenn die Führungskraft das letzte Wort hat. Eine Häufung von Machtquellen bei einer Person ist für die Entwicklung eines Teams eher problematisch und sollte bei der Moderation beachtet werden.

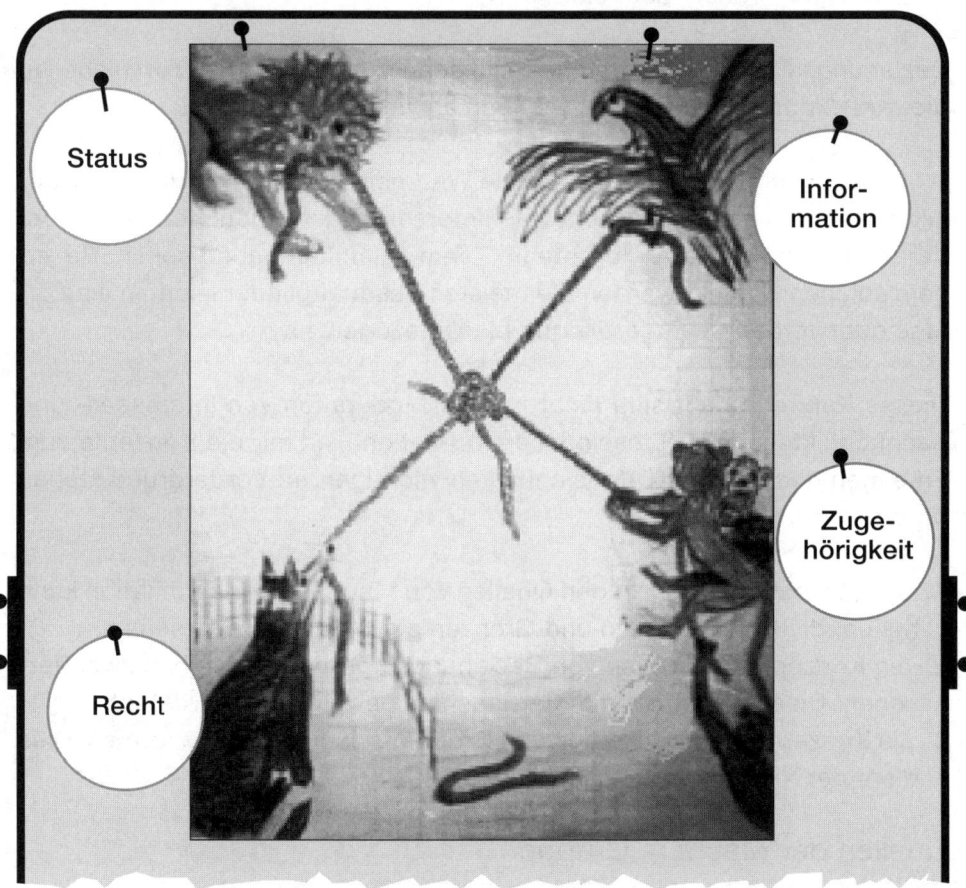

Macht durch Recht

Die klarste Machtquelle ist das formale Recht der Führungskraft, bestimmte Entscheidungen zu treffen und auch individuell zu verantworten. Dazu gehört das Recht zur Kontrolle der Arbeitsleistungen der unterstellten Teammitglieder sowie der Verfügung über verschiedene Steuerungsmittel wie Etats, Beurteilungen, Karriereentscheidungen usw.

Diese Machtquelle bricht sich an weniger klar erkenntlichen Gegenmächten. Zum einen haben im Rahmen des Arbeits- und Personalvertretungsrechtes die Mitarbeiter ebenfalls das formale Recht als Machtquelle zur Verfügung, und mancher Chef, besonders im öffentlichen Dienst, kann ein Lied davon singen, wie sein Verhalten von diesem Recht der Mitarbeiter, Schreibkräfte usw. beeinflußt ist.

Zum anderen gibt es eine Reihe informeller Quellen der Macht, die durchaus ein starkes Gegengewicht zum formalen Recht bilden können. Weiter unten geht es um drei Machtquellen, die ich in Gruppen als bedeutsam und zugleich oft schwer identifizierbar erlebt habe: Information, Status und Zugehörigkeit.

Besondere Beachtung verdient das territoriale Recht, die Verfügungsgewalt über ‚Räume‘; einerseits über physische Räume, andererseits über Zuständigkeiten (‚Kompetenzen‘). Territoriale Unklarheit und Ungerechtigkeit führen oft zu Konflikten im Team, die sich leicht zu Beziehungsstörungen ausweiten. Die Klärung von Zuständigkeits- bzw. Verantwortungsbereichen innerhalb der gesamten Aufgabenstellung des Teams ist ein häufiges Moderationsthema.

Dem Jugendpfleger einer Kleinstadt gelingt es im Laufe mehrerer Jahre, ein Jugendzentrum mit zwei Erzieherstellen aufzubauen und schließlich auch eine Planstelle für die Leitung des Zentrums einzuwerben. Er hat bis dahin selbst die Leitungsfunktion inne. Die Stelle wird nun besetzt, und er kann sich vermehrt anderen Jugendpflegeaufgaben wie Drogenarbeit, Aufbau eines psychosozialen Netzwerkes usw. widmen. Die neue Stelleninhaberin des Jugendzentrums schlägt nach einem halben Jahr vor, einen Konfliktmoderator einzuschalten. Die Themenfindung ergibt: Die ‚Kompetenzen‘ sind unklar abgegrenzt. Im Klärungsschritt werden die Zuständigkeitskonflikte zwischen ihr und dem Jugendpfleger genau erkundet. Sie haben ihre Wurzeln darin, daß der Jugendpfleger sich innerlich noch nicht gänzlich von der Leitungsfunktion ‚verabschiedet‘ hat und die neue Leiterin zu Anfang noch zu unerfahren ist, um ihrerseits klare Abgrenzungen vorzunehmen. Außerdem ist sie in einer schwachen Position, weil er ihr direkter Vorgesetzter ist. Nachdem die persönlichen Hintergründe der beiden Sichtweisen geklärt sind, werden neue Zuständigkeiten ausgehandelt. Diese Regelungen werden nach einer Erprobungsphase dem Arbeitsvertrag der Jugendzentrumsleiterin schriftlich hinzugefügt.

Der Moderator sollte sich schon im Vorfeld der Arbeit anhand eines Organigramms die formale Struktur der Zuständigkeiten und Hierarchien bekannt machen. Im Moderationsprozeß selbst sollte man schon bei kleinen Hinweisen auf Zuständigkeitsüberschneidungen oder territoriale Unklarheiten danach fragen, wie dies geregelt ist.

Macht durch Informationen

Jeder kennt es wahrscheinlich aus eigener Erfahrung: Man hat sich in einem Team die Köpfe heiß geredet und steckt mitten in einer Auseinandersetzung unterschiedlicher Vorschläge. Da rückt plötzlich irgend jemand mit einer Information heraus, meist mit einer technischen oder organisationsbezogenen Information, daß der eine oder der andere strittige Vorschlag oder sogar beide ‚wegen xy nicht machbar' seien. Die Macht der Information läßt das Ganze wie ein Kartenhaus zusammenbrechen. Dabei können Personen, die im Team als ungewöhnlich gut informiert gelten, einen Konflikt durch gezielten Einsatz ihrer Informationen in ihrem Sinne beeinflussen.

Machtrelevante Informationen erhält man, indem man

■ mit Personen regelmäßig guten Kontakt hält, die an Schlüsselpositionen sitzen (z.B. Chefsekretärin, Verwaltungsleiter, Vorstandsassistenten),
■ aufmerksam alle schriftlichen Regelungen liest, die die Organisation, zu der das Team gehört, und andere Bezugssysteme herausgeben, und
■ sich fachlich auf dem neuesten Stand hält.

Manch einer hat es in diesem Bereich zu einer richtigen Meisterschaft gebracht, und der Erfolg gibt ihm recht. Informationen machen einflußreich – ohne große Verantwortlichkeit zu übernehmen. Es gehört eine gewisse Kontaktfähigkeit dazu und die Bereitschaft, ständig anwesend zu sein. So haben es Führungskräfte schwer, sich diese Machtquelle zu erhalten, wenn sie oft unterwegs sein müssen. Sie geraten leicht in Koalitionen mit Teammitgliedern, die viel Information besitzen, um ihre Informationsdefizite zu kompensieren.

Der Moderator sollte darauf achten, welches Teammitglied über viele Kenntnisse zum Konfliktthema verfügt und wie es dieses Wissen im Konflikt verwendet; ob als Hilfsmittel, um neue Lösungen zu finden, oder als Waffe, um neue Ideen abzuwürgen. Beachten sollte man auch, wer von den Teammitgliedern als Experte für bestimmte konfliktrelevante Themen gesehen wird. Etablierte Informationsexperten nutzen ihre Macht nicht immer in fruchtbarer Weise, und ihre Informationen sind auch häufiger falsch oder ungenauer, als es scheint.

Statusmacht

Unter Status versteht man im allgemeinen den Rang einer Person in der formellen oder informellen Reihe bezüglich eines Merkmals. Die Bedeutung solcher Merkmale sind sehr kulturspezifisch. In Deutschland z.B. ist der Bildungsgrad von hoher Bedeutung, während die Zugehörigkeit zu einem angesehenen Familienclan kein so relevantes Statusmerkmal ist wie in manchen orientalischen Kulturen. Der formale Status wird oft durch definierte Titel öffentlich gemacht. Normalerweise hat die Führungskraft eines Teams oder der Vorsitzende eines Gremiums zugleich auch den höchsten Status.

Problematisch wird es, wenn die formelle Position in einem Team und der Status auseinanderfallen. So kann ein Team aus lauter promovierten Fachexperten für eine nicht akademisch gebildete Führungskraft eine erhebliche Belastung darstellen, ohne daß jemals darüber geredet wird. Oft sind Psychologen in der Rolle als Moderatoren mit Teams befaßt, deren Mitglieder nach den Statusmerkmalen ‚Branche' (z.B. Juristen, Ärzte, Betriebswirte) und ‚Gehalt' (z.B. Abteilungsleiter) mehr Macht besitzen. Moderatoren erleben dies manchmal als Belastung. Unter den Folgen dieser Machtquelle haben häufig weibliche Führungskräfte und Moderatorinnen zu leiden, weil das Geschlecht leider immer noch einen Statusfaktor darstellt.

Kommunikation wird überdies kompliziert, wenn statushohe Personen auch noch leugnen, daß ihnen ihr Status Einfluß verleiht. Statushohe (z.B. Professoren) sprechen gern davon, daß alle (z.B. Studenten) gleichberechtigt sind. Im faktischen Handeln wird aber oft Ungleichheit deutlich: Beiträge von statusniedrigen Personen werden signifikant häufiger unterbrochen als von statushöheren. Statushohe gehen gerne auf ihresgleichen ein und ignorieren eher die Beiträge von Personen mit geringerem Status.

Ein hoher Status des Moderators – z.B. ein ‚Dr.' vor dem Namen – erzeugt einen Vertrauensvorschuß, der es ihm leichter macht, Methoden zu verwenden, die den Teilnehmern fremd sind und darum eher Abwehr in Gang bringen. Nachdem ich selbst einmal ein Gremium schlecht moderiert habe, das aus statushöheren Personen bestand, nehme ich nur noch Moderationsaufträge an, bei denen ich vom Status her den Teilnehmern mindestens gleich bin oder Statusdefizite in einem Kriterium durch einen höheren Status in anderen kompensiere: So erzeugt z.B. Lebenserfahrung (Statusmerkmal: Alter) bei hochdotierten Yuppies (Merkmal: Geld) ein gewisses Vertrauen, bittere Wahrheiten oder gewagte Interventionen zu akzeptieren.

Vor allem bei Konflikten zwischen Führung und Mitarbeitern achten erfahrene Moderatoren darauf, ob das Konfliktthema durch das Auseinanderfallen von Status und formaler Position bei der Teamleitung beeinflußt wird. Außerdem sollte ein Moderator sich selbst kritisch prüfen, ob er sich bei der Moderation gegenüber statushöheren Teammitgliedern oder statushöheren Gruppen in der freien Entfaltung seiner Aktivitäten beeinträchtigt fühlt.

Zugehörigkeit als Quelle von Macht

Die Leiterin einer Erziehungsberatungsstelle, eine Ärztin, wendet sich an einen Berater wegen einer Außenseiterproblematik im Team. Ein Sozialarbeiter werde von den meisten Teammitgliedern abgelehnt. Die Leiterin weiß, daß er etwas schwierig ist. Aber seine Arbeit ist in Ordnung. Eine genauere Betrachtung der Zusammensetzung des Teams zeigt, daß es drei Berufsgruppen im Team gibt: Die Ärztin als Leiterin, vier Psychotherapeuten und zwei Sozialarbeiter. Dem Berater fällt eine Aussage der Ärztin auf: „Gegen die Therapeuten läßt sich in diesem Team nichts machen." Auf einem später stattfindenden Teamtag beobachtet der Berater, daß das Sprachspiel bei der Behandlung von fachlichen und beziehungsmäßigen Themen sehr psychologisch ist; auch bei der Ärztin und der Sozialpädgogin. Der Sozialpädagoge stößt als einziger im Team nicht ins psychologische Horn, sondern bringt eher ein sozialpädagogisches Denken in seiner Sprache zum Ausdruck („gesellschaftliche Ursachen der Zunahme von Erziehungsstörungen beachten" statt „persönliche Eigenanteile aufdecken", „Unterstützung durch Behörden bei der Wohnungssuche" statt „Selbstbehauptungsfähigkeit fördern" usw.). Dabei sind seine Aussagen häufig kompliziert und schwer verständlich. Viele seiner Beiträge werden unverstanden und kommentarlos übergangen.

Der Berater spürt, daß die Psychotherapeuten unterschwellig dominieren und auch ihn ‚in ihren Bann ziehen'. Darin geübt, die eigenen Gefühle als Material einzubringen, thematisiert er die Macht der Psychotherapeuten im Team. Hier zeigt sich die Ärztin auch als Betroffene. Sie berichtet, wie sie sich im Laufe der Zeit dem psychotherapeutischen Denkmodell angepaßt habe und es inzwischen etwas peinlich finde, medizinisch-somatisch zu argumentieren. Sie führe in Einzelfällen ihre somatisch orientierte Diagnostik eher heimlich durch, nicht weil sie offene Kritik befürchte, sondern das Gefühl habe, sie würde dann im Ansehen des Teams sinken.

Die Sozialpädagogen bestätigen dies. Die Psychotherapeuten sind ziemlich geschockt. Sie sehen sich selbst überhaupt nicht als homogene Gruppe. Sie seien ganz unterschiedlich. Im weiteren Prozeß sind sie bereit zu einer tiefergehenden Klärung, und nach und nach wird allen Beteiligten deutlich, daß die Gruppe der Psychotherapeuten unterschwellig mehr Macht im Team besitzt, als man bisher glaubte.

Das Beispiel soll verdeutlichen, welche Macht eine Subgruppe bzw. Kerngruppe im Team ausübt und daß die Zugehörigkeit zu ihr eine Quelle von Macht ist. Sündenböcke und Außenseiter erleben dies schmerzlich. Teammitglieder, die sich (unbemerkt) anpassen, fühlen sich eher zugehörig und geborgen, haben aber – vielleicht mehr als sie merken – mit Identitätskonflikten zu schaffen.

Im Extremfall kann so eine Untergruppe eine ‚Seilschaft' oder ‚Nebenregierung' im Team bilden, ohne die nichts läuft – auch nicht eine Konfliktmoderation, die nicht in ihr Konzept paßt.

Zusammenfassend hier noch einmal die wichtigsten Diagnose-Fragen im Überblick, die Leitfragen zur Identifikation von Machtstrukturen.

■ Information
   Wer besetzt die Informationsschnittstelle in der Gruppe?
   Wie wird die Information von Fachexperten kontrolliert?
■ Recht
   Wie ist die hierarchische Struktur aufgebaut?
   Welche Rechte und Zuständigkeiten sind im Team wie geregelt?
■ Status
   Welches sind relevante Statusmerkmale in der Gruppe?
   Wie stehe ich mit meinen Statusmerkmalen da?

■ Zugehörigkeit
Welche (Berufs-, Alters-, politische usw.) Untergruppe stellt
die Mehrheit?
Welche Sprach- und Denkformen kennzeichnen diese Gruppe?
Benutzen die anderen Teammitglieder die Sprach- und Denkformen
dieser Untergruppe?
Zieht diese Untergruppe auch mich in ihren Bann?

Soviel zum Thema Macht in Gruppen; im folgenden geht es um ‚Beziehungskisten' und Störungen zwischen Untergruppen.

Beziehungsstörungen: ‚Innere Teams' prallen aufeinander

Konfliktmoderatoren leisten oft Klärungshilfe in Beziehungskrisen zwischen zwei Personen. So hat sich die Mediation im Vorfeld juristisch geführter Kämpfe bei Ehescheidungen einen festen Platz im Tätigkeitsspektrum von Beratern bereits erobert. Ich möchte hier das Konzept des inneren Teams von Schulz von Thun nutzen, um zu zeigen, wie interpersonelle Beziehungsstörungen in lebendiger und praxisnaher Weise betrachtet werden können.

Achtung
Ein Grundsatz der psychologischen Arbeit mit Gruppen lautet: Beziehungsklärung geht vor Sacharbeit! Er ist in seiner Allgemeinheit eher problematisch als hilfreich. Denn er wird oft mißverstanden, indem er gleichgesetzt wird mit der Annahme, daß eine produktive Sacharbeit in einem Team oder Gremium nur möglich ist, wenn die Beziehungen gut sind. Jeder weiß, daß produktive Arbeit auch zwischen Personen möglich und alltäglich ist, deren Beziehung man nicht gerade als gut bezeichnen kann.

Ich kenne eigentlich kaum Arbeitsgruppen, in denen alle Beziehungen gut sind. Meist gibt es gespannte Beziehungen zwischen einzelnen Personen oder Untergruppen, die ihren offenen Schlagabtausch (Stichwort: ‚storming') längst hinter sich gebracht haben und einen status quo (‚norming') pflegen, den man als ‚friedliche Koexistenz' bezeichnen kann und nicht als ‚gute Beziehung'. Dennoch ist ihre Kooperation zufriedenstellend und bringt gute Ergebnisse (‚performing').

Manche Moderatoren meinen auch, daß Beziehungen in Teams nicht ‚gut', sondern nur explizit geklärt sein müssen, um produktiv zu sein. Aber selbst das scheint mir bei vielen Arbeitsgruppen nicht notwendig zu sein. Oft entwickelt sich eine friedliche Koexistenz zwischen streitenden Parteien implizit, ohne Beziehungsklärung oder ausdrückliche Vereinbarung. Das mag nicht ideal sein, aber es ist wahrscheinlich für viele Arbeitsgruppen besser als eine Wiederaufnahme von Auseinandersetzungen. Denn ein erneutes ‚storming' birgt ja neben der Hoffnung auf eine Verbesserung immer auch die Befürchtung, daß es noch schlechter wird. Der von vielen psychologisch geschulten Moderatoren genannte Grundsatz ‚Beziehungsklärung vor Sacharbeit' lenkt die Wahrnehmung auf Anzeichen von Beziehungsstörungen wie z.B. Sticheleien, persönliche Herabsetzungen, Rivalenkämpfe, gekränkte Reaktionen usw. und verführt den Moderator dazu, diese zu thematisieren und sie verbessern bzw. wenigstens klären zu wollen. Hierbei kann der Moderator leicht in eine Situation hineingeraten, die er nicht mehr unter Kontrolle hat. Denn er eröffnet oft ein altes, ‚begrabenes' Thema der Gruppe. Um dieses zu bewältigen, benötigt eine Gruppe in der Regel mehr Zeit als abgesprochen ist. Häufig paßt eine Beziehungsklärung nicht in den aktuellen sachlichen Kontext. Schließlich verlangt eine solche Ad-hoc-Klärung wirklich sehr große Kompetenzen. Eine gehetzte oder verkürzte Beziehungsklärung bringt meist mehr Schaden als Nutzen. Darum sollte der Grundsatz nur unter bestimmten Bedingungen zur Anwendung kommen.

Er gilt vor allem in langfristigen Teamentwicklungsaufträgen. Moderatoren, die in Ausschüssen oder kurzzeitigen Projektgruppen auf Beziehungsstörungen stoßen, sollten es sich dreimal überlegen, ob sie von sich aus ihre Bearbeitung im Sinne einer expliziten Klärung forcieren. Sie könnten statt dessen die Störung benennen und sie unterbinden (s.S.180, Abschnitt ‚Entpolarisieren'). Anschließend sollten sie nicht weiterbohren, sondern zum Sachkonflikt zurückführen. Beziehungsklärungen benötigen mehr noch als Sachthemen eine sehr klare Vereinbarung zwischen allen Teammitgliedern und dem Moderator. Es sollte allen klar sein, welche Störung in welcher Weise bearbeitet werden soll. Die meisten Menschen können sich kaum vorstellen, wie das aussehen soll, und entwickeln allein darum schon erhebliche Widerstände. Deshalb hilft es manchmal, ihnen den Bearbeitungsstil anhand eines Beispiels zu beschreiben, bevor sie sich entscheiden. Kommt es bei kurzfristigen Aufträgen (z.B. der Moderation eines

Entscheidungsprozesses in einem Ausschuß) zu persönlichen Reibereien, die die Sacharbeit nachhaltig stören, kann der Moderator dies benennen und die Gruppe eindringlich darauf hinweisen, daß sich einzelne Beziehungen verbessern müßten, wenn die Zusammenarbeit besser werden soll. Dazu sei eine außerordentliche Sitzung notwendig. Er benennt dabei auch den Zeitaufwand (mindestens 2 Stunden!) und betont, daß dies wirklich nur freiwillig gehe.

Soviel in aller Kürze zur Präzisierung des Grundsatzes ‚Beziehungsklärung geht vor Sacharbeit'. Das im folgenden dargestellte Konzept der Beziehungsklärung mit Hilfe des ‚inneren Teams' setzt neben psychologischen Kompetenzen des Moderators voraus, daß genügend Zeit und Bereitschaft des Teams vorhanden ist, über persönliche und zwischenmenschliche Aspekte zu sprechen.

Das Team in uns: Identität und Durcheinander

Viele psychologische Konzepte gehen explizit oder implizit davon aus, daß in einer Person verschiedene Anteile (Instanzen, Ichs, Seelen, Stimmen, Ambivalenzen usw.) vorhanden sind, die miteinander nicht immer harmonieren, sondern auch im Gegensatz stehen. Vor allem humanistisch-psychologische Konzepte der Persönlichkeitsentwicklung haben dies in methodische Varianten umgesetzt, wie z.B. die Arbeit mit zwei Stühlen in der Gestalttherapie oder die Personifizierung von Hilfs-Ichs im Psychodrama. Schulz von Thun hat diesen Grundgedanken in die Metapher vom ‚inneren Team' gebracht und damit nicht nur veranschaulicht, sondern dadurch auch Möglichkeiten der fruchtbaren Weiterentwicklung eröffnet.

Der Grundgedanke ist einfach. Jede Person hat in ihrer Sozialisation unterschiedliche Identifikationsobjekte kennen-, lieben und hassen gelernt (Stichwort ‚Modellernen'). Durch eigene Erfahrungen hat sie (liebe) Gewohnheiten, Handlungsstrategien und Eigenschaften erworben (‚Erfahrungslernen') und Vorlieben und Abneigungen, Sehnsüchte und Befürchtungen entwickelt (‚Motivation'). Vieles davon verbindet sie mit ihrem Selbstkonzept (‚Identität'), und manches davon betrachtet sie nicht als ihr zugehörig (‚Abspaltung'). Auch als erwachsener Mensch dauert dieser Sozialisationsprozeß an, wenn er auch weniger rasch abläuft: Neue Anforderungen von außen, neue Rollenerfahrungen, Kontakte mit neuen Interaktionspartnern, das Erreichen von Zielen und die Befriedigung von Wünschen eröffnen Lernprozesse, Motive und lassen die Identitätsentwicklung voranschreiten; oft in positiver Entfaltung, aber nicht immer. Kurz: Im Laufe der Sozialisation hat sich in einer Person eine Menge von Motiven und Handlungsmustern angesammelt, die ihr Handeln weitgehend steuert.

Diese Menge ist nun nicht bloß ein zufälliger Haufen. Eine steuernde Instanz organisiert sie so, daß strukturell oder funktional ähnliche Motive und Handlungsmuster als zusammengehörige Einheiten wahrgenommen werden können. Um diese Einheiten anschaulich zu machen, kann man sie ,vermenschlichen'. Man kann diesen ,units' als Teilpersonen eine Identität geben, so daß sie voneinander unterscheidbar werden.

So geben allgemeine Aussagen, die eine Person über sich selbst zum Ausdruck bringt, wie z.B. ,Mit mir gehen manchmal die Pferde durch' oder ,Ich bin mathematisch unbegabt', jeweils Gruppen von funktional ähnlichen Verhaltensweisen wieder.

Unter diesem Blickwinkel ist es nun möglich, das innerpsychische Geschehen metaphorisch als ,inneres Team' zu betrachten. Man sieht diese inneren Teilpersonen wie Mitglieder einer Arbeitsgruppe und die Gesamtperson als ihre Führungskraft. Alle in realen Gruppen beobachtbaren Phänomene wie Teamkonflikte, Führungsschwächen, Koalitionsbildung, Gruppendruck, Rivalität, Harmonisierungstendenzen, Sündenböcke usw. können jetzt entsprechend – das legt die Metapher vom inneren Team nahe – im innerseelischen Geschehen einer Person angenommen werden. Dieses Bild kann nun als Heuristik praktisch genutzt werden: als Suchstrategie, um wichtige Merkmale einer problematischen Beziehungskonstellation zu finden und aufzuklären.

Bei der Bewältigung von Aufgaben und im Umgang mit anderen Personen schickt die Führung – wie in einem realen Team – geeignete Teammitglieder vor und hält ungeeignete im Hintergrund. Teammitglieder, die sehr erfolgreich sind und auf die die Führung stolz ist, werden hierbei leicht zu häufig eingesetzt und ausgebrannt, wenn sie nicht aufpaßt. Teammitglieder, die der Teamleitung eher peinlich sind, die sozial nicht akzeptable Motive haben und bloß ineffektive, ungeschickte Handlungsmuster besitzen, hält sie gern von der Außenwelt fern und versteckt sie vielleicht sogar, um dem Image des Teams nicht zu schaden und die Führung nicht zu blamieren.

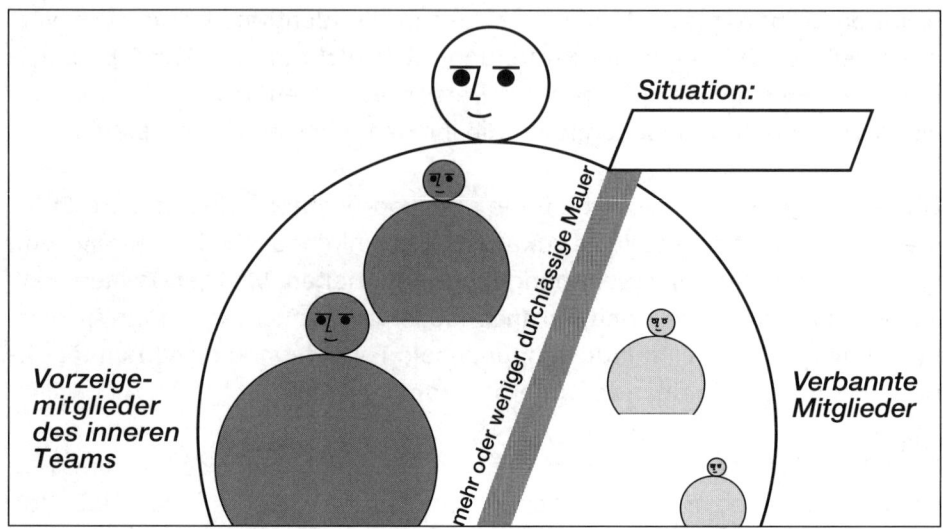

Manches Team unterdrückt diese underdogs so lange, bis keiner mehr weiß, daß es sie überhaupt einmal gab (‚Verdrängung'). Diese Teammitglieder führen dann im Untergrund ein jeglicher Kontrolle entzogenes Leben und richten unbemerkt oft mehr Unheil an, als sie jemals durch die Veröffentlichung ihrer abwegigen Wünsche oder durch ihre ungeschickten Handlungsmuster hätten bewirken können. Da kann es zu irrationalen Fehlhandlungen der Person kommen, und sie kann sogar erkranken (‚Somatisierung').

Bildlich läßt sich das Konzept des inneren Teams so schematisieren: Die Person selbst steht wie die Führungskraft eines Teams vor der Entscheidung, wie sie sich in einer bestimmten Situation verhalten soll. In ihrem Team gibt es Vorzeigemitglieder, die besonders auch in Streß- und Konfliktsituationen nach vorn geschickt werden. Im Hintergrund der inneren Bühne gibt es aber noch andere, die die Führungskraft z.T. sogar schon völlig vergessen hat, nachdem sie sie in die Verbannung schickte. Eine mehr oder weniger durchlässige Mauer hält diese Verbannten unter Kontrolle.

Beziehungsstörung: Dynamik von zwei inneren Teams

In jeder Interaktion prallen nun die inneren Teams der Kooperationspartner aufeinander. In der Regel sind diese Teams recht gut geführt und stellen sich aufeinander ein. Die passenden Teammitglieder aus beiden Teams arbeiten zusammen, die weniger passenden geraten hier und da in Streitigkeiten miteinander und gehen sich dann behutsam aus dem Wege, ohne ihre Existenz verleugnen zu müssen. Sie halten sich bereit für den Fall, daß die Mitglieder des eigenen inneren Teams den anderen zu viel Konzessionen machen, um dann auch wieder etwas Abstand zum anderen zu schaffen und sich auf die Interessen des eigenen Teams und sein eigenständiges Profil zu konzentrieren.

Aber es kann auch schiefgehen. So gibt es oft Konflikte, wenn der eine Kooperationspartner gerade diejenigen Teammitglieder (Wünsche und Handlungen), die der andere Kooperationspartner streng unterdrückt, locker in der Öffentlichkeit schalten und walten läßt oder gar als besonders positiv hervorhebt. Im komplementären Fall kann dies wechselseitig geschehen. Dies tritt leicht bei Kooperationspartnern auf, die sich gegenseitig einmal wegen ihrer Unterschiedlichkeit angezogen haben und die jeweils eigenen Schwächen durch die Koalition mit einem gegensätzlichen Partner kompensieren wollten.

> So suchen sich publikumsscheue, hochstrukturierte Ordnungsmenschen oft spontane, kontaktfreudige Außendarsteller, die ihre hart erarbeiteten Produkte an die Menschen bringen. Auf der anderen Seite mag der kreative Außendarsteller in der Wahl des strukturierteren Partners seine Furcht vor Chaos und Kontrollverlust kompensieren oder braucht einfach jemanden, der die öde Routineumsetzung seiner Ideen erledigt. Oft geht einem nach einer Weile genau dieses Verhalten des anderen wegen seiner überoptimierten Vereinseitigung auf den Geist.

Komplementäre Polarisierung

Im Fall der klassischen komplementären Polarisierung handelt es sich darum, daß die Konfliktpartner einander genau diejenigen Einstellungen und Verhaltensweisen vorwerfen, die sie sich selbst verbieten. Um im Bild des inneren Teams zu bleiben: Die im eigenen Team in den Hintergrund verbannten Teammitglieder werden beim anderen gebrandmarkt, wenn dieser sie sich in der Öffentlichkeit darstellen läßt. Denn was dem einen Konfliktpartner als peinliches Teammitglied erscheint, mag dem anderen als Vorbild gelten.

Dazu eine kurze Betrachtung von gegensätzlichen Werten. Wir bewerten viele unserer Einstellungen, Wünsche und Handlungen in positiver oder negativer Weise. Dabei legen wir innerlich gewissermaßen einen ‚Gradmesser der Bewertung' an, der zwischen den Extrempolen des ‚Idealen' und des ,Verteufelten' auch schwächere oder neutrale Bewertungen zuläßt. Solche bewerteten Einstellungen nenne ich der Einfachheit halber ,Werte'.

Jeder Wert läuft nun Gefahr, zu einem Unwert zu werden, wenn er keinen Gegenwert hat; wenn sein Gegensatz nicht zugleich mitgedacht wird. Das gleichzeitige Vorhandensein gegensätzlicher Werte ist fruchtbar und sinnvoll, um entwertenden Übertreibungen entgegenzuwirken (s. auch das Konzept des Wertequadrates nach Schulz von Thun 1989, S. 38ff).

Diese einfache Betrachtung gilt für die individuellen Werte einer Person. Wenn man sie auf zwischenmenschliche Vorgänge ausdehnt, kann man Polarisierungen zwischen zwei Konfliktpartnern prägnant auf den Punkt bringen. In Konflikten neigen die Konfliktgegner dazu, sich in eskalierender Weise zu polarisieren, indem sie sich selbst jeweils als Vertreter des einen Wertes sehen

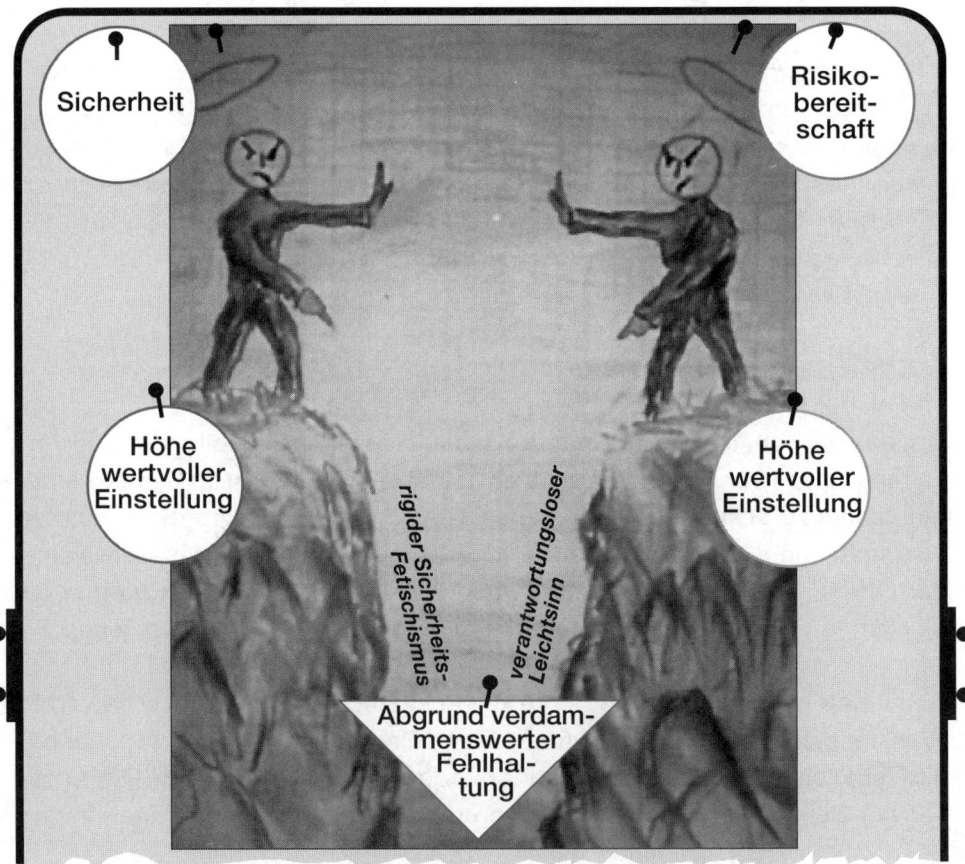

und die andere Seite als Repräsentanten des gegensätzlichen Unwertes verteufeln. Im komplementären Konflikt ist diese Polarisierung wechselseitig. Dritte können nun mit Hilfe dieser Analyse solche Polarisierungen erkennen und benennen, bevor sie eskalieren und zu einem Grabenkrieg ausarten. Das folgende Beispiel skizziert den Schlagabtausch zweier Kooperationspartner.

Ein Techniker und ein Kaufmann eines Energieversorgungsunternehmens streiten sich über den Abschluß von Verträgen vor dem Ausbau eines Versorgungsnetzes in Ostdeutschland. Der Techniker vertritt die positiv bewertete Auffassung, daß man die Versorgungsleitungen auf einen hohen Sicherheitsstand bringen muß, bevor man kurzfristig Verträge abschließt, die zwingen, veraltete Leitungen zu benutzen. Der Kaufmann meint dagegen, daß die alten Sicherheitsstandards zunächst ausreichen müssen. Die Verträge müssen (mit dem Risiko zeitweiliger Überlastung) unterzeichnet werden, um neue Kunden zu gewinnen. Auch diese Auffassung ist positiv zu bewerten, steht aber im Gegensatz zur Auffassung des Technikers. Die Auseinandersetzung eskaliert, bis jeder dem anderen eine negativ zu bewertende Einstellung unterstellt, die er gewissermaßen im Abgrund verdammenswerter Fehlhaltungen lokalisiert als Sicherheitsfetischismus und Verantwortungslosigkeit. Für sich selbst beansprucht jeder den ‚Heiligenschein‘ einer positiv zu bewertenden Einstellung.

Konfliktpartner formulieren im Streit ihre Vorwürfe nicht sofort in herabsetzenden Begriffen. Eine Eskalation entsteht meist durch einen oder mehrere Zwischenschritte, bei denen die Schärfe der Auseinandersetzung zunimmt.

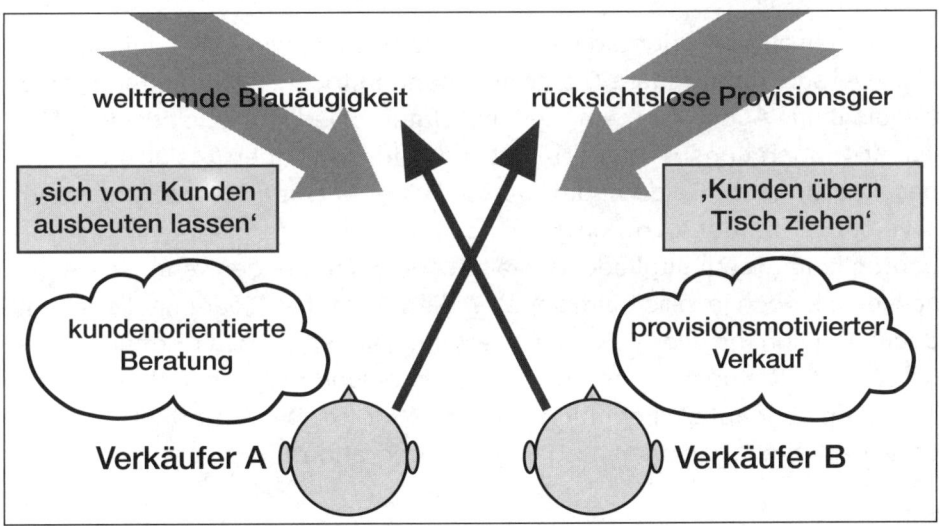

In einem anderen Beispiel werfen Verkäufer A und B einander negative Verkaufsstile vor. A repräsentiert eine kundenorientierte Beratung, B den provisionsmotivierten Verkauf. Beide stellen einander ergänzende Werte dar. Erst wenn sie übertrieben werden und sich vereinseitigen, werden sie zu den ‚falschen' Haltungen, die die Kontrahenten einander vorwerfen.

B wirft A nicht sofort Blauäugigkeit vor, sondern spricht zunächst davon, daß A sich vom Kunden ausbeuten läßt, der die gute Beratung nutzt, dann aber woanders kauft. Entsprechendes gilt umgekehrt. Der Moderator kann hier schon früh eingreifen, wenn er die Eskalationstendenz rechtzeitig erkennt.

Eine solche Polarisierung ist nicht nur dadurch gekennzeichnet, daß die Konfliktgegner einander mit negativen Bewertungen herabsetzen, sondern auch den einen Kritikpunkt auf die ganze Person verallgemeinern. Eine solche negative Verallgemeinerung, eine Herabsetzung des gesamten inneren Teams durch das Herausgreifen eines einzelnen Teammitgliedes, kann als Beziehungsdefinition nicht akzeptiert werden. Darum muß sie abgewehrt werden.

Sehr problematisch wird es, wenn im Gegenüber die eigenen verleugneten und abgespaltenen Teammitglieder geradezu spürhundhaft gesucht werden und einer mißtrauischen Verfolgung ausgesetzt sind.

Im Rahmen eines Moderationssettings kaum lösbar wird der Konflikt, wenn hier zwei sehr rigide innere Teams aufeinanderstoßen, deren Leitungen sich vielleicht aus Angst vor Fremdheit und Unterschiedlichkeit einen sehr ähnlichen Kooperationspartner gesucht und gefunden haben (gleich und gleich gesellt sich gern). Beide haben womöglich eine Zeitlang ihre Kooperation in verschmelzender Art durch gemeinsames Verleugnen der peinlichen oder bedrohlichen Teammitglieder gestaltet. Mit zunehmender Kenntnis werden schließlich doch jeweils beim anderen die verbotenen Teammitglieder entdeckt und nun mit aller Vehemenz verfolgt. Hier scheint mir Konfliktmoderation und Klärungshilfe oft nur noch sinnvoll und möglich in Richtung auf Trennung oder auf Entflechtung unter dem Motto: Distanzierte Koordination der Arbeitshandlungen statt enger Kooperation!

Im folgenden Beispiel geht es um die richtige Nähe-Distanz-Regulation zwischen zwei Führungskräften. Ein Arbeitsgruppenleiter, ein spontan-geselliger Mann, und seine Kollegin von der Parallelabteilung, eine kontrolliert-distanzierte Frau, haben ihre Zusammenarbeit auf ein Minimum reduziert. Der Informationsfluß stockt. Es gibt Beschwerden von Kunden, verschiedene Aufträge werden nicht ausgeführt usw. Der Abteilungsleiter erkennt das Problem und versucht, die Unstimmigkeiten zwischen den beiden zu beheben. Es gelingt ihm nicht, die Kooperation zwischen ihnen wieder in Gang zu bringen, und er spürt eine tiefsitzende Beziehungsstörung. Sie sprechen ab, daß die beiden einen Konfliktmoderator ihrer Wahl aufsuchen, um ihre Kooperation zu verbessern.

Das folgende Bild von den beiden inneren Teams entstand in der Supervision des Moderators und half ihm, den Konflikt besser zu verstehen. Die plakativen Bezeichnungen verwendete er in der Konfliktmoderation nicht. Seine Moderation baute zum Teil darauf auf.

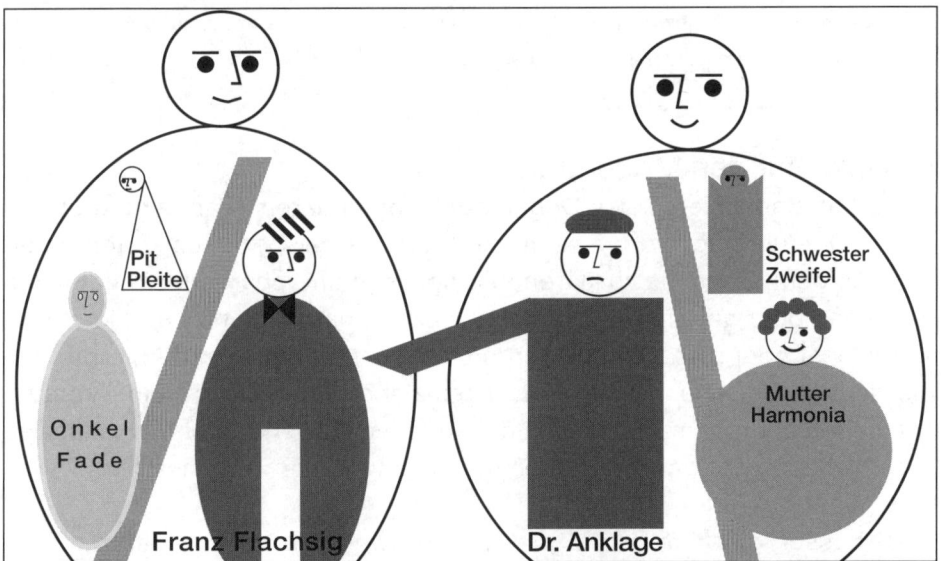

Er findet in der Klärungsarbeit mit jeder Person heraus, daß sie nach einigen früheren Zusammenstößen und gegenseitigen Verletzungen miteinander in latenter Konkurrenz stehen. Das legt übrigens auch die Struktur der beiden parallel arbeitenden Arbeitsgruppen nahe. Sie pflegt im Kontakt mit ihm einen kritisch-distanzierten Verhaltensstil, den er als ‚Anklage' bezeichnet. Er dagegen zeigt sich ihr gegenüber locker-witzig, was sie als ‚ständiges Geflachse' bemängelt. Sie erkennen, daß sie im Umgang miteinander wenig flexibel sind. Denn er zeigt gerade ihr nicht seine Versagensängste oder inneren Unklarheiten. Er versteckt damit gewissermaßen schwache, fehlerhafte Teammitglieder wie ‚Pit Pleite' oder ‚Onkel Fade'. Umgekehrt vermeidet sie es, in seiner Gegenwart auch nur kleine Ansätze von Selbstzweifel zu zeigen, und möchte auf keinen Fall in dieser beruflichen Männerdomäne als weiblich-harmonisierend gelten. So zeigen beide nur noch die Vorzeigemitglieder ihrer inneren Teams. Aber genau diese Mitglieder erzeugen jeweils beim anderen nur noch mehr Ablehnung. Je mehr sie bestimmte innere Teammitglieder verstecken, desto starrer werden sie in der Kommunikation.

Der Moderator arbeitet vorsichtig vertiefend mit den ungeliebten Anteilen, den verbannten inneren Teammitgliedern der beiden Personen, so daß sie sich gegenseitig nach und nach in ihre Schattenseiten etwas Einblick geben. Gerade Versagensangst und Selbstzweifel stehen bei beiden Personen für schmerzliche Lebenserfahrungen mit empfindlichen Fehlschlägen. Durch Kenntnis und Verständnis für die ‚ungeliebten' Anteile kommt wieder menschlicher Kontakt zwischen beiden zustande, auf dem die Kooperation langsam wieder Tritt fassen kann.

Leitlinien für den Moderator

Zunächst einmal liefert das Denkmodell vom inneren Team eine grundlegende Orientierung, worum es in der Klärung einer Beziehungsstörung eigentlich geht. Denn die zu klärende Frage ist nicht, ob irgendein Verhalten des einen oder anderen damals oder seine Einstellung hier und jetzt verwerflich ist oder nicht. Damit würde sich der Moderator in den Kampf um die richtige Beziehungsdefinition hineinziehen lassen und seine Voraussetzungen übernehmen, nämlich die negative Bewertung und unzulässige Gleichsetzung der ganzen Person mit einem inneren Teammitglied.

Statt dessen gibt ihm das Modell den Hinweis, daß bei beiden Konfliktpartnern verschiedene Wünsche und Handlungsmuster (‚Teammitglieder') wichtige Rollen spielen und daß geklärt werden sollte, welche Aspekte der Personen miteinander im Gegensatz stehen.

Der Moderator sollte damit den Konfliktpartnern vor allem dazu verhelfen, (a) den anderen wieder vielfältiger zu sehen, d.h. seine verschiedenen Teammitglieder zu unterscheiden, sowie (b) die eigenen ungeliebten Anteile zu akzeptieren, gewissermaßen die verbannten Teammitglieder aus dem Untergrund zu holen, ihnen mehr Freiheit zu erlauben und sie als zugehörig zum eigenen Team zu betrachten. Dann sind auch problematische Wünsche und Verhaltensweisen (‚Teammitglieder') beim anderen ebenfalls akzeptierbar, und die Kooperation zwischen den beiden Konfliktpartnern kann sich freier, menschlicher und flexibler gestalten.

Dazu kann der Moderator sich in allgemeiner Weise an diesem Konzept orientieren. Er kann aber auch direkt mit dem inneren Team arbeiten. Dabei ist es sehr schwierig, mit beiden Partnern zugleich ihre inneren Teams darzustellen und zu untersuchen. Es ist meist einfacher und hat sich eher bewährt, mit jedem Konfliktpartner zunächst einzeln zu arbeiten.

Sie verabreden zu dritt im Rahmen der Auftragvereinbarung, daß der Moderator mit jedem Konfliktpartner eine Sitzung unter vier Augen macht, um jedem in aller Ruhe und Sorgfalt zu einer Klärung der eigenen Sichtweise zu verhelfen. Danach würde wieder ein gemeinsames Treffen stattfinden, für dessen Ablauf der Moderator ihnen zu gegebener Zeit einen Vorschlag machen würde.

In der Einzelberatung bittet der Moderator zunächst die Person, sich ihre inneren Strebungen und widersprüchlichen Gefühle beim Gedanken an den Konfliktpartner einmal als inneres Team vorzustellen. Es veranschaulicht das Gesagte und regt sie zu tiefergehenden Überlegungen an, wenn der Moderator die genannten inneren Teammitglieder aufzeichnet oder mit irgendwelchen Symbolen darstellt.

Sodann fragt er, welche Mitglieder ihres inneren Teams an dem Konflikt beteiligt sind, welche sich heraushalten, welche der Teamleiter in den Streit schickt, usw. Er bringt durch ruhige Gesprächsführung, aktives Zuhören und positive Deutung negativer Aussagen auch ungeliebte Teammitglieder vorsichtig zum Vorschein. Er kann die Person auch bitten, sich in das eine oder andere innere Teammitglied einmal hineinzuversetzen und aus dessen Position heraus mit ihm einen Dialog zu führen.

Abschließend berät der Moderator mit der Person, was von dem Gesagten in welcher Weise dem Konfliktpartner mitgeteilt wird. Dabei sollte selbstverständlich immer die Möglichkeit bestehen, alles für sich zu behalten, nichts an den Konfliktpartner weiterzugeben. Denn die Einzelberatung kann sich allein dadurch positiv auf den Konflikt auswirken, daß die beiden Konfliktpartner sich selbst über ihre eigenen Anteile klarer geworden sind. Eine Mitteilung ist darum oft gar nicht nötig.

In dem folgenden gemeinsamen Gespräch sollte der Schwerpunkt auf der zukunftsgerichteten Neuregelung der Beziehung der beiden Konfliktpartner liegen. Nur wenn sie bestimmte Erlebnisse ihrer gemeinsamen Geschichte klären wollen, kann eine Vergangenheitsbewältigung in Form einer Klärung zurückliegender Verletzungen sinnvoll sein. Die Neuregelung der Beziehung richtet sich darauf aus, dem anderen nicht immer nur die Vorzeigemitglieder des inneren Teams vorzusetzen, sondern auch das eine oder andere zurückgehaltene mehr und mehr auf die Bühne des Geschehens zu holen. Hierzu ist die auf S.41 beschriebene Wünsche-Matrix ein hilfreiches Instrument.

Die mit dem Konzept des inneren Teams verbundenen Leitlinien zur Wahrnehmungsschärfung des Moderators lassen sich so zusammenfassen:

■ Betrachte Beziehungskonflikte zwischen zwei Personen als Zusammenstoß zweier innerer Teams. In jedem Team herrscht mehr Vielfalt, als im Konflikt deutlich wird. Lasse den Konfliktpartnern diese Vielfalt soweit wie möglich deutlich werden!

■ Gehe davon aus, daß die Konfliktpartner die Tendenz haben, starke, unanfechtbare Mitglieder in den Vordergrund zu stellen und fehlerhafte, schwache zu verstecken oder in die Verbannung zu schicken. Lasse auch die Versteckten (vorsichtig) zu Wort kommen!

■ Der Konflikt wird persönlich, wenn die Konfliktpartner sich gegenseitig auf einzelne fehlerhafte Teammitglieder reduzieren. Diese Beziehungsbotschaft wird verschärft durch herabsetzende Abstempelung dieser Teammitglieder. Unterbinde herabsetzende Verallgemeinerungen nach Möglichkeit und übersetze sie in annehmbare Beziehungsbotschaften! (s. ‚Umgang mit sprachlichen Fouls' S.180)

■ Laß die Konfliktpartner sich selbst als Führungskräfte sehen, die für alle, auch die ungeliebten, Teammitglieder verantwortlich sind.

Achtung

Jeder Moderator sollte bei der Klärung von Beziehungsstörungen besonders beachten, daß die Konfliktpartner oft noch jahrelang zusammen arbeiten werden. Man sollte auf keinen Fall auf die Offenlegung von ungeliebten Mitgliedern des inneren Teams drängen oder Hilfsmittel einsetzen, die Druck ausüben, wie beispielsweise ein vorgefertigtes Bild vom inneren Team, bei dem die Konfliktpartner nur noch eintragen müssen, wer dort im inneren Knast sitzt und ihre Schwächen und wunden Punkte repräsentiert.

Die Konfliktpartner müssen das Tempo und die Tiefe der Klärung immer selbst in der Hand haben. Der Moderator darf sich darum nur als Klärungshelfer verstehen, der vorsichtig fragt und dafür sorgt, daß die Beteiligten immer auch Rückzugsmöglichkeiten haben, ohne sich dabei als Versager zu fühlen.

Wer dieses Konzept strukturiert anwendet, muß einige Voraussetzungen mitbringen. Ohne eine psychologische oder psychotherapeutische Grundausbildung sollte man es lieber lassen. Denn das Verfahren führt oft zu schmerzhaften Punkten, die unerfahrene oder ungeduldige Moderatoren gern wegreden möchten, statt sie mit der anderen Person zusammen auszuhalten.

Man sollte nach Möglichkeit allein mit beiden Konfliktpartnern oder zeitweise sogar nur im Einzelgespräch arbeiten. Nach unseren Erfahrungen sind selbst langjährige Moderatoren mit der Klärung von Beziehungsstörungen in Gegenwart des ganzen Teams schnell überfordert, weil die Konfliktpartner sich zu Recht keine Blöße vor allen geben wollen, die anderen Teammitglieder gern moderativ mitmischen, ihre eigenen Themen an falscher Stelle einbringen, sich langweilen oder zurückgesetzt fühlen, wenn es immer nur um die Streithähne geht. Insgesamt ist oft nicht genügend Geduld und Ruhe im Team, um sorgfältig genug vorzugehen. Die Bearbeitung von Beziehungsstörungen zwischen zwei Personen ist im Team darum in der Regel wenig hilfreich.

Das Konzept des inneren Teams ist besonders geeignet, die Aufmerksamkeit des Moderators bei der Klärung von Beziehungsstörungen zwischen zwei Personen auf innerpsychische Aspekte des Konfliktes zu lenken.

Für die Betrachtung von Störungen im gesamten Team benötigen wir ein anderes Konzept, das das Geschehen in Gruppen nicht bloß auf die Interaktion von einzelnen Personen reduziert, sondern zur Klärung von Konflikten zwischen Untergruppen in der Gruppe beiträgt.

Die soziale Architektur von Gruppen

Ebenso wie individuelle Organismen haben auch Gruppen von der Natur einen allgemeinen Bauplan, eine soziale Architektur mitbekommen. Es handelt sich dabei um eine innere Struktur, die eine Gruppe lebendig und lebensfähig macht.

Diese soziale Architektur sieht ein Baugelände vor, auf dem die Gruppe ihren Bauplatz bestimmt. Hier baut sie dann ihr Gebäude auf. Die Gruppe selbst, das Gebäude, benötigt feste Fundamente und stabile Träger. Wer den allgemeinen Bauplan kennt, kann jede Gruppe, jedes Team einer Bauprüfung unterziehen und gegebenfalls Sanierungsbedarfe benennen. Um diese Punkte geht es im folgenden Konzept.

Bevor ich im einzelnen darauf eingehe, möchte ich theoretische Grundlagen dazu ausführen, die etwas tiefer gehen, als es sonst in diesem Buch der Fall ist. Wem dies zu ‚wissenschaftlich' ist, der möge direkt zu Seite 131 übergehen.

Grundlegende Dimensionen menschlicher Eigenschaften

In jeder Gruppe kommen verschiedenartige ‚Persönlichkeiten' zusammen und treffen zugleich aufeinander; Menschen mit unterschiedlichen, oft sogar gegensätzlichen Verhaltensdispositionen, die für das innere und äußere Funktionieren der Gruppe von großer Bedeutung sind. Die Persönlichkeiten mit ihrer immensen Breite an inhaltlichen Themen und Interessen, Werthaltungen, Einstellungen, Verhaltensweisen, Vorlieben und Abneigungen können unendlich vielfältig interagieren. Jede Gruppe würde in ihrem inneren Chaos untergehen, wenn sich die Interaktion der Mitglieder nicht nach mehr oder weniger klaren Regeln ordnen würde. Den meisten Gruppen gelingt es, intuitiv eine innere Ordnung zu entwickeln, die es ihren Mitgliedern ermöglicht, miteinander einigermaßen berechenbar umzugehen. Für Außenstehende besteht allerdings die Gefahr, in dieser Vielfalt unterzugehen oder sie übermäßig zu vereinfachen. Um Ordnung in diese Vielfalt der Interaktionen zu bringen, schlage ich ein Modell vor, mit dem man

- menschliche Eigenschaften (Werthaltungen, Einstellungen und Verhaltensweisen) gliedern,
- wichtige Argumentationsformen unterscheiden und
- die personelle Struktur von Gruppen übersichtlich beschreiben kann.

Dieses Modell wird hier in seinen Grundzügen dargestellt und später vertieft. Ich fange ein bißchen ‚bei Adam und Eva' an, komme aber ziemlich schnell zum Hier und Heute.

Zur Evolution der Gruppe

Im Laufe der menschlichen Evolution hat sich nicht nur der individuelle Organismus entwickelt, sondern zugleich auch die Organisation der menschlichen Gruppe, das Zusammenleben der einzelnen Individuen. Die drastische Entwicklung des Gehirns machte den zweibeinigen Affen vor allem von angeborenen Instinkten unabhängig und brachte ihm damit ein unbegrenztes Ausmaß an Verhaltensmöglichkeiten; nicht nur im handwerklichen Umgang mit den Dingen, sondern auch im sozialen Umgang mit seinesgleichen.

Die Entwicklung der frühmenschlichen Gruppe wurde nach anthropologischer Auffassung durch extreme Umweltveränderungen vor etwa 5 Millionen Jahren in Gang gebracht. Klimatische Veränderungen führten zur Bindung riesiger Mengen an Süßwasser in den Eiskappen der Pole. Es regnete weniger auf der Erde, und große Teile der Regenwälder schwanden. Ihren Bewohnern wurde der Urwald, ihr rund ums Jahr gleichmäßig gut bestückter ‚Selbstbedienungsladen', weitgehend genommen. An seine Stelle traten vielfach große, gras- und buschbewachsene Steppen, die ihren Bewohnern wegen des Wechsels von Regen- und Trockenzeiten nur zu bestimmten Jahreszeiten genügend Nahrung boten. Die Regenwaldbewohner mußten sich verändern oder liefen Gefahr, stark dezimiert zu werden.

Von ihnen hatten offenbar die Affen die günstigsten Voraussetzungen, sich den härteren Umweltbedingungen anzupassen.

Erstens bot das bei den Primaten ohnehin schon weit entwickelte Gehirn der Evolution die Gelegenheit, durch seine Vergrößerung und Differenzierung die kognitive Flexibilität und Lernfähigkeit so auszubauen, daß vielfältige und komplexe Probleme zielgerichtet und kreativ gelöst werden können.

Zweitens konnte ihre entwickelte Organisation des Gruppenlebens und ihr relativ differenziertes Kommunikationssystem gut zu sozialen Kompetenzen weiterentwickelt werden.

Sie besaßen drittens mit ihren geschickten Händen gute Voraussetzung für die Entwicklung aktionaler Fähigkeiten, die außerordentlich hilfreich waren, auf die Dinge dieser Welt handwerklich einzuwirken, um sie zu verändern.

Viertens besaßen sie bereits ein emotionales Ausdrucksverhalten, das sich durch die Evolution des Sprechapparates extrem verfeinern konnte.

Hinzu kamen weitere evolutionäre Veränderungen wie z.B. der aufrechte Gang, der die Hände für handwerkliche (und in der Frühzeit wahrscheinlich auch kommunikative) Aktivitäten freimachte und die Beine zu langen, zügigen Wanderungen befähigte, die Rückbildung der Behaarung, was wahrscheinlich mit einer größeren Fortpflanzungsbereitschaft einherging, und die Verlängerung der Kindheit, die der erhöhten Lernfähigkeit diente.

Dieser intelligente, soziale, handwerkliche, emotional ausdrucksfähige und nackte zweibeinige Affe mit seiner ausgeprägten Lernfähigkeit war allerdings nur im Verband mit anderen überlebensfähig – in einer nomadisierenden Gruppe, die funktional organisiert war. Nur in Gruppen konnten die Menschen lebensnotwendige Kenntnisse über jahreszeitliche Klimabedingungen, geographische Gegebenheiten, eßbare und heilende Pflanzen, über technische Erfindungen usw. entdecken, tradieren und weiterentwickeln, zwischenmenschliche Regeln (‚Kultur‘) erfinden und etablieren sowie gemeinsame Vorhaben planen und kooperativ in die Tat umsetzen. Und vor allem konnten sie nur in Gruppen ihre Nachkommen mit der extrem verlängerten Kindheit aufziehen.

Die Gruppe ist darum die gedankliche Ausgangsbasis für die folgende Beschreibung menschlichen Verhaltens und Erlebens – nicht das Individuum.

Differenzierung durch soziale Bewertungen

Jede menschliche Gruppe ist nicht nur vor die Aufgabe gestellt, die Anforderungen aus einer sich ständig verändernden Außenwelt so zu bewältigen, daß sie ihre Existenz sichert. Sie muß auch ihre Innenwelt, ihren sozialen Gruppenraum gestalten. Die Auseinandersetzung mit der äußeren, objektiven und die Gestaltung der inneren, sozialen Welt hat eine extreme Vielfalt an instrumentellen und sozialen Kenntnissen ('Kennen'), Verhaltensfertigkeiten ('Können') und Handlungsbereitschaften ('Wollen') hervorgebracht.

Gruppen müssen nun, je nachdem, welche Anforderungen ihre Außenwelt stellt, die Fähigkeiten ihrer Mitglieder differenzieren. Sie müssen bestimmte Eigenschaften unterbinden und andere ausbauen. Dies geschieht durch Sanktionen.

Der effektivste Sanktionsmechanismus ist nicht Bestrafung und Belohnung, wie oft angenommen wird. Damit werden nur wenige, besonders auffällige Verhaltensweisen gehemmt oder verstärkt, wird gewissermaßen nur die sichtbare Spitze des Verhaltens-Eisbergs bearbeitet. Das wirkungsvollste Steuerungsinstrument, über das Gruppen verfügen, ist die (oft kaum spürbare) positive bzw. negative Bewertung von gewünschten bzw. unerwünschten Eigenschaften, die sozusagen die sechs Siebtel des Eisbergs unter der Wasserlinie steuern. Gruppenmitglieder, die die gemeinsamen Werte der Gruppe repräsentieren, können ohne Belohnung und Bestrafung, nur durch schwache Hinweise signalisieren, welche Verhaltensweisen und Eigenschaften von der ganzen Gruppe positiv und welche negativ bewertet werden. Wer diese Bewertungen nicht teilt und sich dementsprechend abweichend verhält, droht damit aus der Gruppe herauszufallen und ausgeschlossen zu werden. Ein Mensch ohne Zugehörigkeit zu einer Gruppe war früher in Lebensgefahr, war vogelfrei der Willkür anderer ausgesetzt. Heute ist er bedrohlich einsam. Eigenschaften sind darum oft mit positiven und negativen Wertungen verknüpft.

Eigenschaften werden auch als zentrale Kompetenzen einer Person oder Personengruppe zugeschrieben. Besondere Eigenschaften können Teil der Identität einer Person oder Personengruppe sein und ihrer Charakterisierung dienen. In der Berufswelt wird der Begriff 'Kompetenz' oft als Be-

zeichnung für einen Zuständigkeits- oder Verantwortungsbereich ge-
braucht. Das verweist auf den engen Zusammenhang von Fähigkeiten und
der Übernahme von funktionalen Rollen, Verantwortungen und Zuständigkeiten in einer arbeitsteiligen Leistungsgesellschaft. Denn individuelle
Fähigkeiten können sehr gut bei der inneren Organisation von Gruppen, der
Arbeits- und Funktionsteilung genutzt werden. Moderne Industriegesell-
schaften bilden systematisch kompetente Experten heraus; für die Bewältigung der äußeren Anforderungen z.B. Agraringenieure und Techniker als
Produzenten oder Kaufleute als Händler; für die Gestaltung des Binnenkli-
mas z.B. Juristen als Regler der formalen Beziehungen, Ärzte als Heiler,
Sozialarbeiter als Integrierer usw.

Kurzum: Gruppen lassen also nicht alle menschlichen Eigenschaften beliebig zu, sondern schränken das mögliche Spektrum vor allem durch Ge-
ringschätzung und Wertschätzung ein und differenzieren damit auch die
Fähigkeiten ihrer Mitglieder.

Wer Konflikte in einer Gruppe lösen will, braucht eine Orientierung, um aus
der möglichen Vielfalt die (offenen oder unterdrückten) Eigenschaften und
ihre Bewertungen zu erkennen und zu beeinflussen, die für den Konflikt in
der Gruppe von Bedeutung sind. Denn gegensätzliche Einstellungen und
abweichende Verhaltensweisen spielen bei den meisten Konflikten mit.

Eine intuitive Orientierung sind z.B. die eigenen gelernten Wertungen von ‚guten‘ und
‚schlechten‘ Eigenschaften. So identifiziert man als Beobachter sehr schnell, welche Eigenschaften die gemeinsame Kultur wertschätzt und welche man im allgemeinen ab-
wertet. So sind z.B. Sachlichkeit, Berechenbarkeit und Konzentration in den meisten
Unternehmen hohe Werte, während ihr Gegenteil schnell als Gefühlsduseligkeit, Unberechenbarkeit und Kopflosigkeit diffamiert wird, obgleich dieselben Eigenschaften in
anderen Branchen als Gefühlsausdruck, Spontaneität und Gedankenreichtum hoch im
Kurs stehen.

Dabei besteht die Gefahr, in dieselben Bewertungsmuster und damit in dieselben Konflikte hineinzugeraten wie die Gruppe. Ein Berater beispielsweise konnte in einem kleinen Werbeteam die Auseinandersetzung um den ‚richtigen Arbeitsstil‘ nicht wirksam
moderieren. Er stellte sich intuitiv auf die Seite der aktiv-einfallsreichen Teammitglieder und unterschätzte die unauffälligen Skeptiker. Zu spät erkannte er, daß die weniger

beeindruckenden Mitglieder die eigentlichen Macher waren und verdeckt über die größ-te Macht im Team verfügten. Weil er die positive Wertschätzung von hochaktiver Krea-tivität unreflektiert übernahm, wurden diejenigen ihm gegenüber mißtrauisch, die Pro-bleme mit den ‚Schaumschlägern‘ im Team hatten. Es gelang ihm nicht, ihr Vertrauen zu gewinnen, und sie ließen die Moderation im Sande verlaufen.

In einer Teamentwicklung sprach ein Unternehmensberater immer über die weiten Spiel-räume, die seine Teammitglieder in ihren individuellen Verhaltensweisen, Einstellungen und Meinungen besitzen sollten, um den vielfältigen Aufgaben der Unternehmensbera-tung flexibel begegnen zu können und nicht in falsche Routine zu geraten. Eine genauere Betrachtung seiner Gruppe zeigte aber, daß die Gruppenmitglieder diesen Spielraum überhaupt nicht ausfüllten, sondern sich sehr einheitlich verhielten. Abweichende Auf-fassungen und Einstellungen wurden nicht geäußert. Die meisten Teammitglieder da-gegen nahmen ihn als extrem leistungsfähig und anspruchsvoll wahr. Erst als dies vom Moderator zum Thema gemacht wurde und der Teamleiter von seinen Mitarbeitern rück-gemeldet bekam, daß er nicht so liberal eingeschätzt wurde, wie er glaubte, baute er seine illusionären Vorstellungen ab und wurde in seinen Anforderungen eindeutig.

Ein guter Moderator bezieht die ganze Fülle menschlicher Eigenschaften ein, die in einem Konflikt und der Kommunikation in der Gruppe mitspie-len. Wie er sie einigermaßen übersichtlich ordnen kann, zeigt die folgende allgemeine Ordnung dieser Eigenschaften.

Vorrangige Aufgabe für jede Gruppe ist die erfolgreiche Lösung von Pro-blemen. Dabei kann es sich um sachliche Probleme in der Auseinander-setzung mit den Anforderungen aus der objektiven Außenwelt handeln oder aber um Probleme, die innerhalb der Gruppe zu lokalisieren sind (inner-psychische oder zwischenmenschliche Konflikte). Zur Problemlösung ste-hen immer Verhaltensalternativen zur Verfügung, die die Gruppenmitglie-der oft als Gegensatz erleben und bei denen sie dazu neigen, die eine Sei-te negativ und die andere positiv zu bewerten.

Ein Gegensatz besteht z.B. für Verkäufer zwischen ‚abwarten‘ und ‚ansprechen‘, so-bald ein Kunde den Raum betritt. Das Verkaufsteam muß bestimmte Verhaltensweisen der Verkäufer einschränken und andere Kompetenzen fördern, wenn es nach außen und innen erfolgreich sein will. So könnte z.B. ‚Ansprechen!‘ das Motto des Teams sein. Da-

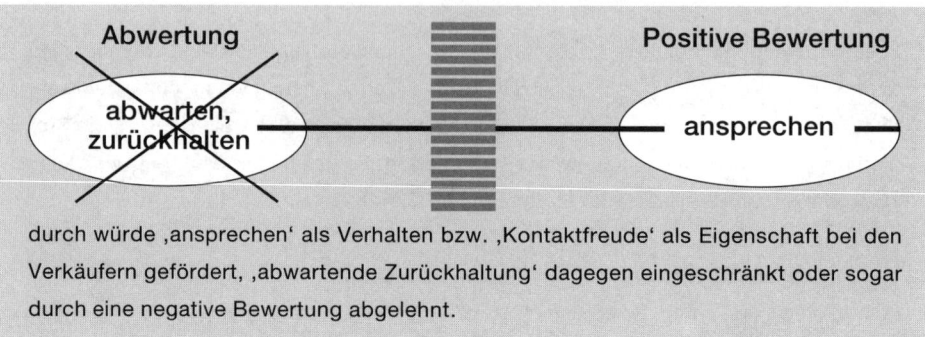

durch würde ‚ansprechen' als Verhalten bzw. ‚Kontaktfreude' als Eigenschaft bei den Verkäufern gefördert, ‚abwartende Zurückhaltung' dagegen eingeschränkt oder sogar durch eine negative Bewertung abgelehnt.

Auf diese Weise entstehen Beschränkungen und Toleranzen für Verhaltensweisen und Eigenschaften; Spielräume, in denen sich die Teammitglieder bewegen. Eine Veränderung – Erweiterung oder Einengung – dieser Toleranzen ist oft Gegenstand der Moderation.

Solche Gegensatzpaare kennzeichnen die Endpunkte einer Eigenschaftsdimension, ihre Pole. Dabei neigen Gruppen dazu, Eigenschaften auf dem einen Pol als ‚gut' und auf dem anderen als ‚schlecht' zu bewerten. Diese Schwarz-weiß-Bewertung dient den Mitgliedern als einfache Handlungsorientierung, die allerdings die Neigung besitzt, daß die Gruppenmitglieder ziemlich rigide, einseitige Eigenschaften entwickeln.

Statt Schwarz-weiß-Denken: die Lehre von den positiven Gegensätzen

Die Rede von den ‚zwei Seiten einer Medaille' oder vom ‚goldenen Mittelweg' legt nahe, einen Gegensatz nicht einfach in ‚gut' und ‚schlecht' aufzulösen, sondern als positiven Gegensatz zu sehen, als Zusammenwirken von Tugenden, die zusammengehören und sich ausbalancieren.

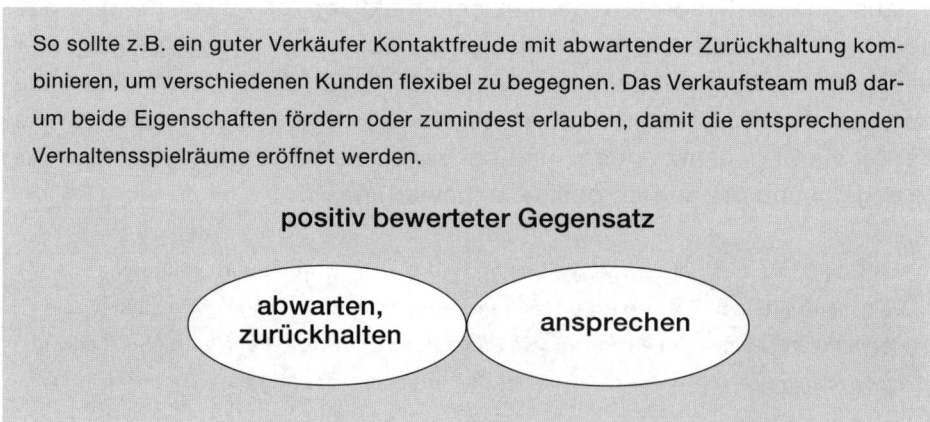

So sollte z.B. ein guter Verkäufer Kontaktfreude mit abwartender Zurückhaltung kombinieren, um verschiedenen Kunden flexibel zu begegnen. Das Verkaufsteam muß darum beide Eigenschaften fördern oder zumindest erlauben, damit die entsprechenden Verhaltensspielräume eröffnet werden.

positiv bewerteter Gegensatz

abwarten,
zurückhalten

ansprechen

Eine strenge Abwertung der einen Seite führt dazu, daß die andere sich übermäßig entwickelt und schließlich umschlägt in Eigenschaften, die nun tatsächlich kritisch zu bewerten sind. Die Rede von der ‚déformation professionelle', von der Verunstaltung der beruflichen Kommunikation durch die Vereinseitigung branchenspezifischer Eigenschaften, spiegelt diesen Sachverhalt plakativ wider. Erst die Übertreibung der einen oder anderen Seite eines Gegensatzes führt zu negativen Übertreibungen.

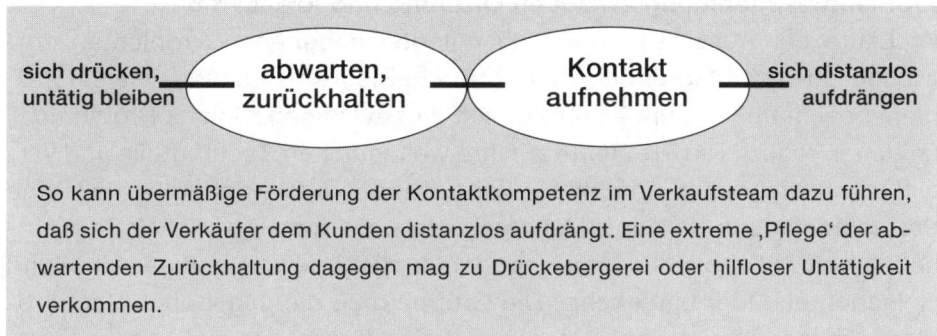

So kann übermäßige Förderung der Kontaktkompetenz im Verkaufsteam dazu führen, daß sich der Verkäufer dem Kunden distanzlos aufdrängt. Eine extreme ‚Pflege' der abwartenden Zurückhaltung dagegen mag zu Drückebergerei oder hilfloser Untätigkeit verkommen.

So werden Gegensätze, mit denen wir es ja oft in der Konfliktmoderation zu tun haben, in dialektischer Weise positiv gedacht und gemacht. Das mag wie ein sprachlicher Trick anmuten. Oft zeigt sich allerdings ganz praktisch, daß beide Konfliktparteien über dieses Denken lernen, beim anderen positive Seiten wahrzunehmen und ihn mit seinen Auffassungen und Verhaltensweisen als fruchtbare Ergänzung zu sehen, die die eigenen Schlagseiten in der Kooperation ausbalanciert. Außerdem eröffnet dieses Denken breitere Verhaltensspielräume und fördert damit die Flexibilität im Team.

Ein vierdimensionales Modell
Aufgrund verschiedener Theorien und Konzepte, die sich mit menschlichem Sozialverhalten befassen, scheinen mir die folgenden vier Dimensionen als Gliederungsgesichtspunkte hilfreich, um die große Vielfalt der Eigenschaften überschaubar zu ordnen. Ich ziehe bei der Darstellung der Dimensionen das Denkmodell der positiven Gegensätze heran.

Im Hinblick auf die Bewältigung von äußeren und inneren Problemen müssen Gruppen
1. die Art der Problemwahrnehmung zwischen zielgerichteter Ordnung und kreativer Offenheit definieren,

2. die Beziehungen der Gruppenmitglieder zwischen individueller Unabhängigkeit und zwischenmenschlicher Verbundenheit gestalten und

3. die allgemeine Aktivität ihrer Gruppenmitglieder zwischen den Polen der Einflußnahme und der Zurückhaltung regulieren,

4. ihren Mitgliedern Möglichkeiten für die Verarbeitung inneren Erlebens zwischen Gefühlskontrolle und spontanem Gefühlsausdruck geben.

Problemwahrnehmung zwischen Ordnung und Kreativität

Im Laufe der Auseinandersetzung mit den gegebenen Problemen entwickelt jede Arbeitsgruppe eine geordnete Sichtweise davon, wie ein Problem beschaffen ist, um es erfolgreich zu bewältigen. Solche Problemdefinitionen reduzieren Probleme auf ihre wesentlichen Bestandteile und vereinfachen sie damit erheblich; insbesondere auch dadurch, daß eine Problemdefinition ein klares Handlungsziel bestimmt. Die routinierte Wahrnehmung von Problemen und Aufgaben der Gruppe ist somit geordnet und zielgerichtet. Oder umgekehrt: Die Gruppe muß die gegebenen Sachprobleme zielgerichtet ordnen, um sie routiniert bearbeiten zu können.

Wandel im Umfeld der Gruppe oder Veränderungen in ihrem Inneren führen jedoch regelmäßig dazu, daß neue Probleme auftreten oder sich alte Probleme so verändern, daß die bewährten, tradierten Wahrnehmungsmuster nicht mehr greifen. Die bewährte kognitive Ordnung löst neue Probleme nicht (mehr). Oft müssen sogar neue Ziele gefunden werden. Das Wahrnehmungsschema selbst muß sich ändern. Aber wie? Die bekannte Ordnung wird in Richtung auf größere Vielfalt geöffnet. Alte Lösungsmuster, sogar alte Ziele werden in Frage gestellt. Das neue Problem wird nun erheblich differenzierter und auch komplizierter wahrgenommen als das alte. Diese Komplexität benötigt jetzt nicht die Fähigkeit zu zielgerichteter Ordnung, sondern Kreativität. Die Gruppe paßt sich in kreativer Weise der Komplexität eines neuen Problems an. Das alte Schema wird dadurch verändert.

Durch eine zunehmend sicherere Bewältigung des neuen Problems beginnen die Gruppenmitglieder, ihre kreativ entwickelte, komplexe Sichtweise von ihm zu vereinfachen, d.h. seine Vielfalt auf eine lösungsrelevante Ordnung zu reduzieren. Ein neues, wiederum einfach geordnetes Wahrnehmungsschema entsteht.

114

Am Beispiel der Veränderung einer Schule kann man diese Überlegung deutlich machen. Die zunehmende Tendenz von Eltern, ihren Kindern auf jeden Fall den höchstmöglichen Bildungsabschluß zu ermöglichen, führte in den letzten Jahren zu einem ‚Run' auf die Gymnasien. Im Gegenzug änderte sich die Zusammensetzung der Hauptschule hin zu einem Sammelbecken von verhaltensauffälligen, leistungsschwachen Kindern und Jugendlichen.

Hier führte der gesellschaftliche Wandel – nämlich die angespannte Arbeitsmarktsituation und das erhöhte Interesse der Eltern an höheren Bildungsabschlüssen – dazu, daß sich die Schülerschaft in der Hauptschule so veränderte, daß die alten Unterrichtsformen des dreigliedrigen Schulsystems nicht mehr funktionierten. Die Aufgabe, einer Zusammenballung schwieriger Schüler abstrakte Allgemeinbildung zu vermitteln, mußte in Frage gestellt und überdacht werden. Man konnte nicht mehr mit ihnen so arbeiten wie vor 20 Jahren, weil es zu wenig leistungsfähige Schüler mit angemessenem Sozialverhalten in jeder Klasse gab.

In dem Lehrerkollegium einer Hauptschule gab es lange Auseinandersetzungen um Erklärungen und Lösungen dieses Problems. Eine Fraktion beharrte auf ihrer alten Position, die bisherigen Bildungsanforderungen an ihre Hauptschüler aufrechtzuerhalten und nicht immer so lasch mit ihnen umzugehen. Eine andere Fraktion stellte den Sinn ganzer Fächer wie Geschichte, Biologie und Englisch in Frage und wollte nur noch praktischen Unterricht machen, um die vorhandenen Stärken der Hauptschüler zu fördern. Diese beiden Lager warfen sich gegenseitig lasches und autoritäres Verhalten vor. Die schweigende Mehrheit ließ diese Auseinandersetzungen geduldig über sich ergehen und machte ihren Unterricht, so gut es ging. Erst die neue Schulleitung gab den entscheidenden Anstoß, die Situation systematisch zu analysieren. Dabei kam heraus, daß an derselben Schule durch neue Lernformen in den Klassen 1 bis 6 die Schüler sehr viel individueller ihrem Leistungsvermögen entsprechend gefördert wurden als in den Klassen 7 bis10. In den unteren Klassen wurden nämlich zukünftige Haupt- und Realschüler gemeinsam unterrichtet. Ab der 7. Klasse wurden sie dann getrennt. So stellte sich die Frage, ob das, was bis Klasse 6 funktionierte, nicht auch bis zum Ende der 9. bzw. 10. Klasse funktionieren könnte. Die systematische Analyse von Schule und Schülerschaft veränderte die Erklärungsmuster der Fraktionen. Das Kollegium entwickelte eine neue Problemwahrnehmung. Hier stand die positive Beeinflussung des Unterrichtsklimas durch die Mischung von Haupt- und Realschülern sowie die Möglichkeit eines individualisierten Unterrichts im Vordergrund. Die Grundidee von der integrierten Haupt-und Realschule war geboren. Bis zur Umsetzung in routinierten Unterricht war es aber noch ein weiter Weg.

Für die Lehrer bedeutet das, sich in den Stunden auf eine größere ‚Leistungsbandbreite‘ einstellen zu müssen als früher. Es ist eben einfacher, eine einheitliche Leistungsgruppe zu unterrichten als eine vielfältige; man mußte die Benotung zweigleisig machen, in manchen Fächern ist der gemeinsame Unterricht unproblematisch, in anderen zeigte er sich als unmöglich. Es traten also neue Probleme, zusätzliche Komplikationen und Hindernisse auf. Kreativität war gefordert, um zu neuen Inhalten und Methoden zu kommen.

Nach einer Zeit der kreativen Unsicherheit, in der für die verschiedenen Fächer unterschiedliche Modelle ausprobiert wurden, entwickelte das Lehrerkollegium ein Konzept, das von nun an verbindlich für alle Klassen galt. So wurde die Vielfalt wieder auf eine einfachere Ordnung reduziert.

Für dieses Wechselspiel von Routine und Innovation, von zielgerichtet-vereinfachender Ordnung und kreativer Neuerung besitzen Menschen grundsätzlich die entsprechenden kognitiven Möglichkeiten, nämlich die Fähigkeit zur einfach-ordnenden (‚konvergenten‘) und zur kreativ-differenzierenden (‚divergenten‘) Problemwahrnehmung. Entsprechend können auch Persönlichkeitsunterschiede in einer Gruppe überoptimiert werden, z.B. wenn die Gruppe in zwei Lager zerfällt, die sich gegenseitig als ‚Macher‘ und ‚Spinner‘ etikettieren.

Somit kann man einen Gegensatz im Bereich des Wahrnehmungsstils formulieren: zielgerichtete Ordnung und Kreativität. Die Balance beider Seiten verhindert ein Abgleiten des Wahrnehmungsstils in rigiden Schematismus oder chaotische Widersprüchlichkeit.

Als Eigenschaftsdimension dargestellt:

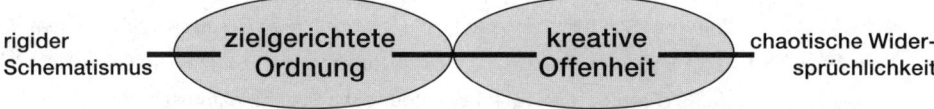

| rigider Schematismus | **zielgerichtete Ordnung** | **kreative Offenheit** | chaotische Widersprüchlichkeit |

Die Dimension wird durch das Gegensatzpaar ‚zielgerichtete Ordnung‘ vs. ‚kreative Offenheit‘ gebildet, dessen Zusammengehörigkeit durch die liegende Acht symbolisiert ist. Die Vereinseitigungen sind jeweils außen hinzugefügt.

Beziehungsgestaltung zwischen Individualität und Verbundenheit

Eine Gruppe ist eine organisierte Einheit von Individuen. Der in diesem Satz enthaltene Widerspruch von Individuum und Gruppeneinheit verweist auf den auszubalancierenden Gegensatz. Die einzelnen „Ichs" müssen sich im „Wir" zusammenfinden, ohne darin aufzugehen, wie man in der Themenzentrierten Interaktionellen Methode sagt. Individualität und Verbundenheit wirken zusammen, damit die Gruppe weder zerfällt noch kollektivistisch verschmilzt.

.

Die in diesem Gegensatzpaar enthaltenen Eigenschaften sind Unabhängigkeit und Verbundenheit, deren Ausgewogenheit sowohl einem destruktiven Individualismus als auch einer harmonisierenden Verschmelzung in der Gruppe vorbeugt.

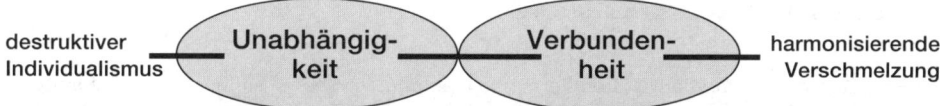

destruktiver Individualismus — **Unabhängigkeit** — **Verbundenheit** — harmonisierende Verschmelzung

Herr Berger sucht eine Erziehungsberatungsstelle auf. Sein Sohn Florian falle dadurch auf, daß er schnell in Wut gerate und andere Kinder unkontrolliert in den Bauch boxe. In der Schule und im Kindergarten habe es Beschwerden über Florians Verhalten gegeben.

Er sei mit Florian allein erschienen, weil es seiner Frau als Geschäftsführerin eines großen Unternehmens unmöglich sei, den kurzfristig angesetzten Termin wahrzunehmen. Herr Berger, freiberuflich und für die Erziehung des Sohnes zuständig, finde Florians Wutausbrüche nicht gut, er habe auch mit ihm darüber gesprochen. Er denke, daß die anderen Kinder ihn schon mächtig geärgert hätten. Denn zu Hause sei Florian unauffällig. Er habe auch einige Freunde. Zu tätlichen Auseinandersetzungen sei es mit denen noch nie gekommen. Als Betreuung springe meist Florians Patentante ein, eine ältere Schwester des Vaters. Sie habe den Jungen von Geburt an oft betreut und hänge sehr an ihm. In gewisser Weise sei sie eine zweite Mutter. Allerdings greife sie bei Grenzüberschreitungen zu wenig ein und erlaube Florian zu viel, meint Herr Berger.

Florian selbst ist still, sagt kaum etwas. Als sein Vater über die schulischen Aggressionen redet, wird er plötzlich ziemlich laut und braust auf: „Mann, das haben wir doch alles schon geklärt. Warum fängst du denn wieder davon an?" Herr Berger reagiert darauf ruhig und erklärt Florian, warum das hier zur Sprache kommen muß.

Ein zweites Gespräch, an dem auch die Patentante teilnimmt, ergibt, daß sie häufig unter einem frechen Umgangston des Neffen leide. Sie breche manchmal in Tränen aus, weil Florian sie oft anschreie, zum Beispiel wenn sie die Wohnungstür auf sein Klingeln nicht schnell genug geöffnet habe. Sie habe manchmal die Befürchtung, die Liebe ihres Neffens zu verlieren, wenn sie zu streng sei. Außerdem lasse er sich nichts von ihr sagen. Die Unordnung im Wohnzimmer beseitige sie lieber, bevor Herr Berger kommt, weil er sie sonst ärgerlich zur Rechenschaft ziehe. Besonders peinlich sei ihr, wenn Florian die Auseinandersetzungen zwischen Vater und Patentante mitbekomme. Denn den Ton, in dem Herr Berger mit seiner Schwester rede, würde der Junge übernehmen und mit ihr auch immer so schimpfen. Dann habe sie den Eindruck, daß sie alles falsch mache und seine Zuneigung nach und nach verliere.

Frau Berger kann erst am dritten Termin teilnehmen. Ihr Thema ist ihre Firma. Sie habe es sich zur Aufgabe gemacht, das Unternehmen zu sanieren. Dafür müsse sie sehr viel arbeiten: Termine wahrnehmen, Berichte lesen, mit Mitarbeitern reden, an internationalen Arbeitsgruppen teilnehmen, die Öffentlichkeit informieren usw. usf. Hinzu komme, daß sie gestalterisch Einfluß auf den Unternehmerverband nehmen möchte. Diese Arbeit könne sie nur leisten, wenn sie möglichst unabhängig von den ständigen Störungen in der Familie arbeiten könne.

Frau Berger möchte gerne mehr mit Florian unternehmen, habe das in den letzten Jahren aber nicht geschafft. In einem weiteren Gespräch, das die Beraterin mit Herrn und Frau Berger allein führt, stellt sich heraus, daß das Ehepaar nur noch Florians wegen zusammen ist. Frau Berger würde die Ehe lieber heute als morgen beenden, Herr Berger ist an einer Eheberatung interessiert, sieht aber keine Chance, das bei seiner Frau durchzusetzen. Frau Berger möchte, daß die Problematik von ihm allein gelöst würde. Ihr Einfluß darauf „ist ja ohnehin gleich null".

In der Familienberatung ist die Frage zentral, wie die Mitglieder der sozialen Gruppe ‚Familie' ihre Beziehungen gestalten. So kann man die einzelnen Familienmitglieder auf den Stufen ‚individualistisch – unabhängig – verbunden – verschmolzen' lokalisieren, je nachdem, wie sie sich verhalten. Im skizzierten Beispiel scheint Florians Mutter sich bereits individualistisch von der Familie abgelöst zu haben, während der Vater noch die zerfallenden Familienmitglieder miteinander zu verbinden sucht. Die Patentante schließlich ist in den Beziehungen zu ihrem Bruder und ihrem Neffen schon in einen Zustand der Verschmelzung geraten, aus dem sie sich aus eigener Kraft wohl kaum befreien wird.

Aktivität zwischen Einflußnahme und Zurückhaltung

Das eine oder andere Problem kann man aktiv beeinflussen oder aber als unvermeidlich ansehen und mit ihm leben lernen. Dabei gilt es, sowohl für die Gruppe als Ganzes als auch für die einzelnen Gruppenmitglieder, die Balance zu halten zwischen den beiden Gegensätzen der aktiven Einflußnahme und der Zurückhaltung. In der Gruppe müssen beide Pole durch Personen mit entsprechenden Handlungsfertigkeiten und -bereitschaften (‚Kompetenzen') vertreten sein: Einfluß zu nehmen und die Dinge zu lassen, wie sie sind. Das Ausbalancieren dieser beiden Gegensätze ist notwendig, damit sich weder die Gruppe noch ein Mitglied übersteigert zu dominanter Überaktivität oder fatalistischer Passivität.

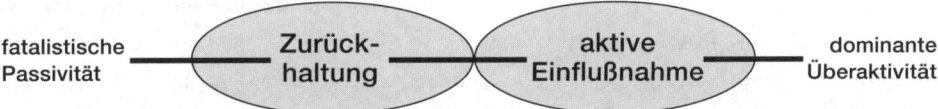

fatalistische Passivität — **Zurück-haltung** — **aktive Einflußnahme** — dominante Überaktivität

In ‚self-directed teams' modern geführter Unternehmen entwickelt sich oft ein Ungleichgewicht zwischen dominanten und stillen Teammitgliedern. So beklagten sich die ‚Zugpferde' einer Projektgruppe über die Passivität der ‚Bremser': „In unseren Teambesprechungen sagen sie nichts, und hinterher zeigt sich, daß sie gar nicht einverstanden waren!" Umgekehrt warfen die zurückhaltenden Gruppenmitglieder den dominanten vor, „hyperaktiv immer alles an sich zu reißen und übereilte Entscheidungen zu treffen". Der Teamberater nahm als Beobachter an einer Arbeitsbesprechung teil und fand in der Kommunikationsanalyse heraus, daß die dominanten Gruppenmitglieder den bedächtigeren kaum Zeit ließen, ihre Bedenken zu formulieren, sondern sich gegenseitig mit hoher Geschwindigkeit ihre Stichworte gaben, so daß sie sich als Hauptdarsteller profilierten und die anderen zu Statisten wurden. Der Berater schlug vor, in Zukunft vor jeder Entscheidung eine 3-Minuten-Pause zur Besprechung zu zweit oder zu dritt einzuführen. Hierdurch wurden die bedächtigen Gruppenmitglieder aktiviert und die tatkräftigen gebremst.

Das Ausmaß der Einflußnahme innerhalb der Gruppe ist begrenzt. Es können nicht alle Gruppenmitglieder zugleich hohen Einfluß ausüben. Es gilt der Satz: Je mehr Einfluß einige Gruppenmitglieder haben, desto weniger Einfluß können andere innerhalb derselben Gruppe haben. Gruppen können sich ‚egalitär' – die Einflußnahme ist bei den Gruppenmitgliedern eher gleich verteilt – oder ‚hierarchisch' konstituieren.

Konflikte um den Grad der Einflußnahme in Gruppen gehören zu den häufigsten Ursachen für eine Konfliktmoderation.

Inneres Erleben zwischen Gefühlskontrolle und Gefühlsausdruck
Überschwengliche Kooperationspartner, die ihre Gefühle und Stimmungen spontan zum Ausdruck bringen, sind oft schwer zu ertragen. Sie geraten leicht in besonders delikate Beziehungsstörungen mit hochkontrollierten Fachexperten im Team, denen unberechenbare Stimmungsschwankungen ein Greuel und jede offene Form des Gefühlsausdrucks äußerst peinlich sind.

In einer Forschungs- und Entwicklungsabteilung eines Energieversorgers gab es zwei Gruppenleiter - Betriebswirt und Informatiker - , die eng zusammenarbeiten sollten. Von Anfang an zeigte sich eine deutliche Abneigung zwischen ihnen, die die Koordination der Arbeiten nachhaltig beeinträchtigte. Ein hinzugezogener Mediator (Personalberater des Unternehmens mit einer speziellen Ausbildung in Konfliktvermittlung) arbeitete im Gespräch mit den beiden heraus, daß dem Informatiker der „aufgesetzte Optimismus" des Betriebswirts, seine ständige Begeisterung an der Arbeit und Kontaktfreude tierisch auf den Geist gingen. Der Informatiker versuchte, ihm soweit wie möglich aus dem Wege zu gehen. Das enttäuschte den anderen natürlich, und er zog in seiner Arbeitsgruppe unverblümt über den „Androiden von nebenan" her. Die Erkenntnis, daß sie beide völlig unterschiedliche Strategien im Umgang mit Gefühlen besaßen, erleichterte sie. Außerdem entwickelten sie mit Hilfe des Mediators gegenseitige ‚Betriebsanleitungen': Jeder gab genau an, wie er vom anderen behandelt werden wollte. Diese Anleitungen wurden genau besprochen, auf Umsetzbarkeit überprüft und korrigiert, bis beide Seiten einverstanden waren.

Zuviel Kontrolle von Gefühlen ist genauso hinderlich für die Entwicklung eines guten Arbeitsklimas wie zuviel Gefühlsausdruck. Jeder weiß, daß cholerische Chefs oft eine schwere Belastung für ihre Mitarbeiter sind. Ihre Unberechenbarkeit läßt kein Vertrauen aufkommen. Ständig beherrschte, gefühlskalte Vorgesetzte oder Kollegen können aber auch die Vertrauensbildung im Team behindern, weil sie undurchsichtig wirken. Oft weiß man nicht, was in ihnen vorgeht, was sie eigentlich denken und fühlen.

Für das Binnenklima der Gruppe und die seelische Gesundheit der Individuen ist es wichtig, daß die Gruppenmitglieder nicht nur sachliche Gedanken und Informationen, sondern auch ihr inneres Erleben (Gefühle und Wünsche) zum Ausdruck bringen. Damit werden sie einander auch jenseits reiner Sachinformation gefühlsmäßig verständlich. Dazu wiederum müssen sie ihre Gefühle spüren und zulassen. Hier ist die Fähigkeit zum Gefühlsausdruck gefragt, die allerdings nicht zur Gefühlsüberschwemmung verkommen soll. Als Gegengewicht ist die Fähigkeit zur Gefühlskontrolle wichtig. Umgekehrt erzeugt übertriebene Beherrschung von Gefühlen kalte Gefühllosigkeit.

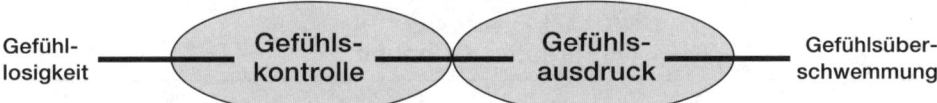

Gefühllosigkeit — Gefühlskontrolle — Gefühlsausdruck — Gefühlsüberschwemmung

Diese Dimension bezieht sich u.a. auf die Kernfrage der humanistischen Psychologie: Wie soll eine gesunde Gefühlsverarbeitung zwischen spontanem Ausdruck und Kontrolle gestaltet werden? Die therapeutischen Bemühungen humanistisch-psychologischer Richtungen laufen im großen und ganzen darauf hinaus, dem inneren Erleben durch spontanen Gefühlsausdruck mehr Geltung zu verschaffen und es zugleich bewußt zu reflektieren. Stichworte wie ‚selektive Authentizität‘ stehen für dieses Konzept, d.h., eine Person ist selektiv authentisch, die ihre Gefühle offen und ehrlich zum Ausdruck bringt, aber zugleich bewußt unterscheidet zwischen dem, was sie situationsangepaßt äußern kann und was sie verschweigen sollte, um andere nicht zu verletzen.

Wie Grundfarben durch ihre Mischung unendlich viele Farbtöne erzeugen können, bilden diese vier Dimensionen die Grundlage für ein breites Spektrum sozialer Eigenschaften und Verhaltensweisen. Wenn man das komplexe Geschehen in Gruppen und Menschen mit ihren vielfältigen Eigenschaften genau betrachten und verstehen will, empfiehlt es sich, auf diese vier Dimensionen zurückzugreifen.

Gruppen lassen sich übersichtlich abbilden, indem die vier Dimensionen in folgender graphischen Form miteinander kombiniert werden (in Anlehnung an ein Modell von Bales u. Cohen 1982):

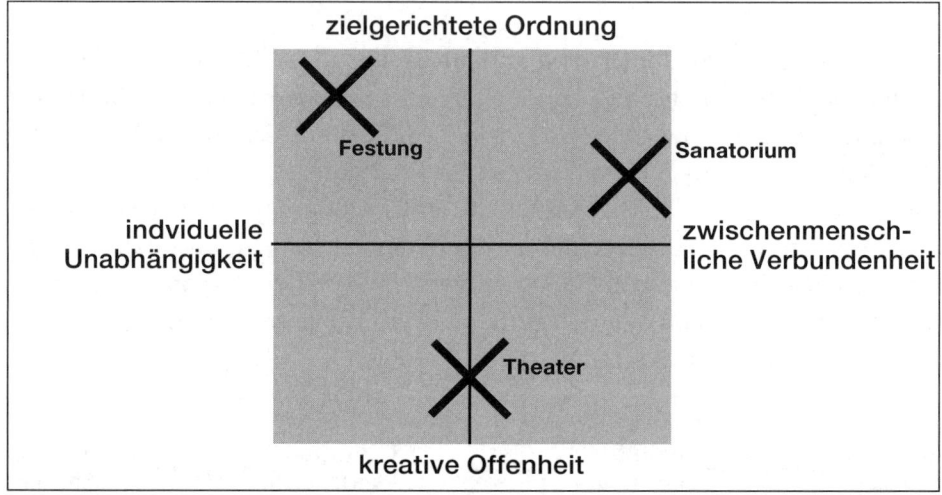

Zunächst kombiniert man die erste und zweite Dimension zu einem zwei-dimensionalen Feld. In ihm lassen sich schon Gruppen lokalisieren. Z.B. etikettiert Glasl in seinem für unser Thema grundlegenden Buch ‚Kon-fliktmanagement' bestimmte Teams in anschaulicher Weise als ‚Sanatori-um', ‚Festung' und ‚Theater'. Seine Beschreibung gibt Hinweise zur Loka-lisierung solcher Gruppen in diesem Feld. Am Beispiel des Sanatoriums:

„Ein Unternehmen, das Anlagen für den Wintersport herstellte, lebte immerzu in großer Angst, weil man sich nicht dessen sicher war, daß sich die geschäftlichen Erfolge des Vorjahres auch diesmal wieder einstellen würden. Das Unternehmen nahm in der Dorf-gemeinschaft einen wichtigen Platz ein. (...) Die Führungskräfte bekleideten auch in der Dorfgemeinschaft einflußreiche Funktionen. (...) Nach außen hin präsentierte sich die Organisation als ‚eine große Familie', die harmonisch-familiär miteinander umging. (...) An allen Orten (waren) sehr große (...) Spannungen vorhanden. (...) Der gängige Weg zum Übertünchen der Konflikte war die ‚Sanatorium'-Kultur im ganzen Unternehmen. (...) Der Unternehmensleiter (...) selektierte aus dem Markt alle beunruhigenden Ereig-nisse für seine Mitarbeiter weg. Es durften nur günstige, optimistische Meldungen an den Betrieb weitergegeben werden. Tatsächliche Erfolge (...) wurden stark übertrieben (...) und dienten als Beweis, daß die Welt innere Harmonie auch mit geschäftlichem

Erfolg honoriere. (...) Bei Geschäftsabschlüssen wurden nur die sichersten, risikolosen Projekte akzeptiert. Neue Mitarbeiter wurden streng nach dem Kriterium der ‚Friedfertigkeit' ausgewählt. (...) Im gegenseitigen Umgang wurden Höflichkeit, Freundlichkeit und Wohlwollen erwartet und stark gefördert." (Glasl 1990, S. 172ff)

Das ‚Sanatorium' läßt sich als Schwerpunkt im Feld rechts lokalisieren: Die Mitglieder eines Sanatoriums verhalten sich bevorzugt eher geordnet, vor allem aber zwischenmenschlich verbunden. Diese Gruppenkultur hat bereits die Grenze zur Harmonisierung überschritten.

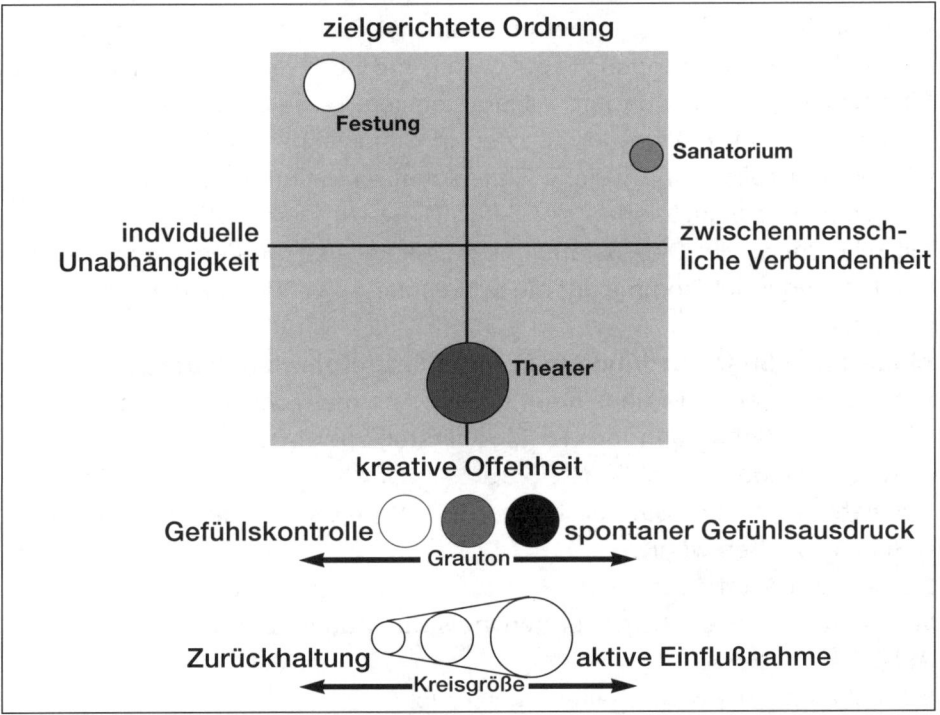

Im nächsten Schritt können wir die dritte Dimension ‚Einflußnahme vs. Zurückhaltung' hinzufügen, indem wir anstelle des Kreuzes einen Kreis einsetzen, dessen Größe das Ausmaß der Einflußnahme in der Gruppe kennzeichnet. Ein großer Kreis symbolisiert viel aktive Einflußnahme als gewünschte Eigenschaft der Gruppenmitglieder, ein kleiner dagegen steht für Zurückhaltung. Mit einem großen Kreis läßt sich z.B. die von Glasl als ‚Theater' etikettierte Gruppe symbolisieren. Hier sind alle Mitglieder aktiv und nehmen viel Raum ein. Sie führen ständig mit viel Energie ihre Shows auf, auch wenn niemand dem anderen mehr zuhört. Im ‚Sanatorium' dagegen vermeidet man eher allzuviel Aktivität, sondern zeigt Zurückhaltung, symbolisiert durch den kleinen Kreis.

Schließlich können wir bei jeder Gruppe das Ausmaß der ‚Gefühlsregulierung' durch den Grauton des Kreises charakterisieren. Ein dunkler Kreis symbolisiert, daß starker Gefühlsausdruck in der Gruppe möglich ist und positiv bewertet wird. So wird spontaner Gefühlsausdruck z.B. in Theatergruppen positiv bewertet. Darum ist der oben eingezeichnete Kreis dunkel. Ein heller Kreis deutet ein hohes Maß an Gefühlskontrolle an. In Gruppen wie die von Glasl als Festung charakterisierten Teams ist Gefühlsausdruck verpönt. Die Mitglieder solcher Gruppen tun gut daran, ihre Gefühle zu kontrollieren. Kurz: Eine Gruppe läßt sich dadurch charakterisieren, wie die Mitglieder ihre Eigenschaften hinsichtlich der skizzierten Dimensionen im Verhalten zeigen (dürfen und sollen) und welche Eigenschaften kaum genutzt werden, also wahrscheinlich nicht toleriert, sondern abgewertet werden. Eine Gruppe kann mit Hilfe dieser vier Dimensionen ebenso lokalisiert werden wie ihre einzelnen Mitglieder. Ich komme auf die praktische Anwendung zurück (s.S.131).

Moderation bringt Ordnung in konflikthafte Kommunikation

Mit den skizzierten Dimensionen lassen sich menschliches Verhalten und Erleben zugleich folgenden vier Modalitäten zuordnen:
Kognitive Modalität:
Wir nehmen unsere Sachprobleme und Aufgaben zielgerichtet-geordnet und kreativ-offen wahr.
Soziale Modalität:
Wir gestalten unsere Beziehungen individuell-unabhängig und verbunden.
Aktionale Modalität:
Wir nehmen Einfluß und halten uns zurück.
Emotionale Modalität:
Wir kontrollieren unsere Gefühle und bringen sie spontan zum Ausdruck.

Unter Verhalten und Erleben verstehe ich selbstbewußtes Handeln ebenso wie intuitive Reaktionen, instrumentelles, motorisches, nonverbales Verhalten und Sprechakte, Strukturierung der Wahrnehmung sowie die Regulierung von Gefühlen.

Die vier Dimensionen dienen nicht nur der Gliederung von Verhalten und Erleben. Sie gelten auch für die Kommunikation über unser Verhalten und Erleben. Wir können damit auch thematische Aspekte in unseren Gesprächen unterscheiden. Denn wir verständigen uns in kooperativer oder konflikthafter Weise über Verhaltens- und Erlebensweisen, die diesen vier Dimensionen zugeordnet werden können. Wir können über unsere Wahrnehmung von Sachproblemen sprechen, über unsere Beziehungen, über unsere Aktivitäten und unser inneres Erleben.

Damit machen wir diese Modalitäten selbst zum Thema oder genauer: zu Themenfeldern, zu thematischen Aspekten. Wir setzen uns über Themen aus diesen Themenfeldern mit Aussagen auseinander. Diese Aussagen müssen akzeptiert werden, wenn man zu einem Einverständnis kommen will. Wenn sie bestritten werden, haben wir einen Konflikt. Um den Konflikt zu lösen, müssen die Gesprächspartner dieselben Maßstäbe bei der Beurteilung von Aussagen benutzen, d.h. Kriterien, mit denen man eine akzeptable Aussage von einer nicht-akzeptablen unterscheidet.

Normalerweise ist Wahrheit das Kriterium der Wahl zur Beurteilung von Aussagen.

> Die Aussage ‚Die Erde ist eine Kugel‘ wird heute im Gegensatz zum Mittelalter als wahr akzeptiert. Die Aussage ‚Die Erde ist eine flache Scheibe‘ bestreitet man normalerweise mit der Begründung, daß sie unwahr sei.

Wahrheit ist aber offenbar nicht das einzige Kriterium, um Aussagen zu bestreiten und darüber zu diskutieren.

> Z.B. ist die Aussage ‚Ich fühle mich wohl‘ keine Frage der Wahrheit. Man kann nicht sagen, es sei unwahr, daß jemand sich wohl fühlt. Das Gefühlserleben ist seine subjektive Sache. Man kann allerdings bestreiten, daß seine Aussage aufrichtig ist, wenn er dabei einen bedrückten Eindruck macht. Dann zieht man aber als Kriterium nicht Wahrheit, sondern ‚Aufrichtigkeit‘ oder ‚Authentizität‘ heran.
>
> Auch die Aussage ‚Er schikaniert seine Mitarbeiter‘ sollte man nicht unter den Gesichtspunkten von Wahrheit oder Aufrichtigkeit kontrovers diskutieren, sondern muß ein anderes Kriterium heranziehen, nämlich das der zwischenmenschlichen Akzeptanz

(‚Legitimität‘) oder juristischen Legalität. Hier fragt man nicht nach objektiver Wahrheit oder subjektiver Authentizität, sondern nach gültigen sozialen Beziehungsregeln, mit denen die Aussage in Übereinstimmung ist oder nicht. Es bringt meist nur Verwirrung, wenn man darüber streitet, ob ein Vorgesetzter wirklich seine Mitarbeiter schikaniert. Der Moderator bringt Klarheit in den Konflikt, wenn er vorschlägt, daß man sich darüber auseinandersetzen sollte, ob das Verhalten des Vorgesetzten gegenüber den Mitarbeitern akzeptabel ist oder nicht.

Eine Aussage wie ‚Durch eine Gehaltserhöhung wird er erheblich fleißiger!‘ kann man nicht als (un)aufrichtig oder (in)akzeptabel bezeichnen. Den darin steckenden Wirkungszusammenhang, daß Gehaltserhöhungen im allgemeinen den Fleiß steigern, kann man zwar als wahr oder unwahr diskutieren. Bei genauerer Betrachtung kann die Aussage im Einzelfall aber nur ‚(un-)wirksam‘ oder besser – unter Berücksichtigung von Aufwand und Nebenfolgen – ‚(in)effizient‘ genannt werden. Der Gehaltszahler ist im Einzelfall an der Effizienz der Maßnahme und nicht an ihrer allgemeinen Wahrheit interessiert.

Schließlich ist mit jedem thematischen Aspekt auch eine spezifische Gesprächsfunktion verbunden. Wenn wir uns über unsere zukünftigen Aktivitäten verständigen, planen wir (in)effiziente Kooperationen. Reden wir über Gefühle, bringen wir einander unser inneres Erleben (un)echt zum Ausdruck. Sprechen wir über interpersonelle Beziehungen, handeln wir mehr oder weniger akzeptable Regeln der Beziehungsgestaltung aus. Und wenn wir Sachverhalte darlegen, geben wir uns gegenseitig wahre oder unwahre Informationen.

Wenn man diese Überlegungen zusammenfaßt, kann man folgenden Zusammenhang entdecken: Die vier Eigenschaftsdimensionen mit ihren psychosozialen Modalitäten weisen zugleich auf vier thematische Aspekte hin, die in unseren Aussagen enthalten sind. Diese thematischen Aspekte unterscheiden sich durch vier verschiedene Kriterien, an denen man Aussagen beurteilen kann (s. folgende Abb.). Zu jeder Eigenschaftsdimension gehören somit eine psychosoziale Modalität, ein thematischer Aspekt, eine spezielle Gesprächsfunktion und ein Kriterium, an dem das Gesagte im Konfliktfall vernünftig beurteilt werden kann.

Vier grundlegende Dimensionen, nach fünf Aspekten differenziert, die für die Verständigung von Bedeutung sind:

Eigenschafts-dimension	psychosoziale Modalität	thematischer Aspekt	Gesprächs-funktion	Beurteilungs-kriterium
Einflußnahme vs. Zurück-haltung	aktional	Aktivitäten	gemeinsam planen	Effizienz
Ordnung vs. Kreativität	kognitiv	Sachprobleme	sich gegen-seitig informieren	Wahrheit
Unabhängig-keit vs. Verbundenheit	sozial	Beziehungen	Beziehungs-regeln aushandeln	Akzeptanz
Gefühls-kontrolle vs. -ausdruck	emotional	inneres Erleben	sich einander zum Ausdruck bringen	Authentizität (Echtheit)

Jede Aussage enthält prinzipiell alle Dimensionen. Das heißt: In jedem Sprechakt, jeder Äußerung oder Nachricht stecken die vier Dimensionen mit ihren psychosozialen Modalitäten, thematischen Aspekten, Gesprächs-funktionen und Beurteilungskriterien. Meistens sind uns weder die Unter-scheidung der vier thematischen Aspekte noch ihre Kriterien bewußt. Ver-ständigung läuft in weiten Teilen intuitiv.

Das alles ist ziemlich abstrakt, und mancher Leser wird sich fragen: Was hat dies mit der Moderation von Konflikten zu tun?

Die Aufgabe des Moderators ist es, Ordnung in den konfliktuösen Ver-ständigungsprozeß zu bringen. Dabei muß er darauf achten, wo kontro-verse Aussagen aneinander vorbeigehen und wo argumentative Mißver-ständnisse entstehen, die einen Konflikt verkomplizieren und verschärfen können. Kurz: Er muß für eine klare Verständigung sorgen. Das heißt nicht, daß die Verständigung konfliktfrei sein soll. Aber die Konfliktlinien sollten allen Beteiligten klar sein und nicht durch Mißverständnisse und argumentatives Durcheinander vernebelt werden.

Eine klare Verständigung setzt aber voraus, daß wenigstens der Moderator die thematischen Aspekte in den Aussagen der Kontrahenten unterscheiden kann. Sonst gehen auch die Beurteilungskriterien durcheinander und die Aussagen aneinander vorbei. Mit dieser Orientierung kann der Moderator Kommunikationsstörungen erkennen und klären.

Außerdem hilft die Ordnung ihm, die verschiedenen Themen des Konfliktes im Hinblick auf ihre thematischen Aspekte und Beurteilungskriterien prophylaktisch zu analysieren. So kann er den Wechsel von einem Thema bzw. thematischen Aspekt und damit auch von einem Beurteilungskriterium zum anderen zielgerichtet und transparent moderieren.

Das folgende Beispiel mag dies illustrieren.

In einer Talkshow zum Thema ‚Organspende' entwickelt sich eine heftige Auseinandersetzung zwischen zwei Ärzten, einem Juristen und einer Frau, die den Leichnam eines Angehörigen zur Organspende freigegeben hatte und dies im nachhinein bereut. In der Diskussion entsteht am Ende ein völliges Durcheinander von Aussagen. Sie bleibt sachlich unergiebig und zwischenmenschlich trostlos.

Die Einstiegsfrage des Moderators lautet: „Wann ist jemand so tot, daß die Medizin berechtigt ist, bei den Angehörigen die Zustimmung zur Organentnahme einzuholen?"

Die betroffene Frau berichtet, daß die Ärzte sie bereits um die Zustimmung zur Organentnahme gebeten hatten, als der Leichnam ihres Angehörigen „noch warm" gewesen sei. Sie habe sich moralisch unter Druck gesetzt gefühlt, weil die Ärzte behaupteten, daß ein junger Mensch dadurch gerettet werden könne, der gerade in der Intensivstation liege. Sie sei zu diesem Zeitpunkt überhaupt noch nicht mit dem Tod ihres Angehörigen klargekommen. Ihre Argumentation läuft darauf hinaus, daß man als Angehöriger mehr Zeit benötige zur psychischen Verarbeitung des Todes und der Vorstellung, daß dem Körper eines Nahestehenden Organe wie z.B. das Herz entnommen würden. Eine Bitte um Zustimmung unmittelbar am Krankenbett sei eine Überforderung und würde den Angehörigen keine wirkliche Entscheidungsfreiheit geben. Sie betont, daß man zu diesem Zeitpunkt nicht wirklich die Endgültigkeit des Todes begreifen könne.

Der im Vordergrund stehende thematische Aspekt dieser Diskussionsteilnehmerin ist ihr inneres Erleben. Wie sie den Tod ihres Angehörigen innerlich verarbeitet, kann keiner in der Runde bestreiten. Ihr Argument „In diesem Gefühlszustand kann man keine echte, aufrichtige Entscheidung treffen. Darum sollte man zu diesem frühen Zeitpunkt nicht zur Zustimmung für eine Organentnahme aufgefordert werden" stellt allerdings eine Verallgemeinerung und damit eine Sachbehauptung dar, die andere sehr wohl bestreiten könnten, indem sie sagen: „Ihr inneres Erleben gilt nicht für alle Menschen. Andere verarbeiten die Situation anders. Darum soll man sie um ihre Zustimmung bitten können."

Zudem lehnt sie unterschwellig eine solche Bitte als rücksichtsloses Bedrängen ab. Damit bringt sie als dritten thematischen Aspekt die ‚Beziehung' mit dem Kriterium ‚Akzeptanz' ins Spiel.

> Ein Arzt (zugleich Wissenschaftler in einem Forschungsinstitut) versucht ihr zu erklären, daß jemand tatsächlich tot sei, wenn sein Hirn elektrophysiologisch nicht mehr reagiere. Dazu verweist er auf wissenschaftliche Untersuchungen und bemüht sich, die Runde detailliert über die Methode zu informieren, mit der man den Hirntod absolut sicher feststellen könne.

Dieser Diskussionsteilnehmer bleibt in seinen Ausführungen dem thematischen Aspekt ‚Sachproblem' mit dem konkreten Thema ‚Hirntod' treu. Sein Argument lautet: Tod = Hirntod = elektrophysiologisch zweifelsfrei feststellbar. Diese Aussage geht zwar auf die Frage des Moderators ein, wird aber ohne Bezug zum Thema und den thematischen Aspekten der Vorrednerin einfach additiv in den Raum gestellt. Implizit scheint er ihre Zweifel am Tod des Angehörigen durch die sachliche Wahrheit beheben zu wollen: ‚Sie brauchen sich keine Sorgen zu machen. Er war wirklich tot.' Zur Schlußfolgerung sagt er gar nichts. Man kann vermuten, daß sein Argument das Vorgehen der Medizin stützt, unmittelbar nach der Feststellung des Hirntodes die Organentnahme zu fordern.

> Der andere Arzt argumentiert lebenspraktisch, indem er den Nutzen der Organspende anhand einiger Empfänger und ihrer Lebensschicksale beschreibt. Dann erläutert er, daß der Bedarf an Organen größer sei als das Angebot. Eine möglichst frühe Organentnahme sei notwendig, weil viele dringend benötigten Organe bei einer späteren Entnahme geschädigt und dadurch unbrauchbar würden.

Dieser Arzt nimmt den thematischen Blickwinkel einer nützlichen Einfluß-nahme ein und argumentiert mit der positiven Wirkung, der Effizienz einer frühen Entnahme: Sie rettet einem anderen das Leben. Seine Schlußfolge-rung läuft also auf eine frühe Aufforderung zur Organspende hinaus. Dabei geht er weder auf das innere Erleben der Betroffenen ein noch auf die Fra-ge der zweifelsfreien Identifikation des Hirntodes. Er scheint das erste zu ignorieren und das zweite als gegeben vorauszusetzen.

Der Jurist identifiziert eine Rechtsunklarheit hinsichtlich der Berechtigung der Medizin, Angehörige in dieser Situation um die Zustimmung zu bitten, und meint, daß das ganze Vorgehen auf tönernen Füßen stehe, solange hier nicht eindeutige Gesetze vorlägen. Denn es handele sich um einen nicht legitimierten Eingriff in die Privatsphäre.

Auch der Jurist geht nicht auf die Themen, thematischen Aspekte und Kri-terien der anderen ein, sondern stellt normativ fest, daß die Mediziner gar nicht so vorgehen dürfen. Der allgemeine Schutz der Privatsphäre gestat-te dies nicht. Sein thematischer Blickwinkel ist die (formalrechtliche) Be-ziehungsregelung zum Schutz der Privatsphäre, die es nicht erlaube, das Vorgehen der Medizin zur Zeit zu akzeptieren.

Die Argumente sind in der Diskussion nicht so übersichtlich und einfach wie hier dargestellt, sondern verstricken sich, gehen durcheinander und an-einander vorbei, weil jeder den anderen seine Perspektive aufzunötigen sucht. Das Gespräch wird zum Dickicht.

Um dieses Dickicht der Argumente zu lichten, müßte der Moderator die un-terschiedlichen Argumentationsstränge zunächst einmal trennen und als abgegrenzte Themen nacheinander (statt durcheinander) diskutieren las-sen, damit die Beteiligten alle Aspekte überhaupt verstehen. Dann könnte er darauf hinweisen, daß die Aussagen selbst nicht im direkten Widerspruch zueinander stehen, sondern verschiedene thematische Aspekte darstellen, in denen jeweils andere Beurteilungskriterien gelten.

Schließlich könnte sich die Diskussion der tatsächlichen Kontroverse, den un-terschiedlichen Schlußfolgerungen zuwenden. Das würde sicher nicht zu einem Konsens führen. Aber sowohl Zuschauern als auch Konfliktparteien könnte klar werden, warum es nicht zum Einverständnis kommt. Man würde also gewissermaßen zu einem Metakonsens darüber gelangen, daß es aus guten Gründen nicht zu einer argumentativen Einigung kommen kann (‚We agree to disagree.‘). Erst dann ist es möglich, gemeinsam über andere Verfahren zu sprechen, mit denen eine lebenspraktische Entscheidung herbeigeführt wird.

Soviel zur Theorie der vierdimensionalen Ordnung menschlicher Eigenschaften und Themen. Zurück zum Bauplan von Gruppen.

Baugelände: Spielraum des Verhaltens

Die vier Dimensionen bilden gewissermaßen das Baugelände von Gruppen. Sie erzeugen die unendliche Vielfalt des menschlichen Verhaltens und Erlebens. Jede Gruppe sucht sich ihren Bauplatz auf diesem Gelände, je nachdem, welche Eigenschaften und Verhaltensweisen erwünscht und den Gruppenmitgliedern erlaubt sind. Eine Gruppe läßt sich in diesem Feld abbilden, indem ihre Mitglieder auf ihm lokalisiert werden – je nachdem, wie sie sich bevorzugt verhalten. Dazu wird jede Dimension durch ihre beiden positiven Pole definiert.

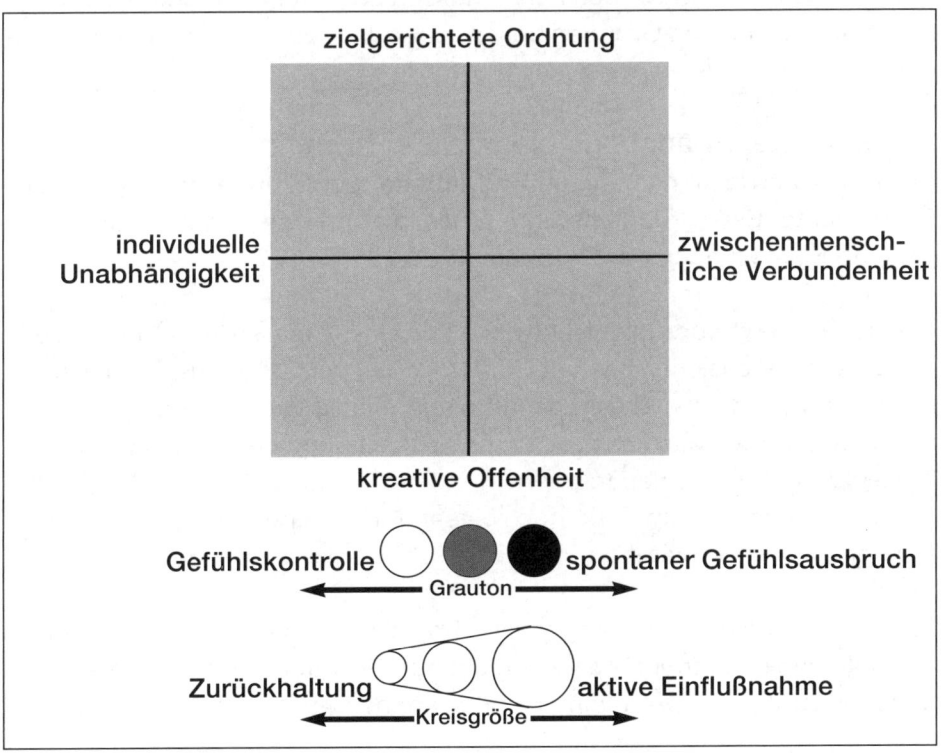

Bei der Reflexion einer Moderation und zur Vorbereitung auf nächste Schritte kann sich der Moderator die Mitglieder des moderierten Teams übersichtlich in diesem Modell vor Augen führen, vorausgesetzt, er kennt sie genügend und weiß, wie sie sich innerhalb des Teams verhalten. Zunächst lokalisiert er jede Person nach den beiden Grunddimensionen, je nachdem, wie zielgerichtet-geordnet bzw. kreativ-offen sowie unabhängig bzw. verbunden sie sich in der Gruppe verhält. Dann kennzeichnet er das Ausmaß der aktiven Einflußnahme bzw. der Zurückhaltung durch die Größe der Personenkreise. Schließlich kann er jede Person noch durch die Graustufung ihrer Kreisfläche im Hinblick auf das Ausmaß der Gefühlskontrolle bzw. spontaner Ausdrucksstärke charakterisieren. Diese letzte Dimension ist allerdings bei Arbeitsteams nicht so wichtig. Sie spielt eher im privaten Bereich, z.B. in Familien, eine bedeutsame Rolle.

Damit ist das Team zunächst einmal auf seinem Baugelände in überschaubarer Form dargestellt. Welche Kriterien liefert nun die soziale Architektur für die Bauprüfung, so daß man einen Sanierungsbedarf erkennt? Bevor diese Frage beantwortet werden kann, müssen zwei weitere Merkmale der sozialen Architektur von Gruppen beschrieben werden: Fundamente und Träger.

Fundamente: Spannungsfeld sozialer Normen

Der Bau einer leistungsfähigen und lebendigen Gruppe benötigt stabile Fundamente. Eine Gruppe hat ihre Basis in gemeinsamen Wertvorstellungen und Einstellungen der Gruppenmitglieder.

Wenn sich eine Gruppe bildet, entwickelt sie ein System sozialer Normen, d.h. ein System offensichtlicher oder unterschwelliger Leistungs- und Verhaltensstandards, die die Zusammenarbeit und das Zusammenleben ihrer Mitglieder regulieren. Man kann sagen, daß eine Gruppe bei ihren Mitgliedern
■ viele Verhaltensweisen toleriert,
■ von ihnen bestimmte Verhaltensweisen fordert und
■ ihnen andere verbietet.

Das gesamte Spektrum möglicher Verhaltensweisen wird damit eingeschränkt und die Bedeutung verschiedener Verhaltensweisen differenziert. Bezogen auf die vier Grunddimensionen können wir demnach tolerierte, geforderte und verbotene Verhaltensweisen unterscheiden, so daß in der Übersicht ein 12-Felder-System entsteht.

Hierin sind zur Illustration Beispiele aus einer Untersuchung von Jochum (1987, S. 46ff) eingeordnet, bei der ‚Teamfähigkeit' bzw. ‚Teamunfähigkeit' bei Wissenschaftlern von 181 Führungskräften definiert wurde. Unter ‚erwünscht-gefordert' sind Verhaltensweisen gefaßt, die die Befragten nach Angabe des Autors häufig als Merkmale von Teamfähigkeit nannten. Unter ‚unerwünscht-verboten' finden sich Beispiele, die sie häufig als Kennzeichen von Teamunfähigkeit angaben. Toleriert-erlaubt sind Verhaltensweisen, die als Merkmale der Teamfähigkeit selten aufgeführt sind.

Orientierung / Dimension	toleriert-erlaubt	erwünscht-gefordert	unerwünscht-verboten
Aktivität Einflußnahme	sich überzeugend durchsetzen	engagiert arbeiten	sich übertrieben strebsam verhalten
Problem-wahrnehmung	sich flexibel in andere Gebiete einarbeiten	Gruppenziele erkennen	an Ideen schwerfällig festhalten
Beziehungs-gestaltung	sich kontakt-freudig verhalten	andere unterstützen	verschlossen, abgekapselt arbeiten
Ausdruck	sich begeistern	sich sachlich ausgeglichen verhalten	empfindlich auf Kritik reagieren

In o.a. Tabelle sind zwölf Beispiele für Verhaltensweisen aus einer Untersuchung zur ‚Team(un)fähigkeit' aufgeführt. Die Verhaltensweisen sind hier nach vier Dimensionen menschlicher Eigenschaften in den Zeilen sowie drei normativen Bewertungstypen in den Spalten gegliedert.

Allerdings werden die Grenzen zwischen ‚toleriert-erlaubt', ‚erwünscht-gefordert' und ‚unerwünscht-verboten' von der Gruppe nicht immer bewußt, klar und dauerhaft festgelegt. Sie sind oft uneindeutig und können sich auch verändern. Dennoch wirken sie sich als Verhaltensorientierung auf die Gruppenmitglieder aus. Gewünschte Verhaltensweisen werden durch positive Bewertungen verstärkt, unerwünschte durch negative Bewertungen und Ausgrenzungsbedrohung unterbunden.

Je nachdem, welche Verhaltensweisen eine Gruppe fordert, toleriert und begrenzt, schränkt sie sozusagen ihren Bauplatz ein. So begrenzt sich z.B. das oben (S.122) skizzierte ‚Sanatorium‘ auf einen kleinen Teil des Bauplatzes. Von ihm aus sehen die Mitglieder der Gruppe andere Bereiche des Geländes eher als feindliches, gefährliches Territorium. Innerhalb der Gruppe wird rücksichtsvoll-harmonischer Zusammenhalt zu einem rigiden Gebot. Wer sich eigenwillig abgrenzt oder sogar mit kritischen Auffassungen anderen aktiv zu Leibe rückt, wird im Sanatorium bald zum Außenseiter.

Wo gemeinschaftliche Verbundenheit dagegen nicht mehr Anspruch, sondern nur noch frommer Wunsch ist, z.B. bei einer Gruppe, die alle möglichen Verhaltensweisen grenzenlos toleriert, errichten die Gruppenmitglieder nicht ein gemeinsames Gebäude, sondern werkeln isoliert an ihren Aufgaben. Hier könnte man, um im Bild zu bleiben, von einem zerstreuten Hüttendorf sprechen, in dem die Beziehungen beliebig werden und zu zerfallen drohen.

Bei problematischen Gruppen werden bestimmte Verhaltensweisen in rigider Weise geboten und gegensätzliche verboten. Dies ist manchmal bei Konflikten der Gruppe mit Außenseitern der Fall, denen nur die Alternative ‚Anpassung‘ oder ‚Ausstieg‘ bleibt. In diesen Fällen besitzt die Gruppe nur ein Fundament. Sie nutzt einen kleinen Teil des Baugeländes und läßt prinzipiell kein gegensätzliches Verhalten zu.

Ein tragfähiges Gruppengebäude steht meiner Auffassung nach auf zwei Fundamenten, d.h. auf gegensätzlichen Verhaltensweisen, die in der gesamten Gruppe toleriert sind und jeweils von einem Teil der Gruppenmitglieder gefordert werden. Dieser Gegensatz hält eine fruchtbare Spannung zwischen den Gruppenmitgliedern aufrecht.

Ein klassischer Gegensatz besteht zwischen ‚Leistung‘ und ‚Sympathie‘, der in der Führungsforschung als ‚Aufgabenorientierung‘ vs. ‚Mitarbeiterorientierung‘ ausführlich untersucht wurde. Eine Gruppe besitzt ein dop-

peltes Fundament, wenn ein Teil ihrer Mitglieder problem- oder aufgaben-
bezogenes Verhalten zeigt und sich wenig um ein angenehmes zwischen-
menschliches Betriebsklima kümmert und ein anderer Teil sozial-integra-
tives Verhalten bevorzugt und die konkrete Aufgabenbearbeitung dafür im
Zweifelsfall zurückstellt. Diese Gruppe hält eine fruchtbare Spannung zwischen den Gruppenmitgliedern aufrecht und kann auf unterschiedliche si-
tuative Anforderungen wie rasche Erledigung eines großen Auftrages,
Führungswechsel oder Umstrukturierung der Organisation flexibel reagieren, weil ihr beide Pole des Gegensatzpaares ‚Sachleistung' vs. ‚Zwi-
schenmenschlichkeit' zur Verfügung stehen.

Andere Gegensatzpaare können problematischer werden wie z.B. die Interaktion von dominant-einflußnehmenden und still-angepaßten Gruppenmitgliedern, von rücksichtsvoll-kooperativen und eigenwillig-konfrontativen oder ge-
wissenhaft-skeptischen und sprunghaft-begeisterten Personen. Bei genügend
Toleranz in der Gruppe wirken sich diese Spannungsverhältnisse positiv aus,
wenn sie auch oft anstrengend für die Beteiligten sind.

Zur Identifikation solcher normativer Toleranzen, Gebote und Verbote benötigt der Moderator ein klares Gefühl und die Sicherheit, seiner eigenen
Wahrnehmung zu trauen. Denn jede Gruppe zieht mit fast unwiderstehli-
cher Kraft jedes Gruppenmitglied und auch den Konfliktmoderator in den
Bann ihrer unterschwelligen Normen. Gerade wenn alle Gruppenmitglieder
wie selbstverständlich nur den tolerierten und gebotenen Teil der möglichen Verhaltensweisen zeigen, wird es für einen sensiblen Konfliktmoderator schwer, solche ‚Selbstverständlichkeiten' überhaupt als vorhanden
zu erleben, geschweige denn das verbotene Gelände zu identifizieren.

Folgende hilfreiche Leitfragen kann man sich in einer Pause nach dem er-
sten Kontakt mit der Gesamtgruppe stellen:
- ■ Was irritiert mich?
- ■ Welche Handlungen und Aussagen verbiete ich mir in dieser Gruppe?
- ■ Bei welchen Handlungen und Aussagen fühle ich mich sicher?

In einer großen Forschungsabteilung, die eine Kollegin und mich für einen Nachmittag
zur Vorbereitung einer internationalen Tagung angeheuert hatte, ging es ziemlich locker
und gemütlich zu. Die Sitzung begann etwas verspätet. Man hatte wohl vorher etwas

gegessen. Das Büfett war noch aufgebaut. Einige Sektflaschen standen aufgereiht da, als hätte man auf jemanden zum Geburtstag angestoßen. Der Umgangston war freundlich, und von Konflikten wurde zwar geredet, man konnte sie jedoch im Verhalten nicht spüren. Auffällig war eine etwas unkonzentrierte Atmosphäre, relativ viele Seitengespräche und ein gewisser Mangel an interessiertem Zuhören, als sei das Gesagte allen schon bekannt.

In der ersten Pause fragten wir uns, was uns irritiert und was wir uns nicht trauen anzusprechen. Meine Kollegin war irritiert durch die Sektflaschen: „Trinken die hier Alkohol während der Arbeitsbesprechungen?" Ich fand die Gruppe überraschend undiszipliniert: „Wenn der Abteilungsleiter spricht, hören die meisten nicht zu." Wir überlegten kurz und stellten fest, daß wir beide Hemmungen hatten, mehr Disziplin zu fordern, daß niemand die Rolle des Kontrolleurs einnahm, der auf Pünktlichkeit, Ordnung und konzentrierte Gesprächsführung achtete, auch der Leiter nicht. In der Abteilung schien uns lockere Gemütlichkeit geboten und autoritäre Leistungsanforderung unerwünscht bzw. tabuisiert. Wir vermuteten, daß Mitarbeiter, die auf Ordnung, Pünktlichkeit und straffe, verbindliche Abarbeitung der Tagesordnungspunkte dringen, negativ sanktioniert würden. Wir wollten dies nicht explizit thematisieren, weil nicht genügend Zeit zur Verfügung stand. Im weiteren Verlauf der Moderation haben wir jedoch auf Diskussions- und Arbeitsdisziplin geachtet und sie eingefordert wie noch nie. Die Mitglieder reagierten darauf etwas irritiert, machten aber mit. Am Ende bemerkten einige, daß wir ziemlich autoritär gewesen seien. Es überraschte sie, daß sie sich das haben gefallen lassen. Andere merkten selbstkritisch an, daß dies „bei unserem Haufen wirklich nötig ist".

Neben diesen Leitfragen kann ein Analyse-Verfahren die Aufmerksamkeit auf diese normativen Fundamente einer Gruppe richten. Dazu muß noch eine weitere Überlegung ausgeführt werden.

Der Grundgedanke ist folgender: Das Verhalten der Gruppenmitglieder verweist auf diejenigen Verhaltensbereiche, die von der Gruppe toleriert oder sogar gefordert werden. Mitglieder, deren Verhalten ähnlich ist, repräsentieren somit gewissermaßen ein Fundament der Gruppe. Wenn ein Moderator nun die Mitglieder einer Gruppe in dem oben beschriebenen vierdimensionalen Feld, dem Baugelände der Gruppe, lokalisiert, können Untergruppen von Mitgliedern ihn auf zentrale Verhaltensstandards hinweisen, die in der zu moderierenden Gruppe gültig sind. Die Bereiche im

Feld, in denen er keine Person lokalisiert, weisen auf verbotene Verhaltensweisen hin, auf Tabus.

Die folgende Abbildung zeigt zwei Gruppierungen, die den klassischen Fall der Aufgabenorientierung (die obere Gruppierung von drei Personen) und der Sympathieorientierung (die vier rechts im Modell) innerhalb einer Gruppe darstellen. Die drei Personen oben verhalten sich geordneter in der Bearbeitung von Problemen als die Personen in der Gruppierung rechts. Dabei kontrollieren sie eher ihre Gefühle und sind neutraler, weniger verbunden in der Beziehung zu anderen Teammitgliedern. Man könnte darum annehmen, daß diese Gruppierung die Aufgabenorientierung im Team repräsentiert. Die anderen vier zeigen mehr Verbundenheit, drücken ihre Gefühle deutlicher aus und zeigen sich weniger geordnet in der Bearbeitung von Problemen. Sie könnten darum zwischenmenschliche Kontaktfreude und Freundschaftlichkeit im Team vertreten. Unbesetzt ist der Raum unten links, der Bereich, in dem Personen lokalisiert würden, die sich unabhängig und zugleich kreativ verhalten, also Opposition oder Unangepaßtheit repräsentieren.

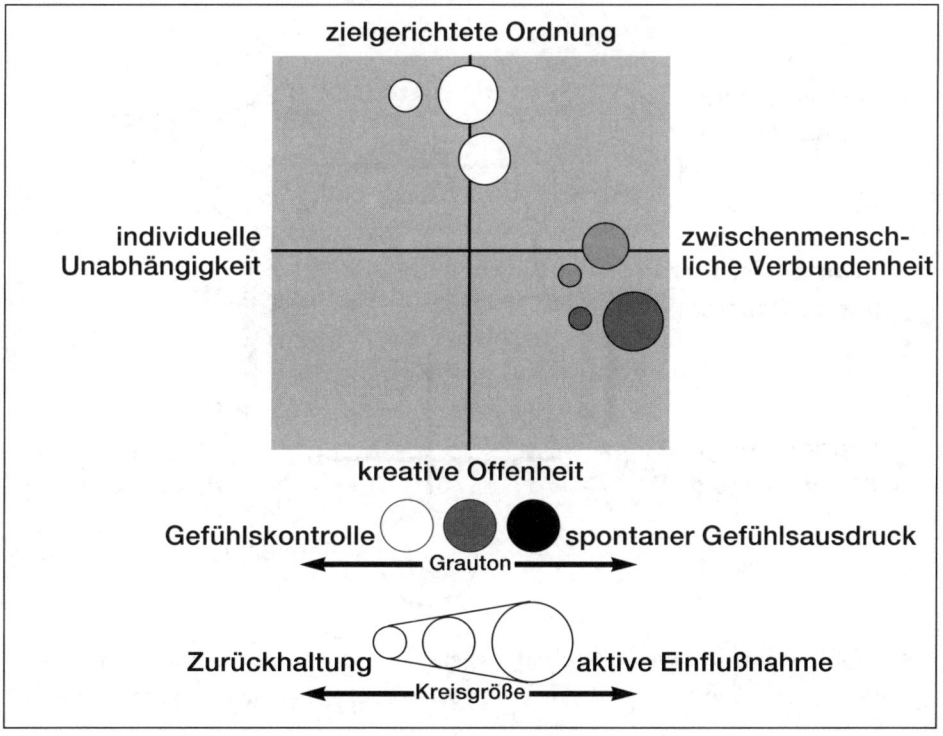

Kurz: Das Verhalten der Gruppenmitglieder weist den Moderator auf gültige Verhaltensstandards in der Gruppe hin, die für sie gewissermaßen die Grundlagen, die Fundamente der Handlungsorientierung ihrer Mitglieder sind.

Träger des Gebäudes: Rollenpositionen

Ein Gebäude benötigt nicht nur feste Fundamente, sondern auch stabile Träger. Die Gruppe wird sozusagen von den Inhabern bestimmter Rollenpositionen getragen. Ihre Funktion ist letztlich, daß die Gruppe ihre äußeren und inneren Anforderungen bewältigt. Welche Verhaltensweisen und Handlungskompetenzen sie dazu einsetzen, ist unendlich vielfältig. Allerdings müssen sie die mit der Position verbundene Funktion einigermaßen erfüllen, wenn die Gruppe überlebensfähig sein soll. Träger müssen einem Gebäude genügend Stabilität verleihen. Wenn einzelne Träger fehlen oder ihre Funktion nicht hinreichend erfüllen, ist die gesamte Statik des Baus gefährdet.

Die psychoanalytische Forschung hat fünf gruppendynamische Rollenpositionen definiert (Schindler 1957).

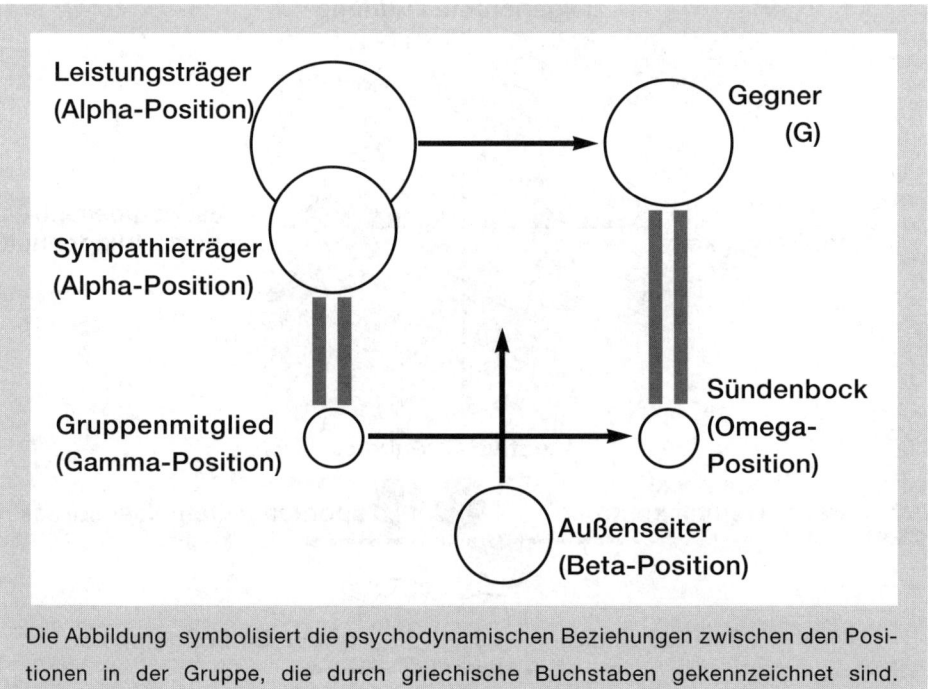

Die Abbildung symbolisiert die psychodynamischen Beziehungen zwischen den Positionen in der Gruppe, die durch griechische Buchstaben gekennzeichnet sind.

Die Führung verbindet, oft auf zwei Personen verteilt, in der sog. Alpha-Position Leistungsfähigkeit und Beliebtheit/Sympathie. Sie repräsentiert die Gruppe und bietet den Mitgliedern (Gamma-Positionen) eine Identifikationsmöglichkeit. Die Doppellinie zwischen Alpha- und Gamma-Position verweist auf enge positive Bindung zwischen diesen Positionen. Die psychodynamische Energie ist auf die Position eines realen oder vermeintlichen Gegners ausgerichtet, hier mit dem lateinischen Buchstaben ‚G' gekennzeichnet, weil dieser kein Gruppenmitglied ist und überdies auch keine Person sein muß, sondern auch ein Vorstellungsinhalt sein kann wie eine konträre Ideologie, eine abgelehnte Institution, ein schwieriges Problem usw. Die Gruppe kann gelegentlich eines ihrer Mitglieder mit dem Gegner identifizieren (Doppellinie), wenn der Gegner die Gruppe frustriert hat und der daraus aufgebauten Aggression selbst nicht zur Verfügung steht. Dieses Mitglied nimmt dann die Rolle eines Sündenbocks (Omega-Position) ein und bekommt die feindselige Energie der andren Gruppenmitglieder unterschwellig oder offen zu spüren. Schließlich gehört noch die unabhängige Beta-Position zur Gruppe. Sie wird durch einen Außenseiter eingenommen, dessen Energie von außen gespeist wird, die er unabhängig in die Gruppe einbringt.

Sozialpsychologische Forschung verweist darauf, daß Leistungsträger und Sympathieträger oft nicht in einer Person vereint werden können, sondern durch zwei Personen vertreten werden, in manchen Kulturen sogar durch entsprechende Rollen (z.B. Häuptling und Medizinmann). Ich möchte auf fünf Rollenpositionen, d.h. Träger der Gruppe, aufmerksam machen, die meiner Meinung nach für eine Gruppe funktional notwendig sind. Ihre Struktur stellt neben Baugelände und Fundamenten ein wichtiges Merkmal der sozialen Architektur von Gruppen dar: (1) Mitgliedschaft, (2) Führung, (3) Wettbewerb, (4) Vermittlung, (5) Ausstieg.

Mitgliedschaft: Einheit und Vielfalt der Gruppe

Die Position des Gruppenmitglieds ist gekennzeichnet durch die Tatsache, daß ihre Inhaber keine einmalige Funktion besitzen, sondern alle dieselbe Funktion erfüllen. Andererseits müssen sie ihre Individualität bewahren, um nicht in der Ununterscheidbarkeit unterzugehen. Darum ist für Gruppenmitglieder die Balance von Gleichheit und Unterschiedlichkeit, von Einheit und Vielfalt von Bedeutung. Die Gruppe erzeugt ihre Identität nach außen durch die Gleichheit ihrer Mitglieder. Für die Wahrung der individuellen Identität müssen sich die Gruppenmitglieder intern voneinander unterscheiden. Sie definieren durch ihre verschiedenen und besonders durch ihre gegensätzlichen Verhaltensweisen die Vielfalt innerhalb der Gruppe, ihren Toleranzspielraum.

Denn die Position des Gruppenmitglieds ist nicht an einen bestimmten Ort des Verhaltensfelds gebunden. Je nach Persönlichkeit kann sich jedes Gruppenmitglied im gesamten Gelände aufhalten, soweit es die Gruppe toleriert. Um berechenbar zu sein, wird es allerdings bestimmte Verhaltensweisen bevorzugen und spezielle Kompetenzen ausbauen, die es von anderen unterscheidet. Es wird gewissermaßen einen Teil des Verhaltensfeldes als heimisches Spielfeld besetzen und den Aufenthalt in anderen Bereichen eher als ‚Auswärtsspiel' sehen. Hierüber differenzieren die Mitglieder der Gruppe ihre persönliche Identität aus, ohne die (einheitlich definierte) Mitgliedsposition zu verlassen.

Die Verteilung der individuell entwickelten und bevorzugten Verhaltensmuster und -kompetenzen im Verhaltensfeld der Gruppe führt bei hinreichender Toleranz zu verschiedenen, teilweise auch gegensätzlich erlebten Verhaltensstilen. Das bedeutet: Es kommt zu Gegensatzpaaren innerhalb der Gruppe. Personen, die sich in mehreren Dimensionen des Verhaltensfeldes sehr verschieden verhalten und einander in ihren Interaktionsmustern und Handlungsstrategien fremd sind, bilden ein Gegensatzpaar. Ein solcher Gegensatz ist für beide Seiten interessant und zugleich bedrohlich; interessant als spannende Andersartigkeit und Ergänzung der eigenen Schwächen, bedrohlich als überfordernde Unberechenbarkeit oder neiderzeugende Alternative im Wettbewerb der Mitglieder.

Große Unterschiedlichkeit, aber auch große Gleichheit von Mitgliedern bergen oft die Gefahr einer Verstrickung der Beziehungen und erfordert ständig persönliche Klarheit in der Interaktion: in der Regulierung von Unabhängigkeit und Verbundenheit, von Einflußnahme und Zurückhaltung, von spontanem Ausdruck und Kontrolle von Gefühlen sowie in der Balance von kreativer Offenheit für Neues und geordneter Zielstrebigkeit.

Wo nun Gegensätze nicht hinreichend zum Ausdruck gebracht werden, kommt es leicht zu Beziehungsstörungen zwischen einzelnen Gruppenmitgliedern (s. S.92). Hier werden nicht nur persönliche Beziehungskonflikte ausgetragen, sondern zugleich auch die Verhaltenstoleranzen der Gruppe in Frage gestellt. In der gruppen-öffentlichen Auseinandersetzung werden diese Toleranzen oft neu definiert.

Führung: einflußreicher Träger von Verantwortung und Identifikation

Im Gegensatz zum Gruppenmitglied hat die Gruppenführung die herausgehobenste, auffälligste Position in der Gruppe. Diese Position ist durch ein hohes Ausmaß an Einflußnahme und viel allgemeine Aktivität gekennzeichnet. Ihr Inhaber darf legitimerweise innerhalb der Gruppe (in Grenzen) dominieren, was bei ‚normalen Mitgliedern' nicht toleriert wird. Mit der Führungsposition ist eine starke Außenorientierung verbunden, eine Orientierung auf die Anforderungen und Probleme, die die Außenwelt an die Gruppe stellt. Entsprechend verantwortet die Führung letztlich die richtigen oder falschen Ziele der Gruppe. Als Außendarsteller der Gruppe wird sie mit der Gruppe identifiziert. Aber auch für die innere Führung muß sie sensibel sein. Denn sie stellt der Gruppe als Identifikationsobjekt ein (Ideal-) Selbstbild zur Verfügung und beeinflußt das Binnenklima erheblich. Hinsichtlich der vier Dimensionen läßt sich die Führungsposition als großer Personenkreis in der Mitte des Verhaltensfelds lokalisieren. Ihr Inhaber ist in hohem Maße aktiv-einflußnehmend, in den drei anderen Dimensionen ausgeglichen. Er kann sich in der Bearbeitung von äußeren und inneren Problemen des Teams ebenso zielstrebig wie offen zeigen, sich in der Beziehung zu anderen unabhängig und verbunden äußern und im Gefühlsausdruck spontan sowie kontrolliert darstellen. Nur durch ihre Aktivität zeigen sich gute Führungskräfte einflußnehmender als andere im Team.

Führungskräfte neigen ebenso wie normale Gruppenmitglieder dazu, Heimspiele zu suchen und Auswärtsspiele zu vermeiden. Sie optimieren ihre Verhaltensvorlieben bzw. -kompetenzen und vernachlässigen ihre Schwächen. So können Führungskräfte, die zu dem einen oder anderen Pol einer Verhaltensdimension neigen, erhebliche gruppendynamische Probleme erzeugen.

■ Aktivität

Auf dieser Dimension der allgemeinen Aktivität entwickelt sich leicht zuviel Einflußnahme in dominierende Herrschaft und bringt die anderen Teammitglieder zu untätigem Abwarten. Dies ist besonders dann der Fall, wenn die Dominanz einen kritisch-konfrontativen und überdies auch noch spontan-impulsiven Zuschnitt erhält. Umgekehrt erzeugt eine in passiver Untätigkeit verharrende Führungskraft eine Führungslücke. Starke Mitglieder der Gruppe sind dann leicht verführt, um die Führungsposition zu rivalisieren.

■ Beziehungsregulierung

Führung ist eine einsame Position. Führungskräfte, die die Einsamkeit des autoritären Patriarchen fürchten, vermeiden oft kritisch-konfrontative Auseinandersetzungen und ziehen sich statt dessen gerne auf freundlich-zugewandte Verhaltensmuster zurück; besonders dann, wenn sie immer schon die autoritäre Strenge eines Chefs abgelehnt haben und es – nun selbst in der Position – grundsätzlich anders machen wollen. Kein böses Wort kommt ihnen über die Lippen, und lieber machen sie die Arbeit selbst, als ein Teammitglied mit seinen sachlichen Fehlern oder gar persönlichen Schwächen zu konfrontieren. In dieser Position führt derartiges Harmoniestreben langfristig zu Beziehungsstörungen mit erheblichem Verstrickungsgrad, weil es zugleich auch eine Kultur der Freundlichkeit fördert, die den Teammitgliedern kaum erlaubt, ihrerseits in kritisch-unabhängiger Weise eine klare Linie einzufordern. Bei geringen Anforderungen der Außenwelt an die Gruppe kann dieses Harmoniesystem sehr lange bestehen. Wie in einem Sanatorium dreht sich dann alles um die kleinen zwischenmenschlichen Probleme innerhalb der Gruppe.

Die kritisch-autoritäre Variante der Führung, immer auf der Suche nach den Unfähigkeiten und Fehlern der Mitarbeiter, interpersonell völlig unabhängig von anderen und ohne sichtbares Bedürfnis nach Verbundenheit und partnerschaftlicher Beziehungsgestaltung, wurde oben schon skizziert. Dies wirkt sich verheerend auf die Motivation der Gruppenmitglieder aus, die sich als bloße Arbeitskräfte wahrgenommen fühlen. Innere oder reale Kündigung, kollektives Sich-Entziehen und individueller Rückzug ins Private oder unterschwellige, manchmal eruptive Rebellion sind mögliche Folgen dieser Einseitigkeit im Verhaltensstil von Führungskräften.

■ Problemwahrnehmung

Die Dimension der Problemwahrnehmung im Hinblick auf die Führungsposition bringen Bennis und Nanus (1987) in der Unterscheidung von ‚manager‘ und ‚leader‘ auf den Punkt: ‚Managers do the things right, leaders do the right things‘. Hier besteht die Vereinseitigung der geordneten, routinierten Aufgabenbewältigung im starren Festhalten des Managers an vorgegebenen Zielen und tradierten Lösungsalgorithmen, kurz: im rigiden Routinevollzug (doing the wrong things in the right way). Mangelnde Flexibilität gegenüber veränderten Anforderungen von außen (z.B. Internationalisierung der Märkte), aber auch von innen (z.B. Wertewandel bei Mitarbeitern) wird langfristig die Folge sein, wenn das Team freiwillig oder gezwungenermaßen dem Problemwahrnehmungsstil der Führungskraft folgt. Wenn Flexibilität und Kreativität zum Nonplusultra des Führungsstils werden, kommt chaotische Sprunghaftigkeit dabei heraus. Innovationsfreude wird leicht zur Sucht nach Abwechslung. Manche Führungskräfte überfordern ihr Team durch die Produktion von zu vielen, additiv aneinandergereihten Ideen zur Erneuerung und demotivieren auch innovationsfreudige Mitglieder durch fehlende Ausdauer bei ihrer Umsetzung. Wenn solche ‚leader' nicht in ihrem Team einflußreiche Strukturierer haben, die die Ideenflut in geordnete Bahnen lenken und ihrer zielgerichteten Bearbeitung angemessen Raum und Zeit verschaffen, beschäftigen sich die Mitglieder bald vorrangig mit der Abwehr von Ideen statt mit ihrer Verwirklichung.

Ein Teammitglied skizzierte ein solches Team durch folgendes Bild: Ein König kann nicht immer in seinem Königreich sein, weil er ständig in anderen Ländern Kriege führt, Handelsbeziehungen knüpft usw. Immer wenn er wieder zu Hause ist, trommelt er seine Landesfürsten zusammen, um mit ihnen neue Pläne für weitere Eroberungen und Taten sowie für große Darbietungen vor dem Volk und anderen Königen zu schmieden. Dadurch überfordert er sie oft. Nur ungern kommen sie darum aus ihren Ländereien heraus. Nach solchen Planungen und nach den immer unter extremem Zeit- und Selbstdarstellungsdruck stattfindenden Präsentationen ziehen sie sich so schnell wie möglich wieder in ihre Fürstentümer zurück. Wenn der eine oder andere Fürst eine Idee des Königs in die Tat umsetzt, wird er individuell mit etwas mehr Macht oder Ländereien belohnt, aber die vom König sehnlichst beschworene Einheit und Zusammenarbeit des Teams kommt nie zustande. Er findet es träge und unbeweglich, spürt den latenten Widerstand seiner Leute und begegnet dem mit mehr Neuerungsideen, was ihre Abwehr verstärkt.

Daß ein Zuviel an Innovationsanstößen schädlich für das Team ist, sehen auch erfahrene Schulleitungen. Viele halten es für einen Kardinalfehler, die vorpreschenden, innovationsfreudigen Lehrkräfte im Kollegium zu stark zu unterstützen, weil dies den Widerstand der Skeptiker so stark mobilisiere, daß gar nichts zustande käme. Innovationen mit Augenmaß und langem Atem sei die Devise.

■ Gefühlsausdruck

Hinsichtlich der Dimension der Gefühlsregulierung zwischen Kontrolle und Spontaneität ist starker Gefühlsausdruck im Führungsverhalten eher problematisch. Anders als bei den anderen Rollenpositionen dürften Gefühlsduselei und -überschwemmung im Team Irritationen wie Angst oder Verständnislosigkeit hervorrufen, in der Außendarstellung die Arbeit des Teams gefährden.

Die Führungskraft gerät in der Moderation leicht unter Druck, sich vor der Gruppe im Vergleich zum Moderator profilieren zu müssen. Eine Möglichkeit ist z.B., mit dem Moderator um die Position des Besten zu rivalisieren, eine weitere Alternative ist, die Leitungsaufgabe vollständig an den Moderator zu delegieren und sich in eine Beobachterposition zurückzuziehen. Wichtig für den Moderator ist es, die Führungskraft vor allen Mitgliedern besonders zu beachten, sie keinesfalls öffentlich zu kritisieren oder mit ihr in inhaltliche Auseinandersetzungen zu geraten. Dagegen übernimmt er die Verantwortung für die Moderationsstruktur und deklariert dies als seinen Zuständigkeitsbereich.

Eine wichtige Frage ist die Bearbeitung von Führungsproblemen in der Gruppe. Nach meiner Auffassung, die oft von Moderatoren bestätigt wird, ist es nicht angebracht, eine deutliche Führungsproblematik im Team zu klären, sondern besser in der Einzelberatung, die parallel zur Arbeit mit dem Team (einschließlich der Führungskraft) läuft. Denn die gruppenöffentliche Klärung von Führungsproblemen setzt eine große Souveränität der Führungskraft voraus. Und dies ist meist gerade dann nicht der Fall, wenn sie Probleme hat. Darum sollte man frühzeitig diese Möglichkeit ins Auge fassen und prüfen, inwieweit schon in der Auftragsgestaltung ein Coaching anstelle einer Konfliktmoderation mit dem gesamten Team die Methode der Wahl ist. Wenn in der Themenfindung / Auftragsvereinbarung die Führungskraft von vielen Gruppenmitgliedern angegriffen wird, sollte man sich mehrfach überlegen, ob man mit der gesamten Gruppe daran arbeiten will. Im Zweifel – Einzelberatung!

Wettbewerb: Motor der Gruppe

Aktive Gruppenmitglieder nehmen eine Wettbewerbsposition ein. Bei dieser Position sind mindestens zwei, oft drei Personen beteiligt. Einflußreiche Gruppenmitglieder geraten in Auseinandersetzungen um die richtigen Ziele und Wege. Dadurch nehmen sie informell eine Wettbewerbsposition ein. Die Inhaber dieser Position bringen Spannung und Bewegung ins Team. Ohne sie besteht die Gefahr seines sanften Einschlafens. Außerdem halten sie die Führungskraft wach.

Hinsichtlich der Ortung dieser Träger im Modell der sozialen Architektur gilt dasselbe wie bei der Mitgliedsposition. In ihrer Aktivität sind die Inhaber der Wettbewerbsposition durchgängig einflußnehmender als andere Mitglieder. In den anderen drei Dimensionen können sie alle Ausprägungen einnehmen: unabhängig und verbunden, gefühlsbetont und kontrolliert, zielgerichtet oder offen.

Wettbewerb läuft Gefahr, zur bloßen Rivalität zu verkommen, wenn nicht die sachdienliche Problembearbeitung im Vordergrund steht, sondern ausschließlich die Einflußnahme, die Macht in der Gruppe. Dann nimmt die Auseinandersetzung kein Ende, die Argumente werden rigide und zugleich chaotisch sowie haarspalterisch. Die rivalisierenden Streithähne neutralisieren ihre Konfrontation nicht mehr durch Verbundenheit anzeigendes Verhalten. Wut und Ärger werden mobilisiert und in verletzender Weise zum Ausdruck gebracht. Auf dem Bauplatz der sozialen Architektur rutschen die Rivalen immer weiter nach links zum Pol der Unabhängigkeit, ihre Einflußnahmekreise werden größer und dunkler: Eine destruktiv-emotionalisierte Atmosphäre dominiert im Team.

Aktive Gruppenmitglieder treten auch mit dem Moderator in Wettbewerb. Daraus kann Rivalität zwischen ihnen und dem Moderator entstehen. Allerdings ist dies recht schnell vom Moderator erkennbar. Es gehört zum Moderationsauftrag, nur strukturell Einfluß zu nehmen und die Inhalte den Gruppenmitgliedern zu überlassen. Die Strukturierung muß den Gruppenmitgliedern durch Erläuterungen durchschaubar gemacht werden. Dies schafft Vertrauen in die Kompetenzen des Moderators. Vor diesem Hintergrund sind kritische Beiträge dominierender Mitglieder zum moderativen Vorgehen auch nicht als Rivalität, sondern als Bedürfnis zu interpretieren, dem Moderator vertrauen zu wollen.

Vermittlung: Stütze der zwischenmenschlichen Beziehungen
Jede Gruppe benötigt eine Person, die sich um das Binnenklima kümmert und um die zwischenmenschliche Bindung unter den Teammitgliedern. Sie spürt

Konflikte und Beziehungsstörungen schon im Vorfeld ihres Ausbruches und greift dann vermittelnd ein. Sie gibt dem Bedürfnis nach leistungsfreiem Austausch und zwischenmenschlichem Kontakt Raum und schafft Situationen für Gespräche und Rituale wie Betriebsfeste, Pausenräume usw.

Auf unserem Bauplatz hat diese Position auf der Beziehungsdimension zum Verbundenheitspol hin ihr Heimspiel. Hier läuft sie aber auch Gefahr, zu stark zu harmonisieren, wo kritische Konfrontation nötig wäre. So darf sich in der Gruppe keine dominierende Kultur der harmonischen Konversation entwickeln, die die Leistungsfähigkeit der Mitglieder behindert.

Um fruchtbar wirken zu können, muß diese Person einen deutlichen Einfluß in der Gruppe besitzen und entsprechend aktiv sein. Passive Zurückhaltung ist in dieser Position ungünstig.

Zur Vermittlung und Konzentration auf die zwischenmenschlichen Beziehungen gehört auch ein gewisses Ausmaß an Gefühlsausdruck. Allerdings in Grenzen. Gefühlskontrolle behindert die Wirkung dieser Position. Die Position erfordert es, sich in die innere Welt von anderen einzufühlen und dies auch auf den Begriff zu bringen.

Die Art der Problemwahrnehmung, ob eher geordnet oder kreativ, spielt bei dieser Position keine Rolle. Ihr Inhaber sollte hier gut ausbalanciert sein. Auf dem Bauplatz läßt sich diese Position in der rechten Hälfte mit großem, eher dunklem Personenkreis lokalisieren.

Die Funktion dieser Position scheint auf den ersten Blick ausschließlich positiv, und jeder Moderator könnte froh über einen Vermittler sein. Denn er bietet sich sozusagen als Ko-Moderator an. Genau dies ist aber manchmal nicht im Sinn des Vermittlers. Manche Vermittler sehen ihrerseits den Moderator als jemanden, der ihre Interessen und Harmoniebedürfnisse erfüllt. Gruppenmitglieder in der Vermittlungsposition können also leicht mit dem Moderator in Rivalität geraten, wenn der nicht so will wie sie. Eine solche Rivalität ist nicht leicht zu erkennen wie z.B. bei anderen dominanten Gruppenmitgliedern, weil Vermittler vom Verhaltensstil her dazu neigen, freundlich-zugewandt zu kommunizieren, so daß dem Moderator (und dem Vermittler selbst) der konkurrierende Aspekt zunächst verdeckt bleibt.

Ausstieg: Stachel im Fleisch der Gruppe

Der verbundenheitsbetonte Vermittler der Gruppe hat einen Gegenspieler, den unabhängigen Individualisten. In jeder Gruppe gibt es Personen, die sich nicht binden lassen; die ihre unabhängige Meinung behalten, in eigenwilliger Art arbeiten, sich beim gemeinsamen Pausenkaffee abseits halten, sich aus internen Beziehungen, Querelen, Klatsch und Tratsch heraushalten. Sie stehen der Art, wie Beziehungen in der Gruppe gepflegt werden, zurückhaltend, skeptisch oder sogar ablehnend gegenüber. Auch die Problemdefinitionen und sachlichen Ziele der Gruppe finden nicht immer ihre Zustimmung. Sie können durchaus in offenen Gegensatz zur Führung der Gruppe treten. Ihre Unabhängigkeit demonstrieren sie oft auch in abweichender Kleidung, auffälligen Sprachformen oder besonderen Meinungen.

Diese Personen besetzen eine Position, die ich als Ausstiegsposition bezeichne. Denn sie sind in der Lage, die Gruppe zu verlassen, und tragen sich gelegentlich auch mit Ausstiegsgedanken. Manchmal handelt es sich um enttäuschte Rivalen, die sich im Wettbewerb um die Anerkennung der Gruppe oder um die Nachfolge der Führungskraft nicht durchsetzen konnten. Sie sind oft fähig, eine neue Gruppe aufzubauen und zu leiten.

Diese Position ist im wesentlichen durch die Art der Beziehungsgestaltung zu charakterisieren. Sie läßt sich auf unserem Bauplatz in der unabhängigen Hälfte lokalisieren. Hinsichtlich der Art der Problemwahrnehmung können Personen in der Ausstiegsposition sowohl zielgerichtet-geordnetes Verhalten bevorzugen als auch kreativ-ideenreiches. Vom Gefühlsausdruck her können sie sich sachlich-kontrolliert oder auch spontan-gefühlsbetont äußern. In der Einflußdimension ist die Ausstiegsposition dadurch gekennzeichnet, daß ihr Inhaber überdurchschnittlich viel Einfluß in der Gruppe besitzt, was für Außenstehende aber oft erst spät erkennbar ist, weil diese Personen sich zunächst eher zurückhalten.

Personen, die in diese Position geraten, aber geringen Einfluß in der Gruppe besitzen, laufen Gefahr, in die Sündenbockrolle zu rutschen.

Personen in der Ausstiegsposition sind in dreifacher Weise ein Stachel im Fleisch der Gruppe. Zum ersten sind sie für die meisten Teammitglieder zwiespältig. Sie erweitern den Horizont der Gruppe und tragen zur Vielfalt von Meinungen und Verhaltensweisen bei. Gelegentlich sind sie als Koalitionspartner in Konflikten mit der Führung hilfreich. Aber sie bringen auch eine unangenehme, kritisch-konfrontative Atmosphäre in die Gruppe, vermitteln leicht Schuldgefühle, und niemand kann sicher sein, daß der Ausstiegspositionierte plötzlich nicht auch einen Fehler von ihm gnadenlos ans Licht der Öffentlichkeit zerrt.

Zum zweiten ist diese Position für den Vermittler in der Gruppe schwer erträglich. Und umgekehrt ist die Vermittlung für die Ausstiegsperson bedrohlich. Denn beide Positionen bilden ein klassisches Gegensatzpaar von Nähe und Distanz. Wo die eine Person die Verbindung zum anderen sucht, braucht die andere dringend ihre Unabhängigkeit und Distanz. So können beide eine Beziehungsklärung erforderlich machen, wenn sie einander nicht verstehen und nicht verständlich machen können.

Vor allem aber ist jemand in der Ausstiegsposition für die Führungskraft ein schwerer Brocken, an dem sie gelegentlich schwer zu kauen hat. Als möglicher Wettbewerber nimmt die Führungskraft den Aussteiger oft als Rivalen wahr. Seine unabhängigen, kritischen Beiträge und Einwände treffen leicht ins Schwarze und können die Führungskraft ins Schwitzen und die Führungsposition ins Wanken bringen. Gelegentlich erlebt sie ihn als nörgelnden Querulanten, den sie am besten loswerden möchte, dann wieder bringt er wache Kritik und wertvolle Hinweise, die dem Erreichen der Ziele des Teams dienen. Seine Ehrlichkeit geht manchmal über die Grenzen des Takts und des Erträglichen, aber die Führungskraft weiß, woran sie ist; eine gelegentlich doch ziemlich attraktive Alternative zum ständigen ‚Ja, ja!‘ der übrigen Mitglieder.

Die Klärung der Beziehung zwischen der Führungskraft und einem Aussteiger ist oft sehr lohnend, weil sie sich mit relativ wenig Aufwand einander ihre Andersartigkeit verständlich und akzeptierbar machen können. Beliebtes Klärungsinstrument für solche Fälle ist der Teufelskreis (Schulz von Thun 1989, S. 28ff): Je mehr der eine Kontrolle ausübt, desto mehr fühlt sich der andere bedroht und entzieht sich (psychisch), desto mehr wird der eine unsicher-mißtrauisch und übt Kontrolle aus, desto mehr ...

Die Funktion der Ausstiegsposition ist also wie die der anderen Positionen von großem Nutzen für die Gruppe. Sie repräsentiert innere Unabhängigkeit und bietet einen Blick über den ‚Tellerrand' der Gruppe nach draußen in die Außenwelt, in der noch andere Geschehnisse jenseits von Gruppenzielen, Arbeitsabläufen und internen Beziehungen von großer Bedeutung für das Team sein mögen.

Der Moderator erlebt Personen in der Ausstiegsposition ebenfalls als zwiespältig. Einerseits stützen sie die kritische Perspektive von außen, die der Moderator ja als fruchtbare Intervention einbringen sollte. Andererseits begegnen sie auch dem Moderator kritisch-distanziert und gehören bestimmt nicht zu denen, die ihm gleich begeistert applaudieren. Moderatoren sind als professionelle Vermittler oft beziehungsorientierte Bindungsmenschen, die schnell direkten Kontakt zu andren herstellen können, was wiederum das Unabhängigkeitsbedürfnis des Aussteigers aktiviert. Distanzierungsbewegungen in der Gruppe beunruhigen den Moderator leicht, wenn er ihre Quelle nicht lokalisieren kann. So kann der Aussteiger ihn ganz schön irritieren.

Bauprüfung:
(Selbst-) Erkundung des Sanierungsbedarfs

Vor dem Hintergrund dieser Überlegungen kann der Moderator jetzt eine konkrete Gruppe durchchecken und, um im Bild zu bleiben, gemeinsam mit den Teammitgliedern eine Bauprüfung durchführen.

Gruppenbasis: Wie stark sind die Fundamente?

Wie variabel ist das Verhalten der Gruppenmitglieder? Wirken sie einheitlich oder gibt es gegensätzliche Verhaltensweisen, die dennoch toleriert werden?

Oder aus der Perspektive des Moderators: Spürt man offene oder unterschwellige Verhaltensvorschriften oder -verbote? Was darf hier gedacht und zum Ausdruck gebracht werden? Was ist tabu?

In einem Projektteam, das zwei Tage an der Verbesserung des internen Informationsflusses arbeiten wollte, spürte der Moderator von Anfang an einen ‚Zackigkeitsdruck'. Allerdings konnte er ihn zunächst nicht genau identifizieren. Bei genauerer Beobachtung stellte er fest, daß vor allem der Teamleiter häufig knappe, geschlossene Fragen stellte – sei es fachlicher Art (z.B. „Halten Sie eine sternförmige oder pyramidale

Informationsstruktur für unsere Projektgruppe für besser?") oder persönlicher Art in den Pausen oder beim Mittagessen („Welche Sportart treiben Sie?"). Dem Angesprochenen hörte er nur etwa eine Satzlänge zu. Wenn in diesem Satz die Frage nicht beantwortet war, ließ seine Aufmerksamkeit spürbar nach. Er ging dann schon zur nächsten Frage über oder wendete sich jemandem andern zu. Bei den anderen Teammitgliedern war dies nicht so ausgeprägt, aber auch auffällig.

Nachdem der Moderator dies festgestellt hatte, qualifizierte er seine eigenen Aussagen metakommunikativ wie z.B. „Um das zu erklären, muß ich ein bißchen ausholen, sonst wird es zu oberflächlich" oder forderte die Teammitglieder auf, ausführlicher und differenzierter zu werden („Führen sie ruhig etwas ausführlicher aus, welchen Hintergrund Ihre Frage hat."). Es stellte sich heraus, daß der Leiter das Team bewußt aus ehemaligen Soldaten zusammengestellt hatte, weil er „zügige Mitarbeiter" brauchte und „nichts mehr haßt als ausuferndes Geschwafel". Im Laufe der Moderation thematisierte der Moderator das Phänomen ‚Zackigkeit', weil es mit dem Thema ‚Informationsfluß' zusammenhing. Als das Team mehr wissen wollte, erläuterte er, daß in diesem Team „Zügigkeit" zur „flotten Oberflächlichkeit" zu verkommen drohe, während die (verständliche) Abwehr eines „ausufernden Gelabers" den „ausführlichen Informationsaustausch" behindere. Anhand von verschiedenen Problemen, die die Teammitglieder nannten, konnte er für das Team die Entwicklung von der Zackigkeit zur Ausführlichkeit vorschlagen. Er bat den Teamleiter, eine typische Teambesprechung zu einer aktuellen Frage beispielhaft durchzuführen. An dieser ‚Kostprobe', die eher den Charakter einer ‚Befehlsausgabe' hatte als einer Problemlöse-Konferenz, konnte der Moderator einen systematischen Informationsschwund und erhebliche Mißverständnisse identifizieren. Auch in Einzelgesprächen trauten sich die Teammitglieder oft nicht, ins Detail zu gehen. Darauf aufbauend wurden ausführlichere Kommunikationsformen eingeübt. Besonders die bekannte Methode des kontrollierten Dialogs kam in diesem Team gut an: Jeweils zwei Personen führen ein Gespräch. Jede faßt die vorangehende Aussage des anderen mit eigenen Worten zusammen und fragt, ob sie sie damit richtig verstanden und wiedergegeben habe. Erst dann antwortet sie inhaltlich darauf. Die andere faßt nun ihrerseits das Gehörte zusammen und läßt es gegenchecken, bevor sie antwortet usw.

Bei diesem Beispiel prüfte der Moderator die Fundamente der Gruppe quasi mittels seines inneren Meßfühlers für normative Orientierungen, die unausgesprochen die Denk-, Sprach- und Verhaltensmuster der Teammitglieder leiten. Dabei identifiziert er nur ein Fundament (‚Zügigkeit'), aber kein zweites, das im Gegensatz dazu steht („Ausführlichkeit'). Damit ist die Gruppe zu einheitlich, der Bau steht auf zu schmalem Fundament und könnte leicht ins Schwanken kommen, weil ihm die lebendige, produktive Spannung zwischen zwei normativen Orientierungen fehlt. Statt dessen sind die Teammitglieder starkem Sog bzw. Druck ausgesetzt, ihr Gesprächsverhalten in Richtung Zügigkeit zu vereinheitlichen und Ausführlichkeit zu vermeiden. Was dabei herauskommt, ist bloße Zackigkeit; ein Abhaken von Gesprächspunkten ohne Verständnisprüfung.

Aber nicht nur derartig vereinheitlichte Teams sind problematisch. Ein anderes Beispiel verweist auf ein Doppelfundament, das es in sich hat.

In einer Arbeitsgruppe von Leitungs- und Betriebsratsmitgliedern, die Umstrukturierungsvorschläge für ein Lagerhaltungsunternehmen erarbeiten soll, gelingt es dem Moderator nicht, anhaltende Streitgespräche zu verhindern und zur sachlichen Auseinandersetzung zurückzufinden. Er bringt den Fall in eine zwischenzeitliche Supervision ein. Dort wird folgende Struktur herausgearbeitet: Ein Mitglied der Unternehmensleitung und ein Betriebsratsmitglied sind sehr konfliktfreudig und geraten jedesmal rasch aneinander, wobei sie die Interessen ihrer Parteien (Arbeitgeber vs. Arbeitnehmer) dezidiert vertreten. Der Personalchef des Unternehmens schaltet sich gern als dritter ein und heizt durch Vorwürfe und Kritik am Diskussionsstil der beiden die aggressive Atmosphäre an. Die anderen sechs Mitglieder der Arbeitsgruppe halten sich dagegen zurück, schauen zu und warten ab. Der Moderator spürt bei den Kampfhähnen große Lust am Streiten und bei den Zuschauern einen gewissen Voyeurismus. In der Supervisionsgruppe entwickeln wir daraus das Bild von einer Stierkampfarena mit Zuschauern, in der beide Seiten aufeinander angewiesen sind: ohne ritualisierten Kampf kein unterhaltendes Konsumangebot; ohne zuschauende Konsumenten keinen lustvollen Streit. Es ist anzunehmen, daß dadurch eine unangenehme Entscheidung für ein Umstrukturierungsprogramm vermieden wird. Nach dieser Supervision hat der Moderator den Mitgliedern der Arbeitsgruppe dieses Bild verdeutlicht und vorgeschlagen, daß nun die Zuschauer aktiv werden und die drei kampfstarken Personen sich drei Sitzungen lang auf die Zuschauertribüne begeben sollten. Der Moderator hat nun schwer damit zu tun, die drei zurückzuhalten und immer wieder auf die Tribüne zu verweisen. Aber die Gesprächsstruktur ändert sich erheblich.

In diesem Beispiel läßt sich ein Doppelfundament identifizieren: Die beiden Verhaltensstile ‚streitlustige Konfrontation' und ‚vornehme Zurückhaltung' sind in dieser Arbeitsgruppe erlaubt und teilweise sogar erwünscht. Die zwischen diesen beiden Fundamenten entstehende Spannung wirkt sich jedoch nicht produktiv aus, sondern ist vermutlich ein gemeinsames Vehikel für die Vermeidung einer Entscheidung.

Gundula Krawczyk (1996) hat ein Verfahren entwickelt, daß der Klärung ‚normativer Orientierungen‘ in Gruppen dient. Es handelt sich um eine Prüfung der Fundamente gemeinsam mit der Gruppe. Das Vorgehen läßt sich gut in eine Konfliktmoderation einbauen und wird hier kurz dargestellt: Nach der thematischen Vereinbarung mit den Teammitgliedern, daß es um „die Umgangsformen, das zwischenmenschliche Klima, Regeln und Normen in der Gruppe" gehen soll, lädt der Moderator das Team zu einer „geleiteten Besinnung über Werte und Einstellungen in der Gruppe" ein. Hierbei führt er sie gedanklich an die normativen Orientierungen heran, die in der Gruppe handlungsleitend sind oder fehlen.

Im nächsten Schritt bittet er sie, für die wichtigsten Einstellungen in der Gruppe Symbole (z.B. Bleistift, Ball, Taschenrechner) aus einer Auswahl herauszusuchen und zu benennen. Diese Symbole werden der Reihe nach auf einen Tisch oder auf Packpapier gelegt, erläutert und mit einem möglichst passenden Etikett versehen. Die Etikette werden auf weiße Kärtchen (für vorhandene Einstellungen) und auf graue (für fehlende) geschrieben. Dabei kann die Struktur, das Zueinander der Symbole laufend verändert werden, damit zusammengehörende Einstellungen beieinander und gegensätzliche auseinander liegen.

Dann ziehen die Mitglieder zwischen den symbolisierten Einstellungen grüne (hier: durchgezogene) Verbindungslinien, wo es sich um fruchtbare Ergänzungen handelt, und rote (hier: schraffierte) bei ‚gespannten Verhältnissen‘ zwischen den Einstellungen. Auch diese Linien werden erläutert. Die Abbildung unten illustriert dies an einem Beispiel.

Bei dem Beispiel steht ‚ergebnisorientierte Produktivität‘ (wurde symbolisiert durch einen Taschenrechner) im Mittelpunkt. Es steht in drei gespannten Verhältnissen zu ‚Spaß‘, ‚Spreu vom Weizen trennen/ spitzer Fachmann‘ (Symbol: spitzer Bleistift) und ‚Vielfalt‘. ‚Spaß‘ und ‚Spreu vom Weizen trennen/spitzer Fachmann‘ waren nicht vorhandene Einstellungen in der Gruppe, die von einigen Mitgliedern vermißt, also offenbar irgendwie unterdrückt wurden. Die Einstellung ‚Vielfalt‘ war vorhanden, stand aber im gespannten Gegensatz zu ‚ergebnisorientierter Produktivität'. Die Gruppe hatte damit zu tun, die vielfältigen Ideen zu Produkten zu verarbeiten. In diesem Sinne gab es hier einen Gegensatz. Die Gruppe arbeitete recht produktiv. Es wurde aber vermißt, die einzelnen Ergebnisse qualitativ zu bewerten. Es gab gewissermaßen keinen Fachmann, der mit einem spitzen Bleistift die Spreu vom Weizen trennte. Auf der anderen Seite wurde Spaß vermißt, der wohl im Alltag unbemerkt der Produktivität geopfert worden war. Die von den Mitgliedern frei gewählte Struktur der Einstellungen bildet recht gut die vier Dimensionen der sozialen Architektur ab.

‚Echter Kontakt / warmer Umgang' vs. ‚Geben und Nehmen' gibt die Beziehungsdimension zwischen Verbundenheit und Unabhängigkeit wieder und scheint ein stabiles Fundament der Gruppe zu sein (angenehme Spannung).

Die Pole ‚Erkenntnisinteresse / Vielfalt' vs. ‚Spreu vom Weizen trennen / spitzer Fachmann' liegen auf der kognitiven Dimension ‚Kreative Offenheit' vs. ‚zielgerichtete Ordnung'. Hier liegt ein zentraler Gegensatz in der Gruppe, der als gespannt erlebt wurde und nun definiert und bearbeitet werden konnte.

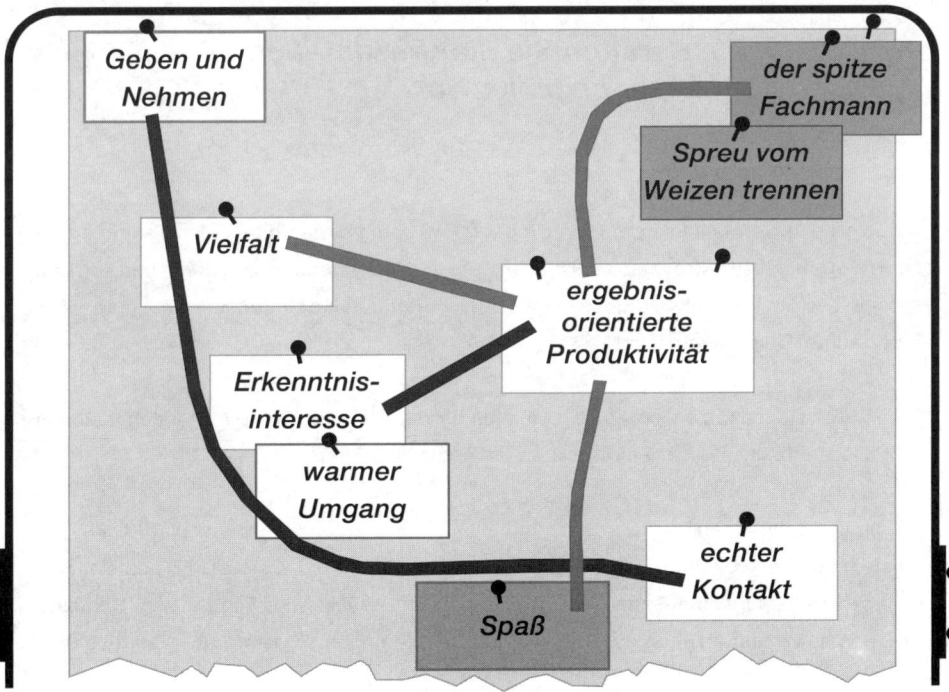

Soweit geht die Bestandsaufnahme. Sie bringt oft schon wichtige Erkenntnisse für die Teammitglieder. Auf ihr baut dann die Frage auf, ob das Team jetzt bestimmte Spannungslinien weiter bearbeiten möchte, um Konflikte zwischen gegensätzlichen Werten in der Gruppe aufzulösen, oder ob andere Themen im Vordergrund stehen.

Ein einfaches Verfahren ist die Bildung von (frei gewählten) Zweiergruppen aus den Mitgliedern eines Teams, die folgenden Auftrag bekommen:

Wie in Zukunft miteinander umgehen?

1. Sammeln Sie (unzensiert) alle Leitlinien, die Ihnen einfallen.

2. Wählen Sie die vier wichtigsten Leitlinien aus.

3. Bereiten Sie die Präsentation Ihrer Leitlinien vor.

Die vorgestellten Leitlinien für den Umgang im Team werden dann allen Teammitgliedern vorgestellt. Kontroverse Leitlinien werden einander gegenübergestellt und von den Mitgliedern im Hinblick darauf bewertet, ob der festgestellte Gegensatz eine ‚gute' oder ‚schlechte' Spannung besitzt.

Die guten Gegensätze werden als Leitlinien für den Umgang im Team zunächst einmal für alle sichtbar auf einer Pinnwand festgehalten (s. auch Beispiel S.76).

Dann erst geht es an die kontroversen Leitlinien. Für jeden Gegensatz wird diskutiert, was daran die schlechte Spannung im Team ausmacht - mit konkreten Beispielen. So wurde in einem Fall der Gegensatz von ‚Einsatz für die Ziele des Teams' und ‚Reduzierung von Arbeitshetze' an zwei Situationen festgemacht, in denen das Team zeitlich

sehr knapp kalkulierte Projekte nur mit vielen Überstunden fertig bekam. Einige befürchteten, daß dies Maßstäbe für den Normalfall setzte.

Für jeden so näher bestimmten Gegensatz werden zwei Kleingruppen zu je vier Personen zusammengesetzt, die die beiden Leitlinien so umformulieren, daß die Spannung positiver wird. Ihre Arbeitsergebnisse werden im Gesamtteam diskutiert, ggf. neu
verhandelt und dann als ‚Leitlinien für den Umgang im Team‘ formell verabschiedet.

Die Beispiele zeigen, daß die Bauprüfung keine verobjektivierende Grup-
pendiagnostik ist, sondern sich vor allem auf die inneren Meßfühler, d.h.
auf die subjektiven Eindrücke des Moderators und eine genaue Beobachtung, stützt und in einer Überprüfung von Selbstverständlichkeiten in der
Gruppe und durch die Mitglieder selbst besteht.

Folgende Fragen sensibilisieren den Moderator für die normativen Fundamente der Gruppe:

Sicheres Terrain? Fundamente identifizieren

- Bei welchen Aussagen / Verhaltensweisen fühle ich mich in dieser Gruppe sicher, bekomme Bestätigung oder sogar Applaus?
- Welche Auffassungen / Verhaltensweisen werden von den Gruppenmitgliedern bevorzugt zum Ausdruck gebracht?
- Welche Auffassungen / Verhaltensweisen werden von einigen Gruppenmitgliedern indirekt durch Belächeln bzw. Kopfschütteln oder offen
  durch Kritik bzw. Herabsetzung abgelehnt, von anderen bestätigt oder
  unterstützt?
- Gibt es gegensätzliche Auffassungen / Verhaltensweisen, die nebenein-
  ander bestehen?
- Reiben die Gruppenmitglieder sich in Auseinandersetzungen darüber auf,
  oder wird die jeweils andere Seite toleriert?
- Verkommt die Toleranz zur langweiligen Beliebigkeit (Interesselosigkeit/
  Harmonisierung), oder gibt es in der Gruppe eine anregende Spannung
  zwischen gegensätzlichen Auffassungen / Verhaltensweisen?

Die Identifikation der normativen Fundamente kann zur Prüfung durch die
Gruppenmitglieder selbst führen.

■ Sehen sie dieselben Auffassungs- / Verhaltensgegensätze wie der Moderator? Was sehen sie anders?

■ Erleben sie Gegensätzlichkeiten in der Gruppe als produktive Vielfalt, arbeitshemmende Störung oder desinteressierte / harmonisierende Beliebigkeit?

Verbotenes Gelände? Lassen sich Toleranzen erweitern?

■ Welche Aussagen / Verhaltensweisen erlaube ich mir in dieser Gruppe nicht? Bei welchen bin ich mir unsicher, wie die Gruppe darauf reagieren wird? Bei welchen erwarte ich negative Reaktionen?

■ Welche Aussagen / Verhaltensweisen treten in dieser Gruppe nicht auf?

■ Welche Auffassungen / Verhaltensweisen erzeugen ein peinliches Gefühl oder werden in der Gruppe kommentarlos übergangen?

Das verbotene Gelände der Gruppe verweist auf Einstellungs- und Verhaltensbereiche, die der Gruppe ggf. zur Verbreiterung ihrer Fundamente dienen können. Der Moderator sollte der Gruppe zu einer Prüfung solcher Verbote verhelfen, wenn er keinen Sinn in der Begrenzung entdecken kann.

■ Ist dieses Gelände sinnvollerweise verboten? Können die Grenzen geändert oder durchlässiger gemacht werden?

■ Welche Feindbilder identifiziert die Gruppe mit dem verbotenen Bereich (Personen, Institutionen oder andere Vorstellungsinhalte)?

■ Können diese Feindbilder evtl. in Herausforderungen umgedeutet werden?

Gruppenträger: Wie tragfähig ist die Statik?

Auch hier ist zunächst die Sensibilität des Moderators wichtig, der die Gruppe dann auf fehlende oder problematisch besetzte Positionen aufmerksam machen kann. Die folgende Checkliste sensibilisiert für wichtige Aspekte:

■ Welche Gruppenmitglieder äußern sich auffällig gegensätzlich? Tolerieren sie ihre Unterschiedlichkeit, lehnen sie sie als fremd und bedrohlich ab, oder begrüßen sie sie sogar als erfreuliche Vielfalt?

■ Ist die Führungsposition überhaupt besetzt? Wer verhält sich führend? Ist es die offizielle Führungskraft oder ein informeller Leiter? Sehen Gruppenmitglieder eine Führungslücke oder Führungsgerangel zwischen dominierenden Personen? Fühlen sich Gruppenmitglieder durch eine autoritäre Führung beeinträchtigt, durch eine harmonisierende manipuliert oder unterfordert? Akzeptieren sie einen kooperativen Führungsstil, oder wünschen sie einen anderen?

■ Gibt es engagierten Wettbewerb zwischen dominanten Gruppenmitgliedern, oder geht es nach dem Motto ‚Einer (denkt, spricht und entscheidet) für alle' bzw. ‚Was geht uns das an?!' ? Erleben die Gruppenmitglieder Auseinandersetzungen zwischen dominierenden Personen als produktive Anregung oder persönliche Rivalität?

■ Ist die Vermittlungsposition besetzt, oder fehlt der Gruppe ein Integrator? Nehmen die Gruppenmitglieder eine vermittelnde Person als konflikt-vernebelnde Beschwichtigung oder als klärende Schlichtung wahr?

■ Wer besetzt die Ausstiegsposition? Fehlt der Gruppe eine unabhängige Person, die auch liebgewordene Selbstverständlichkeiten in Frage stellt? Wird ein solcher Querdenker als wacher Kritiker oder als nörgelnder Querulant wahrgenommen?

Achtung

Das Konzept der sozialen Architektur macht auf grundlegende Strukturen in Gruppen aufmerksam.

Es ist aber, das möchte ich noch einmal hervorheben, nicht als verobjektivierende Diagnostik zu verstehen, mit der man von außen eine Gruppe erkennen und mit einem Etikett versehen kann wie z.B. ‚Hahnenkampfarena', ‚Führungsdiffusion' oder ‚harmoniesüchtiges Beziehungsnest', gewissermaßen mit einer Indikation, die empirisch gesicherte Sanierungsmaßnahmen empfiehlt.

Das Konzept soll der Sensibilisierung von Konfliktmoderatoren dienen, damit sie gezielte und zugleich offene Fragen stellen können, mit deren Hilfe die Gruppenmitglieder Fundamente und Träger ihrer Zusammenarbeit überprüfen können. Darauf kann dann eine gemeinsame Sanierung folgen, bei der sie selbst neue Regelungen ihrer Kommunikation und Kooperation mit Hilfe des Moderators erarbeiten und erproben.

Das Konzept sensibilisiert nicht für beliebige Aspekte von Gruppen, sondern verweist auf Merkmale, die der (hypothetische) Bauplan für lebendige und lebensfähige Gruppen vorsieht: die Nutzung des Baugeländes, ein Doppelfundament, Gegensatzpaare, Führung, Wettbewerb, Vermittlung und Ausstieg.

Jedes fehlende Merkmal läßt die Gruppe um eine Variante ärmer werden. Das Fehlen eines einzelnen Merkmals schränkt aber nicht unbedingt ihre Lebensfähigkeit ein. Wenn mehrere fehlen oder aus der Sicht der Gruppenmitglieder unzureichend vorhanden sind, ist die Leistungsfähigkeit und Lebendigkeit der Gruppe wahrscheinlich beeinträchtigt.

Gruppenstrukturen und -prozesse sind oft so gewohnt und selbstverständlich, daß sie den Mitgliedern meist nicht auffallen. Die Funktion des außenstehenden Moderators besteht darum per se darin, diese Selbstverständlichkeiten bewußt zu machen. Dabei hat er in der Regel mit Widerständen der Gruppe zu tun, an denen er und die Gruppe sich leicht festbeißen können.

Die Konzepte ‚Abwehr‘ oder ‚Widerstand‘, die in diesem Zusammenhang gern benutzt werden, sind aber meiner Meinung nach problematisch, weil sie dem Außenstehenden eine wahre Erkenntnis unterstellen, gegen die sich das kollektive oder individuelle Unbewußte der betroffenen Gruppenmitglieder irrationalerweise zur Wehr setzt.

An dieser Stelle heißt es für den Moderator, die eigene Sicht ernsthaft in Frage stellen zu lassen und nicht gegen vermeintliche oder tatsächliche Widerstände anzukämpfen. Wenn er eine Gruppennorm oder eine fehlende bzw. unzureichend besetzte Position benannt hat, ist seine Aufgabe im Grunde erfüllt. Die Gruppenmitglieder können dann seine Sicht bestätigen, ergänzen oder korrigieren. Seine Idee kann zu einer grundlegenden Veränderung führen oder aber verworfen werden. Aber er ist nicht dafür verantwortlich, sie durchzusetzen oder die Gruppe von seiner Wahrnehmung zu überzeugen. Es ist allein Sache der Gruppe, diese Anregung aufzunehmen oder nicht.

3. Kapitel
Kommunikative Basiskompetenzen

Die Mitarbeiterinnen und Mitarbeiter eines ambulanten sozialen Dienstes werden auf eigenen Wunsch von einem externen Psychologen supervidiert. Die Sitzungen finden jeweils einmal im Monat über zwei Stunden statt. Zunächst geht es um die Bewältigung schwieriger Situationen und problematischer Klienten. Hier fragen die Teammitglieder den erfahrenen Supervisor gern nach seinen Konzepten für den Umgang mit verhaltensauffälligen Kindern, alkoholabhängigen Jugendlichen, Gewalt in Familien, suizidgefährdeten alten Menschen usw. Er antwortet meist bereitwillig und bringt so neue Anregungen ins Team. Die ursprünglich vorgesehene Supervision entwickelt sich zu einer Fortbildung. Die Teammitglieder sind damit sehr zufrieden.

Nach etwa einem Jahr kommt es in den Sitzungen zunehmend zu unterschwelligen Auseinandersetzungen zwischen zwei ,Fraktionen' im Team: zwischen den ,Helfern', die auch außerhalb der Dienstzeit von ihren Klienten ansprechbar sind, und den ,Abgrenzern', die eine strikte Einhaltung der Dienstzeit als Förderung der Selbstverantwortlichkeit der Klientel betrachten. Der Supervisor thematisiert den Konflikt und schlägt vor, ihn systematisch zu bearbeiten. Die Teammitglieder sind einverstanden.

Zunächst läßt er die ,Helfer' von ihrer Sichtweise berichten. Ihr Bericht wird aber nie zu Ende geführt. Der Supervisor selbst unterbricht mit hypothesengeleiteten, geschlossenen Fragen, z.B.: „Sollte jemand, der selbst Familie hat, seine Familie tatsächlich mit seinen Klienten belasten? Würde das Familienleben nicht strapaziert, wenn die Klienten zu Hause anrufen oder wenn der Sozialarbeiter oft abends die Dienstzeit überschreiten würde?" Die ,Helfer' fühlen sich unter Rechtfertigungsdruck und fragen, was der Supervisor für richtig hält. Er lehnt zwar eine Stellungnahme ab, erläutert aber einige Lösungswege. Das ermutigt andere Teammitglieder, ebenfalls Wege vorzuschlagen, die offensichtlich zu Lasten der ,Helfer' gehen unter dem Motto: ,Macht´s doch wie wir!'. Diese beginnen nun, mit ihm und den anderen zu argumentieren. Ein Wort gibt das andere. Niemand kann mehr ausreden oder sich Gehör verschaffen. Als die Lautstärke drastisch zunimmt, versucht der Supervisor, das Geschehen wieder in den Griff zu be-kommen. Er fängt an, die Diskussionsbeiträge strikt zu reglementieren. Plötzlich wen-det sich das Blatt gegen ihn. Die meisten Teammitglieder fühlen sich durch sein ‚auto-ritäres Auftreten' überrascht und greifen ihn an. Nun beginnt er, sich zu rechtfertigen („Ich wollte wieder Ruhe in die Auseinandersetzung bringen!"). Die Gruppe läßt sich oberflächlich beschwichtigen. Die Stimmung schlägt in ein konfliktscheues Harmoni-sieren um, in ein unausgesprochenes ‚Schlecht gelaufen: Schwamm drüber!' In den nächsten Sitzungen geht die Anwesenheit stetig zurück, die Themensammlungen zie-hen sich schleppend dahin. Über eine Verlängerung des Auftrages wird nicht gespro-chen. Es bleibt am Ende bei einem unverbindlichen „Wir melden uns wieder".

Der Supervisor beherrschte kommunikative Grundfertigkeiten der Mode-ration nicht ausreichend. Solange er die Supervision als Lehrveranstaltung definierte und zu seinem ‚Heimspiel' machte, ging noch alles gut. Erst als der Konflikt hochkochte, zeigten sich seine Grenzen.

Er ...
... redete selbst zu viel, statt den Konfliktpartnern genau zuzuhören,
... fragte in hypothesengeleiteter, geschlossener Weise statt offen,
... tat so, als kenne er die rationalen Argumente der Konfliktpartner, statt sie verständlich an die Teamöffentlichkeit zu bringen,
... ließ die emotionalen Hintergrundbedürfnisse der Beteiligten im dunkeln, statt seine Aufmerksamkeit auf sie zu richten,
... ließ der Diskussion zunächst freien Lauf, statt sie zu strukturieren, struk-turierte dann zu spät (und zu rigide),
... brachte Lösungsideen ‚aus dem Bauch heraus' ein, statt mit allen Team-mitgliedern systematisch nach Lösungen zu suchen,
... nahm in diffuser Weise die Position einer Seite ein, wo eine klare Stel-lungnahme angesagt wäre,
... überging alle Signale der durch dieses Erlebnis gestörten Beziehung zwi-schen sich und dem Team, statt diese Beziehungsstörung metakommu-nikativ zu thematisieren.
So konnte die Auseinandersetzung nicht fruchtbar genutzt werden.

Zur Moderation von Konfliktlösungen braucht man grundlegende kommu-nikative Kompetenzen. Gemeint sind sprachliche und nonverbale Fertigkeiten, mit denen sich der Moderator mit den Konfliktparteien verständigt und zu ihrer Verständigung beiträgt. In diesem Abschnitt beschreibe ich diese Kompetenzen und biete Möglichkeiten des Selbsttrainings an.

Vier Basiskompetenzen für Moderatoren

Was muß ein Moderator, Mediator (Vermittler) oder Klärungshelfer an kommunikativen Basisqualifikationen besitzen, um gut zu moderieren? Die folgenden vier Basiskompetenzen, die ich später noch genauer erläutere, werden häufig nicht genügend genutzt:

■ Strukturieren

Der Moderator gibt dem Verlauf der Konfliktbearbeitung eine transparente Struktur durch die Absprache von Zielen sowie durch das Eröffnen und Beschließen von Moderationsschritten.

■ Aktives Zuhören

Der Moderator läßt die Konfliktpartner durch aufmerksames Zuhören, offene Fragen sowie die Wiedergabe ihrer Interessen, Wünsche und Gefühle ihre inneren Hintergrundbedürfnisse zum Ausdruck bringen.

■ Lösungen entwickeln

Der Moderator sucht gemeinsam mit den Konfliktpartnern in kreativer Weise nach neuen Lösungen.

■ Entpolarisieren

Der Moderator identifiziert sprachliche Fouls der Konfliktpartner und reagiert in abgestufter Form,

Zuvor möchte ich ein sehr praktisches und effektives kommunikationspsychologisches Instrument zur Klärung bzw. Analyse von konflikthaften Äußerungen vorstellen (bzw. für Kenner auffrischen) und seine Handhabung skizzieren: das Kommunikationsquadrat.

Die Quadratur der Kommunikation: Vierfältigkeit

Die Äußerung eines Sprechers läßt sich nach Schulz von Thun (1989) in vier Aspekte aufteilen.

1. Sie informiert über einen Sachverhalt: Sachinformation
2. Sie bringt inneres Erleben zum Ausdruck: Selbstkundgabe
3. Sie gibt Auskunft über die Beziehung: Beziehungsdefinition
4. Sie fordert zu bestimmten Handlungen auf: Appell.

Diese vier Aspekte können implizit bleiben oder explizit benannt sein. Der Sprecher äußert sich gewissermaßen mit vier Schnäbeln zugleich, während der Hörer diese Äußerung mit vier Ohren aufnimmt.

Diese vier Aspekte stellt Schulz von Thun übersichtlich im sog. Kommunikationsquadrat dar.

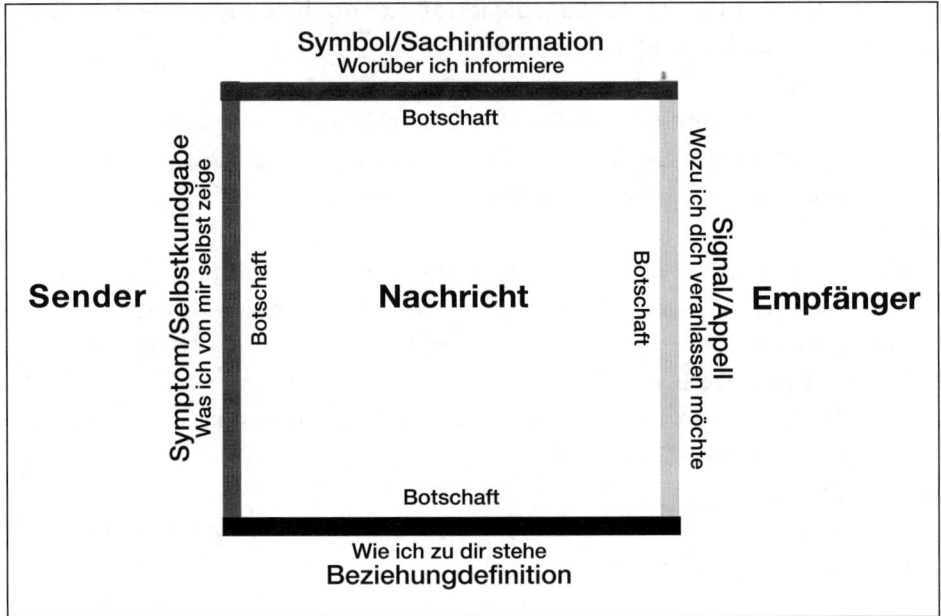

Informationstheoretisch ausgedrückt: Vom Sender geht eine Nachricht zum Empfänger. Diese Nachricht enthält vier verschiedenartige Botschaften: Sachinformation, Selbstkundgabe, Beziehungsdefinition und Appell. Beiden Seiten ist die Fähigkeit gegeben, diese vier Botschaften sowohl zu äußern als auch wahrzunehmen.

Wozu dient diese Differenzierung? Was kann man damit praktisch anfangen? Die Unterscheidung dieser vier Botschaften in einer Äußerung hilft bei der Klärung konflikthafter Kommunikation besonders dort, wo mehrdeutige, unklare oder abstrakte Aussagen gemacht werden. Das folgende Beispiel soll das erläutern.

Konfliktuöse Kommunikation läßt sich brennpunktartig in einer Schlüsseläußerung darstellen. Ein solcher Schlüsselsatz kann mit Hilfe des Kommunikationsquadrates analysiert werden. Die Analyse erzeugt eine Klärung der problematischen Bestandteile der Schlüsseläußerung. Darauf kann dann eine konfliktentschärfende Reaktion aufgebaut werden.

Bitte nehmen sie eine Analyse des nun folgenden Schlüsselsatzes einer Führungskraft zu Beginn einer Konferenz vor: Welche vier Botschaften hören Sie heraus?

Zwei Übungsbeispiele
■ Aufgabe 1
„Ich muß 1/2 Stunde früher zu einer wichtigen Besprechung. Darum sollten wir zügig entscheiden." Dies sagt zu Beginn einer Konferenz der ranghöchste Teilnehmer – nicht der Vorgesetzte.

(Normalerweise dauert sonst eine Sitzung 1 1/2 Stunden.Sprecher ist Ranghöchster, aber nicht der Vorgesetzte der anderen Gremienmitglieder. Der Tagesordnungspunkt 4 ist voraussichtlich sehr strittig.)

■ Mögliche Analyse
– Ihr ‚Sachinformations-Ohr' hört ...
  (z.B. „In einer Stunde muß ich weg.")
– Ihr ‚Selbstkundgabe-Ohr' hört ...
  („Ich bin in Zeitdruck. Ich befürchte langatmige Bearbeitung der Tagesordnung und wünsche mir eine zügige Besprechung.")
– Ihr ‚Beziehungs-Ohr' hört ...
  („Ihr habt euch nach mir zu richten.")
– Ihr ‚Appell-Ohr' hört ...
  („Keine lange Auseinandersetzung über Tagesordnungspunkt 4.")

Gehen Sie nun als Sitzungsteilnehmer mit vier Äußerungen auf jede der vier gehörten Aspekte ein.

– Ihr ‚Sachinformations-Schnabel' äußert ...
  (z.B. „O.k., ich verstehe. Sie müssen in einer Stunde weg...")

– Ihr ‚Selbstkundgabe-Schnabel' sagt ...
(„... und Sie befürchten, daß wir nicht durchkommen. Das setzt mich aber unter unerträglichen Zeitdruck. Ich befürchte, daß wir unsere Punkte nur oberflächlich behandeln.")
– Ihr ‚Beziehungs-Schnabel' sagt ...
(„Ich bin nicht damit einverstanden, daß Sie uns jetzt durch alle Tagesordnungspunkte hetzen."
– Ihr ‚Appell-Schnabel' äußert ...
(„Darum meine ich, daß wir den wichtigen Punkt 4 vorziehen und sorgfältig behandeln sollten.").

Führen Sie diese Prozedur noch einmal mit dem folgenden Beispiel durch. Es lohnt sich.

■ Aufgabe 2
Mitglieder einer Produktionsabteilung und des Rechenzentrums eines Konzerns sitzen in einem Gremium zur Koordinierung der EDV-Systeme. Dezentrale Systeme müssen vom Rechenzentrum genehmigt werden. Das Rechenzentrum stellt ein neues Formblatt für die Beantragung von EDV-Systemen vor, woraufhin die Mitglieder der Produktionsabteilung geschlossen aufstöhnen:

„Schon wieder ein Formblatt, das uns nur mehr Arbeit macht!"

Wenn sie auf diese Weise in der nächsten Zeit wichtige Schlüsselsätze ihrer Interaktionspartner unter die ‚kommunikationsquadratische Lupe' nehmen, trainieren Sie Ihre kommunikativen Fähigkeiten. Spätestens nach der zwölften Übung werden Sie merken, daß Ihnen die Identifikation von mehrdeutigen, unklaren Äußerungen und die Formulierung eindeutiger Aussagen routiniert und sicher gelingt.

Bei den folgenden Basiskompetenzen für Konfliktmoderatoren werde ich auf das Kommunikationsquadrat gelegentlich Bezug nehmen.

Strukturieren: Transparenz und Flexibilität im Vorgehen

Die wichtigste Kompetenz des Moderators besteht darin, im kommunikativen Durcheinander von
- (zutreffenden oder falschen?) Sachinformationen,
- (aufrichtigen oder manipulativen?) Selbstdarstellungen,
- (annehmbaren oder ‚unerhörten'?) Beziehungsdefinitionen und
- (wirksamen oder ineffizienten?) Vorschlägen (Appellen)
die Übersicht zu behalten und weiter durch die Konfliktwildnis führen zu können, statt darin unterzugehen, wie es die Konfliktpartner wahrscheinlich oft miteinander erleben.

Der Moderator muß der Konfliktbearbeitung Struktur geben. Die wichtigsten Strukturelemente sind die im Kapitel „Konfliktmoderation: Führung durch unwirtliches Gelände" (S.21) dargestellten Moderationsschritte. Ihr Ablauf besteht im Wechsel von Öffnen und Schließen der einzelnen Gesprächsphasen.

Die Strukturgebung einer Konfliktmoderation ist gelungen, wenn alle Beteiligten wissen,
1. an welcher Stelle des Weges durch das Konfliktgelände sich die Gruppe befindet, was hinter ihnen liegt,
2. wo das Ziel ist und
3. auf welchem Wege es weitergeht.

Durch seine kommunikativen Aktivitäten stellt der Moderator diese Transparenz her und holt für 1., 2. und 3. jeweils das Einverständnis der Beteiligten ein.

Er strukturiert den gesamten Ablauf, indem er jeweils das bisherige Vorgehen und Ergebnis (beschließend) zusammenfaßt und durch einen Vorschlag das weitere Vorgehen eröffnet. Strukturierungen sind immer sinnvoll an den Übergängen von einem Schritt zum nächsten oder von einem Thema zum andern. Ein unabgesprochener, impliziter Übergang wirkt sich dagegen negativ aus.

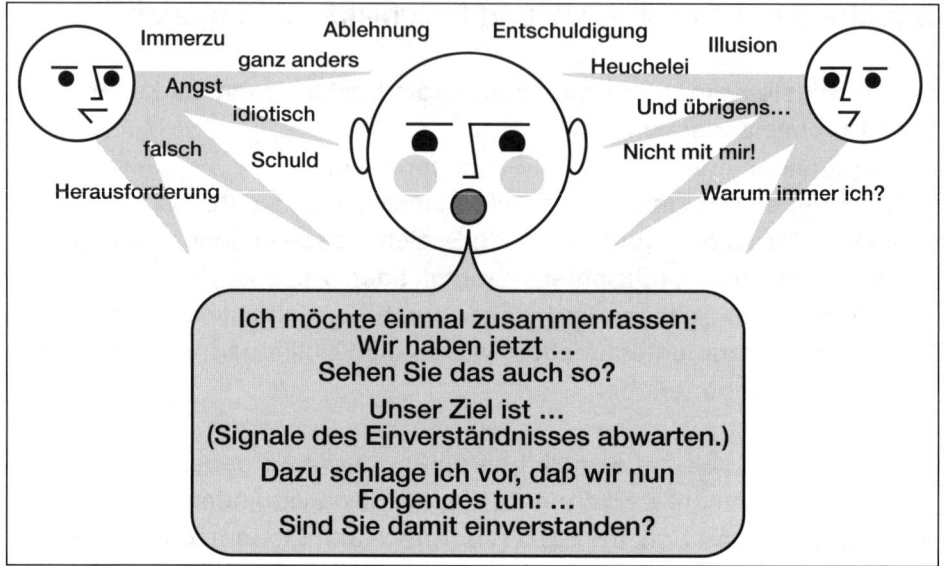

Die Strukturgebung wird schwierig, wenn inneres Erleben und interpersonelle Beziehungsdefinitionen in der sachlichen Auseinandersetzung unterschwellig ‚mitreden' oder sich verfrühte Lösungsvorschläge in den Vordergrund drängen. Dann muß der Moderator manchmal einen Themenwechsel eröffnen:

„Sie, Herr X, sind schon dabei, praktische Lösungen zu suchen - vorher möchte ich gern noch wissen, wie Frau Y diese Situation erlebt hat" oder „Bevor wir ins Detail gehen, sollten wir uns darüber verständigen, welche Regeln für den Umgang miteinander in einer solchen Situation gelten sollen" oder „Vor der Klärung sollten wir unser Problem noch genauer bestimmen."

Es gibt kein allgemeines Kriterium für die Beendigung eines Moderationsschrittes oder eines Themas außer dem Einverständnis der Gesprächsteilnehmer. So (be)schließt der Moderator jeden Schritt durch eine Zusammenfassung, versichert sich der Zustimmung der anderen (oder läßt sich ggf. korrigieren) und schlägt den nächsten Schritt vor.

Durch diese transparente und auf Einverständnis bedachte Strukturierung gibt der Moderator allen Beteiligten eine Orientierung und sichert dabei ein hohes Ausmaß an Flexibilität im Vorgehen.

Zusammenfassung

Der Moderator strukturiert ein Konfliktgespräch transparent und flexibel durch (er-öffnende) Vorschläge und (be-schließende) Zusammenfassungen.

Strukturierungen des Gespräches sind wichtig, wenn ...
- man das Gespräch beginnt und beendet,
- man von einem Schritt oder Thema zum nächsten übergeht,
- Thema, Ziel oder Weg unklar oder strittig sind,
- die Gesprächspartner auf unterschiedliche Themen Bezug nehmen.

Soviel zum Strukturieren. Bevor ich auf die weiteren Moderationsmethoden näher eingehe, möchte ich noch ein einfaches, aber ziemlich wirkungsvolles Training dieser Kompetenz vorstellen. Lerneffekte für die Praxis der Konfliktmoderation stellen sich allerdings erst ein, wenn man es oft genug, – zehn- bis zwanzigmal (!) – durchführt.

Anleitung zum Selbsttraining

Die zahlreichen Talkshows im Fernsehen bieten ein interessantes Lernmaterial. Nehmen Sie dazu eine Diskussion audiovisuell auf, aber ohne sie sich anzusehen. Werten Sie die Moderation kritisch aus unter folgenden Gesichtspunkten: Vergleichen Sie die Art der Strukturierung bei verschiedenen Moderatoren. Welche Art liegt Ihnen selbst am nächsten?

1. Der Einstieg: Wie eröffnet der Moderator die Thematik?
   Wird dabei das Ziel der Diskussion klar?
   Definiert er Positionen und Kontrahenten?
   Wieviel Entfaltungsspielraum haben die Gesprächsteilnehmer bei der Bestimmung der Themen?
2. Wie schließt der Moderator einen Diskussionspunkt ab?
   Welches ist sein Abbruchkriterium (abgelaufenen Zeit oder das Einverständnis der Teilnehmer)?
   Gibt er eine Zusammenfassung?
3. Wie kommt er von einem Diskussionspunkt zum nächsten?
   Führt er unvermittelt ein neues Thema ein, oder geht er noch einmal auf das Ziel und die zurückgelegte Strecke ein?
   Bringt er die Diskussionspunkte in einen Zusammenhang?
   Wissen die Teilnehmer immer, worüber gerade gesprochen werden soll?

Tiefgehendes Verstehen durch aktives Zuhören

Im oben (S.92) skizzierten Bild vom inneren Team haben wir Konflikte zwischen zwei Personen als Zusammenprall ihrer inneren Teams gedeutet. Das Konfliktverhalten der beiden ist dadurch gekennzeichnet, daß sie gewissermaßen nur ein oder zwei starke, unnachgiebige innere Teammitglieder nach vorn auf die Bühne schicken und darum starr und unkreativ auf ihren Positionen beharren. Dem Moderator fällt darum die Aufgabe zu, die vernachlässigten Teammitglieder aus dem Hintergrund auch auf die offene Bühne des Konfliktgeschehens zu holen und damit Beweglichkeit in die inneren Teams der Konfliktpartner zu bringen. Das erzeugt die gewünschte Bewegung zwischen den Parteien. Der Konflikt kann dann erst in kreativer und flexibler Weise gelöst werden und vielleicht sogar weiter führen als alles, was die Konfliktpartner bisher gedacht hatten.

Dadurch kann der Moderator sich ein umfassendes Bild von den Personen machen und reduziert sie nicht bloß auf ihre Sachaussagen, Meinungen und Positionen. Sie wiederum fühlen sich umgekehrt durch seine Einfühlung verstanden.

Demnach muß der Moderator eine ausgeprägte Fähigkeit besitzen (bzw. erwerben), die verbannten inneren Teammitglieder – oder wie sie in der Konfliktforschung auch genannt werden: die ‚Hintergrundbedürfnisse' der Personen – genau zu identifizieren, um sie zu benennen und damit auf die Bühne zu holen. Dazu ist es nötig, daß er aufmerksam hinhört, in offener Weise nachfragt und kaum spürbar geäußerte (ggf. sogar nur vermutete) Interessen, Wünsche und Gefühle der Personen wiedergibt.

Damit erkundet er das innere Erleben der Konfliktpartner gewissermaßen wie ein Arzt, der einen Patienten abhorcht.

Verstehen sollte nicht mit Diagnostizieren verwechselt werden. Eine Einordnung des inneren Erlebens des anderen in diagnostische Kategorien nach dem Motto „Du bist jemand, der …" stigmatisiert ihn in einer Weise, die meistens weder hilfreich noch korrekt ist, sondern verallgemeinernd und übermäßig vereinfachend. Sie führt deshalb bei den meisten Menschen mit Recht zu Abwehr. Verstehen heißt, die aktuelle innere Situation des anderen mitzuempfinden, als sei es die eigene, und dieses Empfinden so zum Ausdruck zu bringen, daß der andere eine Widerspiegelung seiner selbst spürt – keine Diagnose!

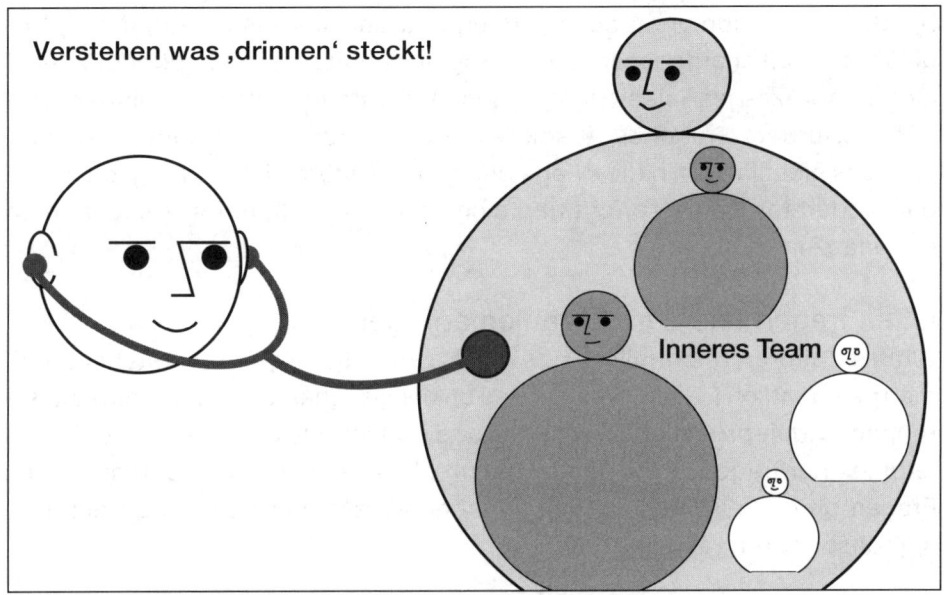

Verstehen was ‚drinnen' steckt!

Inneres Team

Aufmerksam zuhören

Erste Voraussetzung für ein offenes, vertrauensvolles und effektives Gespräch ist die Fähigkeit, dem Gesprächspartner aufmerksam zuzuhören, d.h. seinen Äußerungen über Sachverhalte, inneres Erlebens, zwischenmenschliche Beziehungen und Vorschläge zu folgen. Zuhören ist nach Auffassung erfahrener Berater grundsätzlich die wichtigste Kommunikationsform in allen Gesprächen. Sie scheint auf den ersten Blick kaum schwierig zu sein. Unter Zeitdruck oder im Streß einer Auseinandersetzung aber fällt es oft nicht leicht, hinreichend lange zuzuhören, um den Gesprächspartner tiefgehend zu verstehen. Oft verliert man den roten Faden des einen oder anderen Konfliktpartners, unterbricht sich gegenseitig und verstärkt dann den Streß.

Zuhören ist während der gesamten Moderation von Bedeutung. Die Moderation gerät mit Sicherheit in die ‚Wüste der Fassaden', wenn die Beteiligten merken, daß auch der Moderator nicht genau zuhört. Er wird im

‚Sumpf der Ziellosigkeit' herumstapfen, wenn er die kleinen Signale über-
hört, mit denen einzelne Teammitglieder auf tieferliegende Themen hinweisen. In der Klärungsphase verliert er sich im ‚Dickicht der Argumente',
wenn es ihm nicht gelingt, dem einzelnen Gesprächspartner zu folgen. Auch
bei der Produktion von Lösungsideen und der Absprache von (Neu-) Regelungen muß er aufpassen, um im Sog des (manchmal sehr euphorischen)
Gruppenprozesses leise Signale des Widerstandes wahrzunehmen. Zuhören erfordert ein hohes Ausmaß an Konzentration und Aufnahmefähig-
keit, das nicht jedem in die Wiege gelegt ist. Zuhören ist nur möglich, wenn
der Moderator wenig spricht und sich ruhig zurückhält, um seine inneren
Resonanzen zu spüren.

Offen fragen und zum Erzählen anregen

Bloßes Zuhören reicht allerdings nicht. Um tiefgehend zu verstehen, muß
man gelegentlich fragen, wenn etwas unklar ist. Unklar sind abstrakte Äußerungen, widersprüchliche Aussagen und nonverbale Signale. Man sollte allerdings nur fragen, wenn man wirklich etwas wissen will. Schematisches
Fragen ohne spürbaren Informationsbedarf läßt den Kontakt zu den Gesprächspartnern rasch abbrechen.

Fragen ist eine aktive Gesprächsform. Darum besteht die Gefahr, daß die
Fragen von Thema und Sichtweise der Konfliktpartner wegführen zu den
Lieblingstheorien des Moderators. Fragen neigen überdies dazu, die eine
oder andere Seite zu Äußerungen zu verleiten, die sie vielleicht (noch) nicht
machen möchte. Fragen sind oft inquisitorisch und können bei manchen
Gruppenmitgliedern das Gefühl erzeugen, rational begriffen, aber gefühlsmäßig nicht verstanden zu sein. ‚Wer fragt, der führt!' lautet das (kurzsich-
tige) Motto mancher Führungstrainings. Dort wird Fragen als Leitungs-
technik mißverstanden, es dient der Manipulation des anderen und nicht
mehr dem Verstehen.

Der Moderator balanciert gewissermaßen zwischen den Abgründen der
Fehldeutung, des Mißverstehens auf der einen Seite, wenn er zu wenig oder
nicht rechtzeitig nachfragt, und der Inquisition, des fragenden Bedrängens
auf der anderen. Eine typische inquisitorische Frage ist das beliebte „Warum haben Sie (nicht) ... getan?" Sie wird oft mit Ausweichmanövern quit-
tiert, die beim Konfliktpartner und beim Moderator den Verdacht weckt bzw.

erhärtet, daß der Betreffende doch irgendwelchen Dreck am Stecken hat. Also bohrt der Moderator weiter, und er entzieht sich. Ein Teufelskreis entsteht: Je mehr die eine Seite bohrt, desto mehr zieht die andere sich zurück, desto mehr bohrt die eine, desto... Der Moderator spielt mit, und die Bereitschaft der Konfliktpartner, sich zu öffnen und zu einer kooperativen Lösung zu kommen, sinkt rapide.

Das Gleichgewicht zwischen Fehldeutung und Inquisition kann der Moderator am besten durch offene Fragen halten. Offene Fragen lassen viel Spielraum; im Gegensatz zu geschlossenen, auf die die Gesprächspartner nur mit ‚ja', ‚nein' oder ‚weiß nicht' antworten können. Bei offenen Fragen fällt es ihnen leichter, ihre Äußerungen zu differenzieren, neue Schwerpunkte zu setzen und die Fragestellung ihrem Thema statt sich der Frage anzupassen. Offene Fragen regen zur Selbstklärung und zum Schildern von inneren Aspekten des Problems sowie von Hintergrundbedürfnissen an.

Man kann nichts falsch machen, wenn man eine offene Frage mit dem Fragewort „Wie...?" beginnt.

> Über Sachinformationen:
> „Wie sehen Sie den Sachverhalt? Wie kam es zu dieser Situation?"
>
> Über inneres Erleben:
> „Wie haben Sie dieses Ereignis erlebt? Wie haben Sie sich in dieser Situation gefühlt?"
>
> Über Beziehungen:
> „Wie sehen Sie Ihre Beziehung? Wie stehen Sie jetzt zueinander?"
>
> Über Vorschläge:
> „Wie möchten Sie vorgehen? Wie sind Ihre Pläne?"

Dieselbe Funktion wie offene Fragen haben Aufforderungen, den einen oder anderen Aspekt ausführlicher zu schildern. „Erzählen Sie bitte mehr davon!" ist für die meisten Menschen sehr attraktiv. Sie spüren Interesse und Engagement und können sich selbst zum Ausdruck bringen. Wer Zugang zu anderen Menschen bekommen will, besitzt mit diesem Satz den Schlüssel – wie gesagt, wenn er wirklich etwas wissen will!

Interessen, Wünsche und Gefühle wiedergeben

Aufmerksames Zuhören, offene Fragen und anregende Aufforderungen sind vertraute Gesprächsformen im Alltag. Für die professionelle Beratung wurde die Gesprächsform der Wiedergabe von gedanklichen Vorstellungen und Gefühlen entwickelt. Sie scheint bei Alltagsgesprächen eher befremdlich. In der Moderation wirkt sie jedoch sehr klärend, weil sie die inneren Hintergründe und tieferliegenden Gefühle und Wünsche der Konfliktpartner zielgerichtet erkundet sowie die Variabilität der Gesprächsführung erhöht. Man sollte allerdings nicht übereilt und distanzlos die tieferen Gefühle der Konfliktpartner wiedergeben, sondern zunächst – gewissermaßen mit mittlerem Tiefgang – ihre Interessen und Wünsche hinter ihren öffentlichen Positionen an der Oberfläche des Konfliktes.

Jeder kennt Gesprächspartner, deren Motive hinter ihren Positionen nur schwer verständlich sind. Man versteht nicht, was sie eigentlich wollen. Das, was sie offen äußern, scheint verworren und unzureichend. Man kann die Hintergrundbedürfnisse erkunden und ihre Zusammenhänge rekonstruieren, indem man zunächst das, was man verstanden hat, in eigenen Worten zusammengefaßt wiederholt und damit von den anderen überprüfen läßt.

> „Sie möchten auf keinen Fall wieder den Stimmungsschwankungen ihres früheren Chefs ausgesetzt sein." So könnte der Moderator die unklaren Argumente eines Konfliktpartners zu einer geplanten Umsetzung seiner Stelle in die Abteilung des früheren Chefs auf den Punkt bringen. Wenn die Wiedergabe daneben liegt, kann der Gesprächspartner sie korrigieren.

In dem Maße, in dem der Moderator selbst nach und nach besser versteht, was die eine oder andere Seite ‚eigentlich' oder ‚auch noch alles' will, trägt er auch zur Selbstklärung der Konfliktpartner bei. Diese Klärung läßt sich durch die Wiedergabe von Interessen und Wünschen wirksam vorantreiben.

Hinter den engen, oberflächlichen Positionen der Konfliktpartner stehen aber nicht nur ungenannte Wünsche oder Interessen wie z.B. der Wunsch nach Anerkennung oder das Interesse an einem Arbeitsplatz mit mehr Entscheidungsspielraum. Das Konzept der Konfliktmoderation geht davon aus, daß oft tiefere Gefühle mitspielen wie Angst vor Versagen, Neid gegenüber der vermeintlichen Bevorzugung oder Aggression gegenüber einem Rivalen. Im Konflikt neigen die Konfliktparteien dazu, diese Gefühle zu verdecken, um sich nicht verletzlich zu machen. Das führt zu der charakteristischen Starrheit von Konfliktpositionen.

Ein guter Moderator arbeitet besonders in der Phase der Sichtweisenklärung intensiv daran, diese Starrheit aufzuweichen, indem er die Konfliktpartner dazu bringt, ihre (wahren) Gefühle einander (vorsichtig) zum Ausdruck zu bringen. Dazu eignet sich als Kommunikationsform die Wiedergabe von vermutlichen Gefühlen. Gefühle bilden den Kern des inneren Erlebens. Konflikte beruhen oft auf beängstigenden, ‚weichen' Gefühlen wie Hilflosigkeit, Schuld, Scham, unerlaubten Sehnsüchten und Befürchtungen. Diese Gefühle sind oft mit unausgesprochenen Wünschen verbunden. Was die Konfliktpartner in ihrer Auseinandersetzung an die Oberfläche lassen, sind in der Regel nicht diese beängstigenden Gefühle und unerlaubten Wünsche, sondern sachliche Argumente und normativ abgesicherte Vorwürfe.

Wenn echte Gefühle überhaupt zum Ausdruck gebracht werden, dann in unkontrollierten Ausbrüchen kämpferischer Gefühle wie Wut, Ärger und Angriffslust. Diese ‚harten' Gefühle haben (ebenso wie Sachargumente und Vorwürfe) die Funktion, sich vor der Verletzung von tieferliegenden, beängstigenden oder weicheren Gefühlen zu schützen.

Kurz: Die Konfliktparteien versuchen oft, ihre Gefühle ‚außen vor' zu halten.

Hier reicht aufmerksames Zuhören nicht aus, um sie vorsichtig zum Ausdruck kommen zu lassen. Eine offene Frage nach Gefühlen wirkt dagegen etwas grobschlächtig und überfordert die Konfliktpartner. Die Wiedergabe von vermuteten Gefühlen zeigt dagegen in sensibler Weise, daß man die Kontrahenten nicht nur sachlich-fachlich, sondern auch im Hinblick auf ihr inneres Erleben verstehen möchte. Das führt zur Vertiefung des Vertrauens, wirkt als positives Modell und fördert die Kooperation – vorausgesetzt, der Moderator möchte die inneren Hintergründe der Konfliktpartner tatsächlich verstehen!

Im eben angesprochenen Beispiel forderte der Moderator den Konfliktpartner zunächst auf, etwas über die Zusammenarbeit mit seinem früheren Chef zu erzählen. Nachdem dieser über einzelne Szenen berichtet hatte, äußerte der Moderator sein Verständnis, indem er kaum spürbar geäußerte Gefühle wiedergab: „Die Stimmungsschwankungen Ihres Chefs nahmen Sie auch bei kleinen Anlässen ziemlich mit und brachten Sie zugleich in Rage."

Darüber hinaus führt der Austausch von Gefühlsäußerungen oft auch zu neuer Selbsterkenntnis. Die Wiedergabe zwiespältiger Gefühle (z.B. Wut und Hilflosigkeit bei Konflikten) kann in einer vergleichsweise kurzen Gesprächssequenz zu überraschenden Einsichten führen.

So bringt der Moderator durch die Wiedergabe von emotionaler Betroffenheit („nahmen Sie ziemlich mit") neben der von Ärger („in Rage") ein verdecktes Gefühl sensibel ins Spiel. Diese Wiedergabe kann die betreffende Person auf ein unbemerktes Gefühl aufmerksam machen.

Die Wiedergabe von Gefühlsäußerungen legt die kommunikative Lupe auf die subjektive Welt des inneren Erlebens.

Anleitung zum Selbsttraining
Nehmen Sie dazu ein Gespräch oder wieder eine Talkshow audiovisuell auf.

1. Sehen Sie sich den ersten argumentativen Beitrag eines Gesprächspartners genau an; aber nur einmal.
2. Versuchen Sie, diesen Beitrag in eigenen Worten schriftlich zu reproduzieren, und zwar nach dem Schema auf der folgenden Seite.

Zu Anfang muß man die Aufnahme mehrfach ansehen, um alle Aspekte aufzuführen, die ein Beitrag enthält. Dabei können Sie feststellen, bei welcher Art der Äußerung Ihre Wahrnehmung eingeschränkt ist: Zu welchen Spalten fällt Ihnen wenig ein? Hier könnte ein Defizit liegen. Den meisten Menschen fällt es leicht, sachliche Informationen und Vorschläge aufzunehmen und zu behalten. Unserer Aufmerksamkeit entziehen sich unterschwellige Beziehungsdefinitionen und besonders Signale zum inneren Erleben des anderen.

Am Beispiel einer Diskussion über Aids, in der ein medizinischer Fachexperte die folgenden Äußerungen macht, sieht das wie folgt aus:

Sachverhalte	Inneres Erleben	Beziehung	Pläne/Appell
Welche Sach-inhalte nennt die Person?	Welche Gefühle bringt sie zum Ausdruck?	Wie definiert sie ihre Beziehung zu anderen?	Welche Vorschläge macht sie?
(z.B. Infizierungsweg: „Der HIV-Erreger ist nur über Blut, Lymph-flüssigkeit oder Speichel übertragbar."	(z.B. Ärger: „Es bringt mich auf, wenn hier leichtfertig Angstma-che betrieben wird.")	(z.B. nüchterne Wis-senschaft vs. billige Effekthascherei: „Mei-ne Aussagen beruhen auf wissenschaftlichen Tatsachen. Sie wollen dagegen nur billige Effekte erzeugen.")	(z.B. Aufklärung:„Man sollte die Bevölke-rung über die Tat-sachen in einer breit angelegten Kam-pagne aufklären!")

3. Überlegen Sie nun, was Sie vom Sprecher im Zusammenhang mit seiner Äußerung noch wissen möchten, und setzen das in eine offene Frage oder Aufforderung um. Im weiteren Verlauf der Aufzeichnung können Sie prüfen, ob Ihre Frage überhaupt auftaucht, wie sie gestellt wird und wel-che neuen Informationen sie bringt.
4. Formulieren Sie die (vermutlichen) Interessen, Wünsche und Gefühle des Sprechers in einem Satz. Vielleicht bestätigt der weitere Verlauf des Ge-spräches Ihr Einfühlungsvermögen.
5. Überlegen Sie, wie die vom Sprecher angedeuteten Beziehungsdefini-tionen (unterschwellige Vorwürfe, Koalitionen, Herabsetzungen usw.) von den betroffenen Personen wahrgenommen werden und wie Sie an ihrer Stelle reagieren würden. Später können Sie feststellen, wie sich die Beziehungen entwickeln.

Führen Sie diese fünf Schritte an der zweiten Äußerung derselben Person in der Diskussion durch, und prüfen Sie dann ihre Analyse am weiteren Ver-lauf der Aufzeichnungen. Das ist oft ziemlich spannend.

Achtung
Diese Übung wird Sie anregen, die Gesprächsleitung genauer zu betrach-ten, wenn es sich um eine Talkshow handelt. Nehmen Sie sich aber bitte

kein Beispiel an ihm oder ihr, auch nicht an sehr erfolgreichen Moderato-ren. Sie sind keine Konfliktmoderatoren, sondern eher Showmaster. Sie sollen in erster Linie den Unterhaltungs- und Informationsbedarf des Fern-sehpublikums befriedigen und nicht den Diskussionsteilnehmern zu einem produktiven Einverständnis verhelfen. Darum strukturieren sie so stark, daß die Gesprächsteilnehmer meistens zu kurz kommen und enttäuscht sind. Deshalb ist die Talkshow-Moderation auch durch eine typische Asymme-trie des Öffnens und Schließens gekennzeichnet. Eine Talkshow-Diskussi-on hat eher den Charakter eines Stammtisches oder Kaffeegesprächs (vgl. S.92). Der Moderator muß ständig neue Aspekte des Themas eröffnen, aber keinen in verbindlicher Weise abschließen.

Gemeinsam Lösungen entwickeln: Brainstorming

Wenn es dem Moderator gelingt, die Konfliktpartner dazu zu bringen, ihren (zwischenmenschlichen) Konflikt wie ein Sachproblem zu sehen, das einer kreativen Lösung bedarf, ist schon viel gewonnen. Meist geht es in der Ver-handlungsphase um die Entwicklung von Lösungen. Im Bereich der Koope-rationsforschung in Gruppen hat sich das Verfahren des Brainstorming be-währt, weil es verfrühte Kritik verhindert und Kreativität freisetzt. Es ist – sorg-fältig angewandt – nicht nur bei Gruppen, sondern auch bei zwei oder drei Personen die fruchtbarste Methode zur gemeinsamen Entwicklung tragfähi-

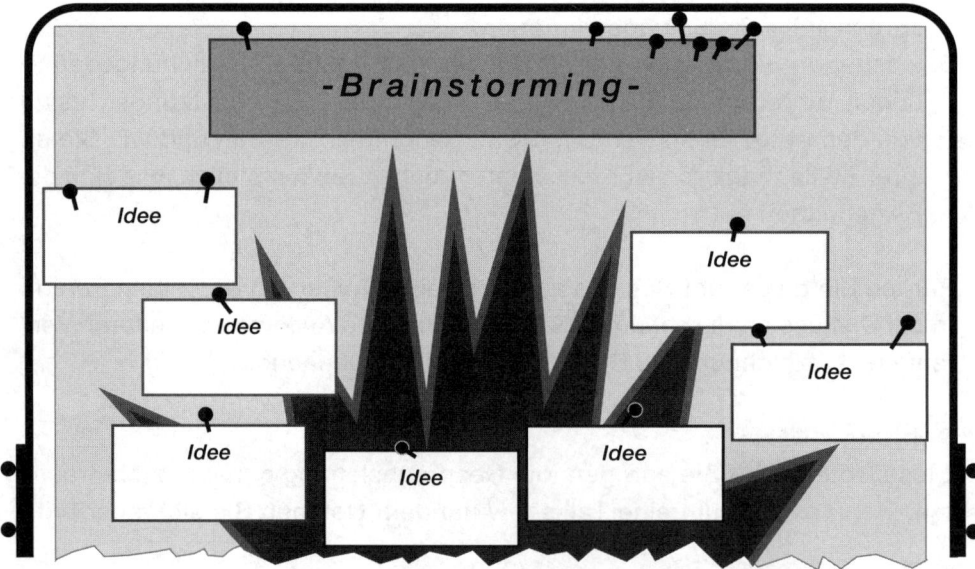

ger Lösungen – jedenfalls bei offenen Problemstellungen wie zwischenmenschlichen Konflikten, bei denen es keine beste Lösung gibt, sondern nur passende und unpassende Möglichkeiten. Das Ziel des Brainstorming ist es, die kreativen Potentiale aller Beteiligten zu aktivieren, um die ganze Breite möglicher Lösungen denkbar zu machen. Es geht gewissermaßen darum, das durch die festgefahrenen Positionen der Konfliktpartner erstickte Gedankenfeuer wieder zu entfachen und durch immer mehr Ideen wie durch Brennmaterial hoch aufflammen zu lassen. Ein solches Problemlösungsfeuer bringt nicht nur Licht ins Dunkel der Konfliktwildnis, sondern strahlt auch Wärme aus, die den zwischenmenschlichen Beziehungen zugute kommt.

Zunächst werden dabei die Ziele präzisiert.

> Ein Moderator, der zunächst die Wünsche aller beteiligten Teammitglieder bei einer anstehenden Neuaufteilung der Büroräume und die hinter den Wünschen stehenden Bedürfnisse erkundet hat, könnte das nächste (und zugleich auch letzte) Ziel der Konfliktmoderation etwa so vorschlagen: „Wie können Sie die Raumverteilung möglichst so gestalten, daß alle von Ihnen genannten Interessen berücksichtigt werden? Wollen wir zunächst alle Ideen sammeln, die uns dazu einfallen?"

Für die Ideensammlung gelten folgende Regeln:
- Möglichst viele Ideen produzieren!
- Alle – auch abwegige – Ideen werden notiert!
- Keine Idee darf bewertet werden!
- Ideen des anderen dürfen / sollen weiterentwickelt werden!

Hier ist vor allem die angemessene Zurückweisung von kritischen Bewertungen an Lösungsideen schwierig. Denn auch wenn man das Bewertungsverbot vorher benennt und gut begründet, neigen viele Personen im ‚Eifer des Gefechtes' dazu, die Schwächen jedes Vorschlags rasch zu entdecken und ihn entweder als ineffektiv oder als unrealistisch abzutun. Es fressen sich dann an einzelnen Ideen gerne die ‚Immer-schnell-Begeisterten' und die ‚Grundsätzlich-Skeptischen' fest, die es miteinander ohnehin ziemlich schwer haben in ihrer Zusammenarbeit.

Es ist hier hilfreich, mit Humor und Lockerheit an das Bewertungsverbot zu erinnern, auch wenn es mehrfach verletzt wird, statt sauertöpfisch die Nor menkeule zu schwingen und damit den kreativen Spaß an der Suche nach Lösungen mehr zu vermindern, als es vereinzelte kritische Einwände jemals könnten.

Erst wenn keine neuen Vorschläge mehr produziert werden, werden sie bewertet. Genau betrachtet enthält die Bewertung drei Kriterien:

■ Bewirkt der Vorschlag das angestrebte Ziel überhaupt?

So würde es wahrscheinlich die unterschiedlichen Wünsche und Hintergrundbedürfnisse der Betroffenen vermutlich nicht befriedigen, wenn man in ihrem territorialen Konflikt die Räume nach Quadratmetern gleich verteilte.

■ Welchen Aufwand erfordert der Vorschlag?

Ein umfangreicher Umbau der Räume würde einen erheblichen Aufwand erfordern.

■ Welche positiven oder negativen Nebeneffekte treten auf?

Eine Zufallsverteilung der Räume hätte möglicherweise zur Folge, daß enge Kooperationspartner räumlich weit entfernt wären.

Nun geht es um die Entscheidung. Die Kriterien grenzen die Vorschläge nur ein. Manchmal ist offensichtlich, welcher Vorschlag der effizienteste ist. Allerdings kann es dazu kommen, daß eine rationale Entscheidung nicht möglich ist, weil verschiedene Kriterien unvergleichbar sind (z.B. Quadratmeter-Gerechtigkeit vs. Lärmbelästigung) und die Wirkung unsicher ist (z.B.: Wird der Einbau von Lärmschutzfenstern tatsächlich die Lärmbelästigung entscheidend verringern?).

In solchen Fällen bleibt oft nur die subjektive Entscheidung. Dabei sollten nach Möglichkeit diejenigen entscheiden, die den Vorschlag umsetzen werden. Mit der Entscheidung übernehmen sie die Verantwortung. Wie im Abschnitt über das Aushandeln von (Neu-) Regelungen dargestellt, hat es sich eher bewährt, die Teammitglieder in kleinen, getrennten Gruppen an der Auswahl und Begründung von Lösungen arbeiten zu lassen, statt als Moderator die Verantwortung zu übernehmen, die ‚Kuh vom Eis' zu bekommen. Das ist jetzt Sache des Teams.

Die gemeinsame Entwicklung von Lösungen ist besonders bei Sachkonflikten sinnvoll. Ein gelungenes Brainstorming motiviert die Beteiligten und fördert ihre Zusammenarbeit.

Zusammenfassung
Die gemeinsame Entwicklung von Lösungen erfordert kooperative Ideenfindung und -bewertung. Sie berücksichtigt …

- Prinzipien des Brainstorming: kreative Ideenproduktion,
  keine Bewertung, Transparenz
- zweckrationale Kriterien: Zielerreichung, Aufwandsberechnung,
  Nebenfolgenabschätzung
- subjektive Kriterien: Es sollen letztlich die Lösungen gewählt werden,
  die von denjenigen, die ihre Ausführung verantworten,
  getragen werden können.

Übung in einer Kleingruppe
Sie sollten wenigstens drei Personen sein. Die Aufgabe kann in folgenden Schritten bearbeitet werden:

1. Jede Person überlegt sich einen Konflikt aus ihrer Alltagserfahrung (z.B. eine unklare Erbschaftsregelung, Wahl eines Urlaubsziels in einer Familie mit zwei Teenagern o.ä.) und skizziert die Rahmenbedingungen (nicht zu eng – eher offen!).
2. Sie schildert den anderen den Konflikt.
3. Sie moderiert ein Brainstorming.
4. Die anderen geben ihr abschließend kurze Rückmeldung:
   Was hat sich bewährt? Möglichst viele Punkte benennen!
   Was sollte sie beim nächsten Mal in welcher Weise anders machen?
   Sich auf einen Kritikpunkt beschränken!

Für alle Konflikte ein Brainstorming durchführen, so daß jede Person einmal als Moderator drankommt!

Entpolarisieren:
Sprachlichen Fouls begegnen – Fairneß fördern

Konflikte zwischen Menschen bedeuten Krach und Streit. Da gehen die Konfliktpartner nicht mit Samthandschuhen miteinander um, sondern greifen gern zu Beleidigungen, offenen Aggressionen, Wutausbrüchen, verbalen Gemeinheiten und Sticheleien, um ihre Enttäuschungen loszuwerden. Manchmal hat dieses ,Dampfablassen' eine fruchtbare Wirkung, besonders wenn die Teilnehmer ihre bösen Gefühle füreinander lange verleugnet und unterdrückt haben. Meist aber führen Ablehnung und Herabsetzung zur Polarisierung und im weiteren Verlauf zu einer unfruchtbaren Eskalation der Auseinandersetzung.

> In einer Lehrergruppe, die sich mit der Entwicklung eines Konzeptes zur Weiterentwicklung ihrer Schule, eines Gymnasiums, befaßt, kommt es zu einer Auseinandersetzung um die Frage der Benotung von Schülern im 5. und 6. Jahrgang. Die eine Seite vertritt die Auffassung, daß der Leistungsanspruch von Anfang an in transparenter Weise aufrechterhalten werden müsse, damit man nicht zu spät erkenne, welche Schüler von den gymnasialen Anforderungen ständig überfordert sein werden. Die andere Seite meint, daß man auch schwachen Schülern genügend Zeit geben müsse, sich an die Leistungsanforderungen des Gymnasiums zu gewöhnen, und darum die ersten beiden Jahre auf eine Benotung verzichten soll. Statt dessen sollte man bei Klassenarbeiten und im Zeugnis den jeweiligen Leistungsstand eines Schülers genau beschreiben, ihn auf seine Leistungsschwächen hinweisen und Möglichkeiten der Leistungsverbesserung schildern. Die Auseinandersetzung führt schließlich zu gegenseitigen Etikettierungen: Die eine Seite bezeichnet die andere als realitätsfremde Weltverbesserer, die entweder in naiver Blauäugigkeit oder aber – noch schlimmer – mit kalter Berechnung das Gymnasium demontierten. Die andere kontert, daß sie mit einer derartig rigiden Pädagogik, die in ihrem Leistungswahn geistig über Kinderleichen gehe, nichts zu tun haben wolle. So kommt es zu einer Polarisierung, die den Boden der sachlichen Auseinandersetzung verläßt und zu destruktiven Vorwürfen und persönlichen Beschuldigungen führt.

Ein Moderator versucht, Polarisierungen zu unterbinden, in denen sich die Konfliktpartner gegenseitig in verletzender Weise herabsetzen und damit die Beziehungen möglicherweise auf Jahre hinaus beschädigen. Dazu sollte er die Bereitschaft und Fähigkeit haben, die Konfliktpartner mit Kritik an ihrer

Kommunikation zu konfrontieren. Er muß den Mitspielern gewissermaßen die gelbe Karte zeigen können, um weitere sprachliche Fouls zu unterbinden.

Im Kapitel zu den Beziehungsstörungen, die ich als Zusammenprall von zwei inneren Teams interpretiere, habe ich bereits den besonderen Fall der komplementären Polarisierung beschrieben (S.97). Hier geht es nun um alle möglichen Polarisierungen, die durch sprachliche Fouls entstehen können. Wie soll ein Moderator damit umgehen?

Dazu muß er zunächst ein sprachliches Foul sicher erkennen, um dann im Dreischritt abgestuft zu reagieren:

Beim ersten Mal:
ein sprachliches Foul kurz zurückweisen – an Fairneß appellieren.
Beim zweiten Mal:
eindringlich erläutern, welche destruktiven Wirkungen persönliche Herabsetzungen haben und einen annehmbaren Umgangsstil fordern.
Beim dritten Mal:
ernsthaft verwarnen (gelbe Karte).

Bei weiterer Eskalation: die Sitzung mit der Perspektive abbrechen, es beim nächsten Mal noch einmal zu versuchen, wenn beide Seiten bereit sind, sich konstruktiv auseinanderzusetzen.

■ Woran erkennt man ein sprachliches Foul?

An zwei Merkmalen: Sprachliche Fouls sind verallgemeinerte und verletzende Aussagen über den Konfliktpartner. Wenn Konfliktpartner sich gegenseitig als ganze Person in herabsetzender Weise etikettieren, kann man davon ausgehen, daß sie sich polarisieren und der Konflikt eskalieren wird.

Sprachliche Fouls kündigen sich oft an. Zunächst werden kritische Verhaltensweisen der Gegenseite angeprangert, dann greift man zu negativen Eigenschaftsbegriffen, und schließlich bezeichnet man die ganze Person als krank, böse oder unfähig. Der Weg verläuft also von der Kritik an einem Verhalten über die Benutzung von negativen Eigenschaftsbegriffen zur Etikettierung der gesamten Person.

Konflikt zwischen Ehepartnern	
Ehemann	Ehefrau
Wieso sind die Kinder noch nicht im Bett? Und wie sie wieder verdreckt und lotterhaft rumlaufen!	Sie wollten noch ein bißchen aufbleiben. Das ist doch nicht so schlimm.
Das Kinderzimmer ist auch eine einzige Müllhalde. Ein bißchen Ordnung sollten sie doch halten. Sonst werden sie völlig verzogene Gören, die keiner mag.	Wo Kinder spielen, da ist es halt ein bißchen unordentlich. Man muß es mit der Ordnung auch nicht übertreiben.
Du kümmerst dich einfach zu wenig um sie. Läßt alles so laufen.	Ich kümmere mich genug um sie. Schließlich bin ich es ja, die mit ihnen ständig zusammen…
…Das grenzt schon an Verwahrlosung; diese Laissez-faire-Haltung von dir!	Wenn es nach dir ginge, hätten wir längst autoritär niedergeknüppelte Duckmäuser! In deinen starren Ansichten über Pflicht und Ordnung wirst du deinem Vater immer ähnlicher.

■ **Wie weist man ein sprachliches Foul kurz zurück?**

Man sollte vermeiden, sich zu lange und zu viel mit einem problematischen Kommunikationsstil zwischen den Konfliktpartnern zu beschäftigen. Dennoch sollte den Konfliktpartnern deutlich gemacht werden, daß der Moderator sprachliche Fouls ablehnt und unter seiner ‚Regie‘ ein fairer Umgang miteinander gepflegt wird. Dazu reicht zunächst ein kurzer Hinweis wie „Bitte vermeiden Sie verletzende Äußerungen" oder „Bleiben Sie fair, indem Sie in akzeptabler Weise miteinander sprechen!" Oft genügt auch eine entsprechende nonverbale Geste, z.B. eine beruhigende Handbewegung.

■ **Wie geht man mit Wiederholungen um?**

Tritt ein sprachliches Foul irgendwann noch einmal auf, sollte man keine große Geschichte daraus machen, sondern es wiederum nur kurz zurückweisen. Erfolgt es allerdings ziemlich direkt nach der ersten sprachlichen Entgleisung, so sollte man zur zweiten Stufe kommen und die Problematik von herabsetzenden Äußerungen knapp, aber eindringlich erläutern. Es geht darum, den Konfliktpartnern klarzumachen, daß

1. eine Konfliktlösung und die weitere Zusammenarbeit auf fairem Umgang aufbaut und sprachliche Fouls den Konflikt verschärfen,
2. niemand in seiner ganzen Person negativ abgestempelt werden möchte und
3. weitere sprachliche Fouls nicht mehr als bloße Unachtsamkeit verstanden werden, sondern daß man davon ausgehen muß, daß die betreffende Person die Atmosphäre absichtlich vergiftet, um den anderen zu verletzen oder zu provozieren.

Geht es nun mit akzeptablen Umgangsformen weiter, sollte man dies auch anerkennen, aber nicht nach dem alten Besserwisser-Motto „Seht ihr: Es geht doch!" – eher in dem Sinne, daß man sagt: „Ich weiß, wie schwer es ist, im Konflikt fair zu bleiben, wie Sie es jetzt tun."

Wenn allerdings eine Seite kurze Zeit später wieder in verletzender Weise über die andere spricht, sollte man ‚die gelbe Karte ziehen', das heißt eine Verwarnung in dem Sinne „Noch so ein Ding, und ich werde die Moderation abbrechen!" Der Moderator könnte z.B. sagen: „Einen Moment bitte – zum dritten Mal in kurzer Zeit höre ich jetzt eine verletzende Äußerung, die man so nicht hinnehmen kann. Ich halte meine Aufgabe hier nicht für erfüllbar, wenn das so weitergeht. Solche herabsetzenden Äußerungen vergiften das Klima. Beim nächsten Mal werde ich das Gespräch erst einmal abbrechen. Versuchen Sie, in annehmbarer Weise miteinander umzugehen. Sie werden feststellen, daß es geht!"

Eskaliert die Situation nun weiter, ist es notwendig, das Gespräch tatsächlich abzubrechen, indem man entweder eine Pause vorschlägt („So geht es nicht. Ich möchte jetzt eine Pause machen, damit sich die Gemüter etwas beruhigen.") oder das Gespräch vertagt – ebenfalls mit dem Hinweis auf Beruhigung.

Hier geht es um die Fähigkeit des Moderators, die Konfliktpartner mit Kritik an ihren Umgangsformen zu konfrontieren. Kritik- und Konfrontationsfähigkeit ist ein notwendiges Gegengewicht zum einfühlenden Verstehen, das ja hauptsächlich vom Moderator gefordert wird.

Verständnisbereitschaft und Konfrontationsfähigkeit bilden ein kommunikatives Gegensatzpaar, das im Gleichgewicht gehalten werden will. Zuviel Konfrontation wird auf die Dauer zu destruktiver Krittelei und verschließt die Konfliktpartner, wo sie sich einander öffnen sollen. Ständiges Verständnis gleitet leicht ab in diffuses Harmonisieren. Bloße Konfrontation entmutigt, verstärkt Ängste und Widerstände und provoziert rigides Festhalten an problematischen Verhaltensweisen. Bloßes Verständnis wirkt unecht oder gleichgültig, vermittelt den Konfliktpartnern keine neuen Informationen und nutzt nicht die Möglichkeit einer dritten Sichtweise.

Zusammenfassung
Der Moderator ist für den Kommunikationsstil während der Moderation verantwortlich. Ein fairer Kommunikationsstil ist das Vehikel der Konfliktklärung und -lösung. Negative, verallgemeinerte Äußerungen über den Konfliktpartner führen unweigerlich zur Eskalation des Konfliktes und zur Schädigung der Beziehung.

Darum identifiziert der Moderator sprachliche Fouls nach Möglichkeit bereits im Vorfeld, um abgestuft zu reagieren:
1. Foul kurz zurückweisen - an Fairneß appellieren
2. Sinn fairen Umgangs und negative Folgen sprachlicher Fouls eindringlich erläutern
3. Verwarnen: einen Abbruch der Moderation in Aussicht stellen
4. Abbrechen der Moderation mit Chance zum Neuanfang.
Dazu benötigt er neben der Verständnisbereitschaft auch die Fähigkeit zur Kritik und Konfrontation.

Übung in Kleingruppe
Sie müssen wenigstens vier Personen sein. Bilden sie zwei Tandems. Die Aufgabe umfaßt vier Schritte:
1. Szene erstellen: Jedes Tandem arbeitet zwei Konflikte aus dem Alltag heraus, indem es eine Szene mit entsprechenden sprachlichen Fouls so beschreibt, daß es sie dem anderen Tandem vorspielen kann (z.B. wie der Ehepaar-Konflikt auf S. 182).

2. In Szene setzen: Es spielt dem anderen Tandem der Vierergruppe die Konflikte in eskalierender Form vor.

3. Intervenieren: Ein Mitglied des anderen Tandems hat die Aufgabe, sprachliche Fouls zu identifizieren und abgestuft zu intervenieren.

4. Weitere Möglichkeiten erfinden: Bei jedem Konflikt werden noch andere Möglichkeiten gesucht und hier und da auch angespielt. Keine Zeit für Bewertungen und kritische Auseinandersetzungen über die beste Intervention verschwenden! Statt dessen lieber viele Möglichkeiten produzieren und möglichst hautnah ausprobieren! Dabei spürt jede Person selbst, was zu ihr paßt und was überhaupt nicht funktioniert.

In dieser Weise werden alle Konflikte so durchgespielt, daß alle einmal als Moderator dran waren.

Zum Schluß:
Sechs Leitsätze und zwei Einstellungen

Abschließend möchte ich zusammenfassen, was die mir bekannte Forschung zu Kooperation, Verhandlung, Mediation und Konfliktbehandlung an allgemeinen Leitsätzen empfiehlt.

Man sollte konstruktiv-zukunftsgerichtet denken und moderieren. Die Bearbeitung ‚alter Problemgeschichten' erweist sich dagegen oft als Sumpf von Kränkungen und erzieht zur Hoffnungslosigkeit. Im Umgang mit Beziehungsstörungen zwischen zwei Personen, wie sie Thomann und Schulz von Thun in ihrer ‚Klärungshilfe' entwickelt haben, sollte man allerdings darauf achten, daß man nicht oberflächlich über die vergangenen Ursachen hinweggeht. Hier ist eine tiefgehende Vergangenheitsbewältigung oft nötig. Dies aber innerhalb einer Gruppe zu tun, setzt meist soviel an kommunikativer Kompetenz, Offenheit und persönlicher Beziehung im Team voraus, daß man davon absehen muß. Darum halte ich diesen Leitsatz so für gültig.

Vorschußvertrauen sollte in jedem Fall gefördert werden. Auch dann, wenn es Gefahr läuft, in naive Blauäugigkeit abzurutschen. Die Gefahr, sich lächerlich zu machen, ist weniger schwerwiegend als die Gefahr, daß eine mißtrauische Atmosphäre die offene Kommunikation im Team erstickt sowie Informationsfluß und Kooperation behindert. Der Moderator sollte es vermeiden, Mißtrauen durch professionelle Geheimnistuerei, methodisches Imponiergehabe und Versuche manipulativer Lenkung zu fördern.

Außerdem sollte Beweglichkeit bei den Teammitgliedern gefördert werden, wo immer das möglich ist. Damit ist gemeint, daß die Kontrahenten ihre vorgefaßten Meinungen und Positionen in Frage stellen und schließlich auch verlassen. Dieser Leitsatz beruht auf der Annahme, daß Konflikte durch Angst vor Übervorteilung und starres Festhalten an der eigenen Position gekennzeichnet sind.

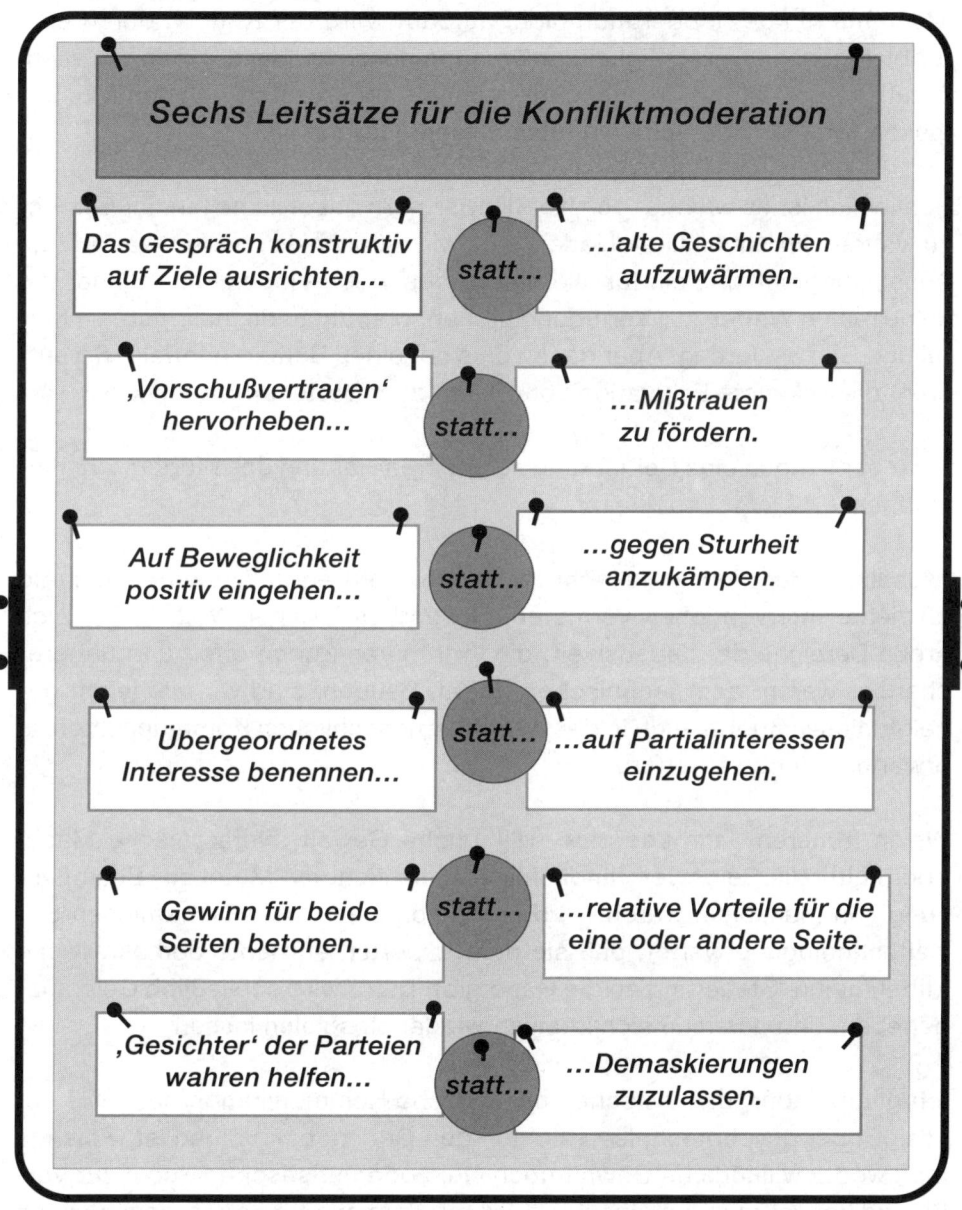

Sechs Leitsätze für die Konfliktmoderation

Das Gespräch konstruktiv auf Ziele ausrichten... *statt...* ...alte Geschichten aufzuwärmen.

,Vorschußvertrauen' hervorheben... *statt...* ...Mißtrauen zu fördern.

Auf Beweglichkeit positiv eingehen... *statt...* ...gegen Sturheit anzukämpen.

Übergeordnetes Interesse benennen... *statt...* ...auf Partialinteressen einzugehen.

Gewinn für beide Seiten betonen... *statt...* ...relative Vorteile für die eine oder andere Seite.

,Gesichter' der Parteien wahren helfen... *statt...* ...Demaskierungen zuzulassen.

Der Weg zu einer Konfliktlösung führt letztlich nur über das Erkennen gemeinsamer Interessen. Die Fokussierung auf individuelle Einzelinteressen führt weiter in den Konflikt. Übergeordnete Ziele des Teams sind das Band, das die Teammitglieder letztlich zusammenhält.

Wenn man in der Moderation nicht aufpaßt, wird der Konflikt durch eine problematische Gerechtigkeitsauffassung geschürt, bei der man vor allem darauf achtet, daß keiner mehr bekommt als andere, statt sich damit zu befassen, was für jede Seite ein tatsächlicher Gewinn ist.

Schließlich ist es wichtig, den Konfliktpartnern dabei zu helfen, ihr Gesicht zu wahren. Im Konflikt neigt jeder dazu, mit möglichst scharfen Waffen „die Auseinandersetzung ein für alle Mal zu beenden" – im eigenen Sinne. Wo keine realen Waffen zur Verfügung stehen, greift man deshalb gern zu Moral und Demaskierung. Aber genau dies hat einen Bumerangeffekt. So entsteht die bekannte Eskalation vom Sach- zum Beziehungskonflikt.

Ich möchte noch eine Bemerkung zur inneren Haltung des Moderators hinzufügen.

‚Konfliktmoderation' klingt sehr technisch. Der Begriff läßt klare Ziele und effiziente Interventionen vermuten. Besonders in einer Welt, in der sich große Bereiche der Lebenswelt, die in früheren Zeiten offen und unberechenbar waren, dem technischen Zugriff beugen, sind wir alle leicht geneigt, diesen Zugriff auch in der zwischenmenschlichen Kommunikation zu erwarten oder zu erhoffen.

Wo in früheren Jahrhunderten willkürliche Gewalt, hierarchische Macht oder kulturelle Selbstverständlichkeiten die sicheren Mittel zur Beeinflussung von Menschen waren, wird heute von einer wissenschaftlichen Sozialtechnologie erwartet, daß sie dem Experten effiziente demokratische Mittel für ihre Steuerung an die Hand gibt. Dafür wird schließlich Geld ausgegeben, und das muß sich letztlich wieder einspielen lassen.

Ich glaube aber, daß zwischenmenschliche Kommunikation nach wie vor sozio- oder psychotechnisch nicht in den Griff zu bekommen ist. Solange man weder willkürliche Gewalt noch Geld oder juristisches Recht zur Verfügung hat, ist man auf eine Einigung mit dem anderen angewiesen, wenn er halbwegs das tun soll, was man möchte, und man umgekehrt halbwegs das tut, was er möchte. Wo keine Bereitschaft zur Einigung besteht, kann die beste Konfliktmoderation nichts ausrichten. Das ist wohl allgemein bekannt.

Was weniger bekannt ist, ist der paradoxe Effekt zielgerichteter Einwirkungen von Menschen auf Menschen: Unter der Bedingung von rechtstaatlich gesicherter, demokratischer Freiheit des Individuums schlägt der Versuch, mit vorgegebenen Zielen auf die zwischenmenschliche Kommunikation einzuwirken und Konfliktlösungen zu erzielen, meist ins Gegenteil um. Viele Konfliktparteien machen aus einem Interessenkonflikt gerade deshalb einen Beziehungskrieg, weil sie einander kontrollieren wollen und sich nicht kontrollieren lassen. Sie werden mit dem Moderator ebenfalls in Streit geraten, wenn sie spüren, daß er sie kontrollieren will. Das heißt aber auch umgekehrt: Wenn Teammitglieder merken, daß sie ihre Dinge selbst steuern können und der Moderator sie darin unterstützt, verringern sie ihr Konfliktpotential erheblich, nämlich genau um den Reaktanzanteil. Darüber hinaus werden sie wahrscheinlich auch untereinander kompromißbereiter in der Sache.

Bei genauer Betrachtung ist der Sachverhalt zwar differenzierter. Z.B. reagieren die Menschen unterschiedlich auf Kontrollversuche von außen. Mancher wehrt sich schon mimosenhaft gegen Beeinflussungen, wo gar keine versucht werden. Andere lassen sich gerne an die Hand nehmen, ohne Widerstand zu entwickeln.

Dennoch bleibt der Grundsatz: Zwischenmenschliche Kommunikation ist durch eine Person nicht in den Griff zu bekommen - schon gar nicht in Gruppen und durch einen (externen) Moderator.

Darum sollte der Konfliktmoderator meiner Meinung nach zwei Punkte beherzigen: Seine Moderation sollte offen sein im Hinblick auf das Ergebnis, und er selbst sollte bescheiden sein im Anspruch, was er bewirken kann.

Natürlich muß jede Moderation als Ergebnis eine Konfliktlösung anstreben. Was aber unter ‚Lösung' konkret zu verstehen ist, ist selbst oft genug Gegenstand der Auseinandersetzung. Ergebnisoffenheit bedeutet, daß die Beteiligten selbst ihre Ziele bestimmen und die Moderation bereits hierbei hilft. Trotz eines einvernehmlichen Ziels wie ‚Verbesserung der Kooperation' kann im Lauf des Prozesses den meisten Gruppenmitgliedern klar werden, daß es unter den gegebenen Bedingungen und mit den vorhandenen Personen mit einer besseren Kooperation nichts wird, daß durch das Erzwingen-Wollen einer besseren Kooperation alles nur noch schlimmer wird und daß eine Trennung, Entflechtung oder eine auf das Mindeste reduzierte Koordination von arbeitsteiligen Handlungen immer noch das Bestmögliche sein mag. Auch das darf als ,Ergebnis' der Konfliktmoderation gelten.

Die Einwirkung eines kurzzeitig eingreifenden, außenstehenden Moderators auf das langfristige Geschehen in einem Team ist naturgemäß begrenzt. Zur Klärung des Konfliktes und seiner Hintergründe trägt der Moderator erheblich mehr bei als zur Lösung, die eigentlich nur durch die Teammitglieder entwickelt werden kann – und muß, wenn sie langfristig von ihnen getragen werden soll. Darum sprechen Thomann und Schulz von Thun (1988) bewußt nur von ,Klärungshilfe'. Ein Moderator, der sich größere Einflußmöglichkeiten zuschreibt, läuft nicht nur Gefahr, den gesunden Widerstand der Gruppe herauszufordern und sich selbst zu enttäuschen, sondern er nimmt der Gruppe auch ein Stück ihrer Selbständigkeit, wenn er tatsächlich zu einem wichtigen Einflußfaktor wird. Bescheidenheit im Hinblick auf die eigene Wirksamkeit ist darum nicht bloß eine Beziehungsbotschaft, sondern hat vermutlich auch einen langfristigen Effekt.

Kurz: Wenn die Beteiligten sich durch den Moderator nicht zum Erfolg gedrängt fühlen, kommen sie wahrscheinlich eher zum Erfolg. Das ist eine unserer sprachlichen Paradoxien. (Aber sie sollte nicht dazu verleiten, in paradoxer Weise Erfolge erzielen zu wollen.)

Vier Fallbeispiele

Erster Fall
Mangelhafter Informationsfluß

Sie sollen für die Mitarbeiter der Filiale eines Zeitarbeitsunternehmens eine Konfliktmoderation zur Verbesserung des Informationsflusses durchführen.

Der Filialleiter, Dr. Both, hatte Ihnen das Unternehmen so vorgestellt: „Die Filiale hat ca. 150 externe Mitarbeiter und sechs Festangestellte. Die Festangestellten: Da bin ich als Geschäftsleiter. Die operative Arbeit machen drei kaufmännische Disponentinnen und zwei gewerbliche Disponenten. Disponenten nennen wir die Betreuer/innen der externen Mitarbeiter.

Externe Mitarbeiter werden meist als Vollzeitkräfte bei uns eingestellt und an andere Firmen ‚ausgeliehen'. Aufgrund der Gefahr, Arbeits- und Sozialversicherungsgesetze zu umgehen, werden solche Unternehmen von den zuständigen Behörden besonders streng kontrolliert. Sie prüfen Verträge und Aktenführung sehr genau. Zunächst bekommt ein Zeitarbeitsunternehmen eine Zulassung nur auf ein (!) Jahr. Wenn ein Unternehmen sich drei Jahre lang ‚gut führt', wird eine unbefristete Genehmigung erteilt. Falls es zu Unregelmäßigkeiten in der Personalführung oder Verwaltung kommt, kann die unbefristete Genehmigung entzogen werden, und man fängt wieder von vorn an.

Die Filiale hat eine kaufmännische und eine gewerbliche Abteilung. Die Aufgabe der kaufmännischen und gewerblichen Disponenten ist es, Aufträge zu akquirieren, d.h. neue Kunden zu werben. Dazu gehört es, unser Zeitunternehmen bei neuen Kunden bekannt zu machen und bei früheren wieder in Erinnerung zu bringen. Außerdem führen die Disponenten auch Bewerbungsgespräche, stellen Mitarbeiter ein und betreuen sie anschließend eigenverantwortlich. Wenn ein Mitarbeiter eingesetzt wird, begleitet der Disponent ihn zum Kunden, unterstützt ihn und steht zur Klärung strittiger Fragen zur Verfügung. Eine gute Begleitung ist zugleich auch Werbung für unser Unternehmen.

Es kommt regelmäßig vor, daß Firmen sowohl kaufmännische als auch gewerbliche Mitarbeiter ausleihen. Wenn z.B. die kaufmännische Abteilung einen Kunden hat, kann sie oft für die gewerbliche akquirieren und umgekehrt.

Das ist zwar besser, als wenn bei demselben Kunden zwei Disponenten von uns aktiv sind. Aber hier hapert's. Wir haben es schon erlebt, daß ein Kunde, der gewerbliche Mitarbeiter von uns im Einsatz hat, kaufmänische Mitarbeiter bei der Konkurrenz ausleiht, und wir wußten gar nicht, daß er diesen Bedarf hatte. Hier muß die Zusammenarbeit zwischen den beiden Abteilungen unbedingt besser werden; besonders jetzt in der Konjunkturflaute, die uns natürlich als erste trifft. Ich habe mitunter sogar den Eindruck, daß sich die beiden operativen Abteilungen gegenseitig im Wege stehen.

> Z.B. hatte ein Kunde Klagen über einen ausgeliehenen Mitarbeiter der kaufmännischen Abteilung. Das besprach er mit dem gerade anwesenden Disponenten der gewerblichen. Der hat das aber nicht an die kaufmännische Abteilung weitergegeben, oder die dort haben es nicht aufgenommen. Es war hinterher nicht mehr festzustellen, wer das versiebt hat. Und dann ist der Kunde verärgert zur Konkurrenz hinübergewandert. So was darf einfach nicht passieren.

Es gehört auch zu den festen Aufgaben der Disponenten, daß sie Kunden und ausgeliehene Mitarbeiter regelmäßig nach ihrer Zufriedenheit im Einsatz befragen. Das ist ganz wichtig, um solche Probleme rasch zu identifizieren.

Das Problem besteht darin, daß die beiden Abteilungen nicht genügend zusammenarbeiten. Informationen über potentielle Kunden werden nicht weitergegeben. Beide Seiten werfen einander vor, daß sie von der anderen zu wenig Informationen über Veränderungen der Akquisitionsstrategie, über neue Kontakte zu bestimmten Kunden usw. erhalten. Frau Schmidt, die Abteilungsleiterin der kaufmännischen Abteilung, beschwert sich bei mir über den unprofessionellen, ruppigen Kommunikationsstil der gewerblichen Mitarbeiter. Die beiden Gewerblichen beklagen sie sich darüber, daß die

Leute von der kaufmännischen Abteilung überheblich sind. Während sich die kaufmännische Abteilung in der gegenwärtigen Wirtschaftsflaute einigermaßen gut am Markt halten konnte, hat die gewerbliche Abteilung in den letzten Monaten kontinuierlich abgebaut. Das hängt sicher auch damit zusammen, daß der frühere Leiter der gewerblichen Abteilung, Herr Brink, ausgerechnet zu Beginn des Konjunktureinbruchs vor einem Jahr die Leitung einer Filiale in Ostdeutschland übernahm. Sein Glück, mein Pech! Denn damit habe ich meinen besten Mitarbeiter verloren. Sein Nachfolger, Herr Meyer, ist ein guter Disponent, aber in seine Führungsrolle muß er noch hineinwachsen."

Soweit der Bericht von Dr. Both. Währenddessen haben Sie sich die unten stehende Skizze über die Struktur des Teams gemacht.

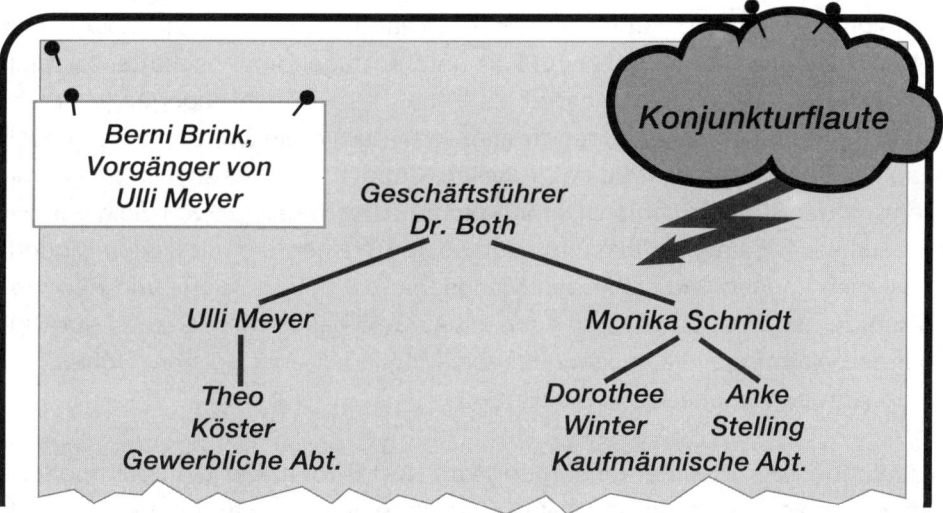

Sie haben sich mit Herrn Dr. Both darauf geeinigt, daß Sie einige Teamsitzungen moderieren, um den Informationsfluß zwischen den Abteilungen zu verbessern.

Als nächstes steht das erste Treffen mit den Mitgliedern des Teams ins Haus.
■ Welches ist Ihre Zielsetzung für diese erste Sitzung?
■ Wie, in welchen Schritten wollen Sie zum Ziel kommen?
■ Welche Stolpersteine und Fallen gilt es zu beachten?

Zweiter Fall
Wohin mit dem Jugendetat?

Stellen Sie sich vor, Sie leiten die wöchentliche Sitzung der Fußball-Jugendabteilung des örtlichen Turn- und Sportvereins. Heute abend geht es um die Etatverteilung für das nächste Jahr. Anwesend sind der Jugendwart, der Kassenwart, ca. acht Trainer und Betreuer aus dem Jugendbereich, unter ihnen Frau Liese Kraut, die Betreuerin der Jugendoberliga-Mannschaft, und Herr Kurt Rüben, der Trainer einer Kindermannschaft, sowie Sie als Jugendwart.

Sie erwarten einen Konflikt um die Verteilung der Gelder. Auf der einen Seite wird Liese Kraut mehr Geld für einen guten Trainer der Oberliga-Mannschaft beantragen, weil ihrer Meinung nach sonst der Abstieg aus der Oberliga droht, attraktive Spieler zu anderen Vereinen abwandern werden, Zuschauer- und Mitgliederzahlen zurückgehen und die unteren Jugendmannschaften letztlich weniger Geld bekommen werden als früher. Kurt Rüben dagegen will mehr Geld für ‚pädagogische' Jugendtrainer, weil der Verein seiner Meinung nach auch einen sozialen Auftrag hat, nämlich Kinder aus sozial schwachen Familien von der Straße zu holen. Dafür bekomme der Verein ja auch Geld aus der Staatskasse. Seiner Auffassung nach sollten Trainer, die mit diesen Kindern umgehen können und sie in den Mannschaften halten, Sport- und Pädagogikstudenten sein. Die müßten auch etwas Geld bekommen. Gerade gute Jugendarbeit bringe die meisten neuen Mitglieder und Spieler. Hoher Leistungsdruck verscheuche viele Kinder.

Sie kennen die ‚soziale' Einstellung von Kurt Rüben, der die Leistungsorientierung von Liese Kraut ablehnt. Sie dagegen hat schon einmal gesagt, daß er Gleichmacherei betreibe. Sie befürchten, daß der Konflikt eskaliert. Sie selbst sind sich nicht im klaren darüber, wie entschieden werden soll. Sie wissen nur, daß diesmal aber eine Grundsatzentscheidung gefällt werden muß. Eine gleichmäßige Verteilung wird weder der einen noch der anderen Seite gerecht.

■ Welches ist Ihre Zielsetzung für die Sitzung?
■ Wie, in welchen Schritten wollen Sie zum Ziel kommen?
■ Welche Stolpersteine und Fallen gilt es zu beachten?

Dritter Fall
Krach im Feuilleton

Der neue Leiter des Ressorts ‚Feuilleton' einer renommierten Wochenzeitung, Herr Sprott, meldet sich bei Ihnen. Sie gehören zu einem Moderatorenteam, das im Verlag schon verschiedene Besprechungen und Gremien moderiert hat und das er aus einer Führungskräfte-Weiterbildung kennt. Er braucht eine externe Moderation für sein Feuilleton-Team. Es gibt eine Krise im Feuilleton, die es zu beheben gilt. Die meisten Schreibkräfte und Redakteure sind schon lange im Team. Er ist seit 20 Jahren in der Branche und kam vor 3 Monaten von einer kleineren Zeitung in diese Leitungsposition. Sein Vorgänger ist aus Altersgründen ausgeschieden.

Das Betriebsklima ist schlecht. Alle klagen über Streß und fühlen sich völlig überlastet. Das Ressort ist personell aber genauso ausgestattet wie vergleichbare andere. Die Arbeit leidet offenbar unter schlechter Kooperation. Das führt auch zum Hauptproblem: Das Ressort ist immer Schlußlicht beim Umbruch. Vor einiger Zeit ist der Feuilletonteil nicht rechtzeitig fertig gewesen. Man hat dann auf Konserven, d.h. alte Beiträge, zurückgreifen müssen, damit überhaupt der Druck losgehen konnte. Das war eine peinliche Situation für ihn und das ganze Ressort. Und neulich sind sie wieder nur knapp an derselben Situation vorbeigeschlittert.

Allerdings: Die inhaltlichen Beiträge sind erstklassig. Die Redakteure genießen einen hervorragenden Ruf in der Branche.

Vielleicht gibt es interne Streitereien, möglicherweise zwischen einer langjährigen Sekretärin und und einer guten Redakteurin. Genaueres weiß Herr Sprott nicht. Er hat nun in einer der Ressortbesprechungen das Thema ‚Schlechtes Betriebsklima' angesprochen und sich die Zustimmung des Teams geholt, einen externen Teammoderator hinzuzuziehen, der hier helfen kann. Das ist im Verlag durchaus möglich und wird gefördert. So wurden z.B. schon mehrere Sitzungen der Verlagsleitung und einiger anderer Gremien erfolgreich moderiert. Sie verabreden mit dem Ressortchef, daß Sie in die nächste Ressortbesprechung kommen, um abzuchecken, ob alle Beteiligten einverstanden sind, und um eine konkrete Vereinbarung über die Moderation zu treffen.

Bei dieser Vorbesprechung stellen Sie sich vor, schildern Ihren Informations-stand zum Konflikt, klären die Bereitschaft der Beteiligten zur Mitarbeit ab und fordern sie auf, einzeln der Reihe nach die Themen und Anliegen zu benennen, an denen gearbeitet werden soll. Es kommt dabei zu dem ziemlich eindeuti-gen Ergebnis, daß das schlechte Klima zwischen Textbüro und Redaktion ver-bessert werden sollte, damit der Streß am Umbruchtag vermindert wird.

Sie lassen sich auch den Arbeitsablauf am Umbruchtag schildern. (Hier ist er vereinfacht dargestellt.)

1. Die Redakteure (Sprott, Lieck, De Vries, Glaatz) geben ihre Manuskrip-te bis zum Abgabetermin im Textbüro ab: spätestens 15.00 Uhr am Don-nerstag.
2. Die Manuskripte werden im Textbüro (von Steiner, Winzer und Hilfskräf-ten) geschrieben.
3. Die geschriebenen Texte gehen zum Korrekturlesen (Buden): Deadline ist 18.00 Uhr (zur Not 20.00 Uhr bei einzelnen Beiträgen aus verschie-denen Ressorts).
4. Die fertigen Texte gehen ans Produktionslayout und in den Druck.

Die Leute aus dem Textbüro sehen die Verbesserung nur über eine Vor-verlegung der Abgabefrist. Die Redakteure, vor allem De Vries und Glaatz, lehnen das vehement ab. Es wird abgesprochen, daß man sich in zwei Wo-chen einen ganzen Tag zusammensetzt, um Probleme zwischen Textbüro und Redaktion genauer zu erkunden und darauf aufbauend konkrete Lö-sungen zu finden. Die Beteiligten sind nach eigener Einschätzung in fol-gender Weise dazu motiviert und legen sich auf der folgenden Skala mit ei-nem Klebepunkt fest:

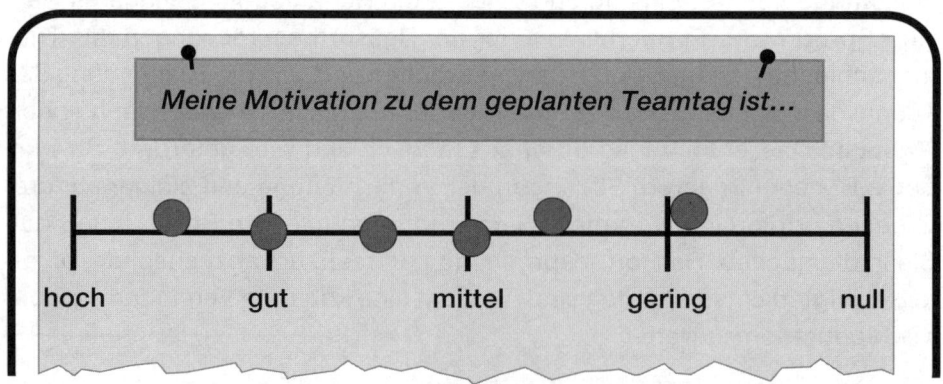

Sie haben die Teammitglieder aufgrund dieses ersten Gespräches im vierdimensionalen Modell eingeschätzt.

In Ihrer Wahrnehmung verhalten sich die Beteiligten bei dieser Vorbesprechung etwa folgendermaßen:

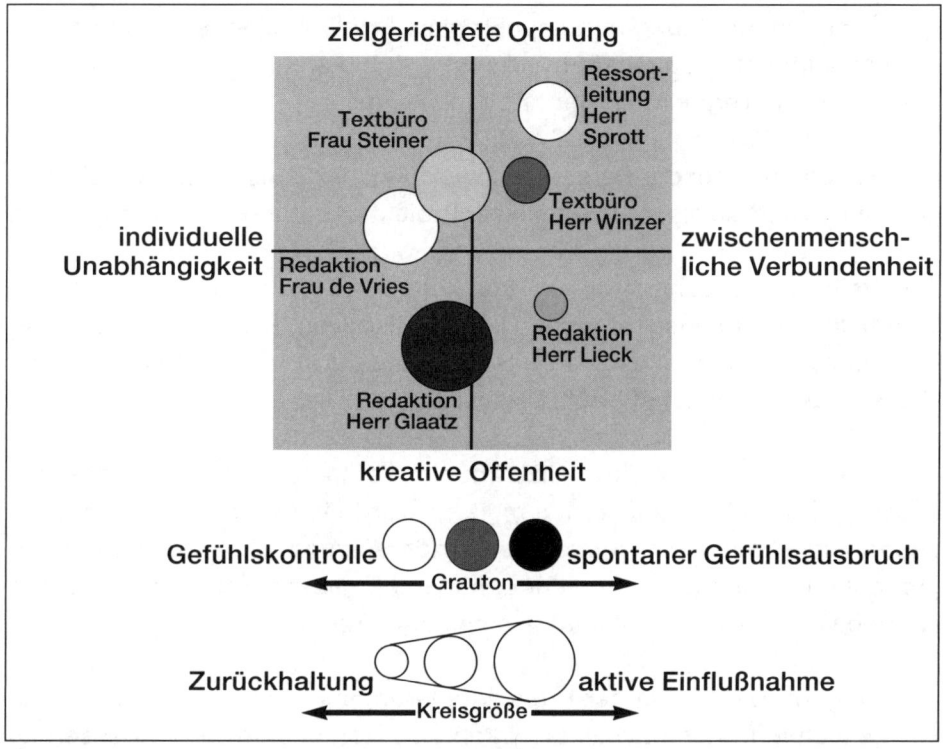

- Welches ist Ihre Zielsetzung für die nächste Sitzung?
- Wie, in welchen Schritten wollen Sie zum Ziel kommen?
- Welche Stolpersteine und Fallen gilt es zu beachten?

Vierter Fall
Laufzeit von Qualitätszirkeln

Stellen Sie sich vor, Sie gehören zu einem externen Moderatorenteam, das die Betreuung von Teams, die Leitung von Konferenzen oder die Moderation schwieriger Gremiensitzungen übernimmt. Sie haben diese Tätigkeiten schon mehrfach und mit respektablem Erfolg in einer staatlichen Verwaltungseinrichtung ausgeübt. Sie sind dort bekannt und haben einen guten Namen als Teamentwickler und Moderator.

Herr Pfingsten, Chef der Personalentwicklung, hatte mit Ihnen Kontakt aufgenommen und sie als Moderator einer Projektsteuerungsgruppe engagiert.

Eine Reihe von Sitzungen dieser Projektsteuerungsgruppe hat nach Ihrem Eindruck in einem ausgesprochen kommunikativen, kollegialen Arbeitsklima sehr zügig und effektiv gearbeitet. Sie sind gut vorangekommen, so daß Ihre Aufgabe demnächst erfüllt sein wird.

Allerdings gibt es noch einen Knackpunkt, der in der kommenden Sitzung abschließend behandelt werden muß. Er wurde in der letzten Sitzung angesprochen. Es gab eine kurze Auseinandersetzung, die Sie allerdings abgebrochen haben, da nicht mehr genügend Zeit zur Verfügung stand. Die Gruppe vertagte den Punkt auf das nächste Treffen.

Worum geht es? Thema der Projektsteuerungsgruppe ist eine Erprobung von zeitlich befristeten Qualitätszirkeln, die Vorschläge zur Verbesserung der Verwaltung entwickeln und ihre Umsetzung betreiben sollen.

Denn es gibt in zunehmendem Maße Klagen aus den operativen Bereichen über eine zu langsame Verwaltung und unkooperative Verwaltungsmitarbeiter. Der Krankenstand ist vergleichsweise hoch. Es geistern Gerüchte über Alkoholmißbrauch und verlotterte Arbeitshaltung in der Zentralverwaltung durchs Unternehmen.

Hintergrund der Qualitätszirkel ist auch das Interesse des stellvertretenden Verwaltungsleiters, Dr. Cranz, die Verwaltung von einer ‚Bürokratenmentalität' zu einem ‚kundenorientierten Dienstleistungsunternehmen' zu entwickeln. Sein direkter Vorgesetzter, der Verwaltungsleiter, geht in einem Jahr in den Ruhestand und stützt das Projekt ebenso wie die für die Verwaltung zuständigen Vorstandsmitglieder. Die Qualitätszirkel sollen aus freiwilligen Mitarbeitern unterschiedlicher Abteilungen zusammengesetzt werden. Die Gruppentreffen sollen in der regulären Arbeitszeit stattfinden und werden von externen Moderatoren betreut werden. Die Mitarbeiter sollen in einem Drei-Tages-Kurs auf die Gruppentreffen vorbereitet werden, in dem man ihnen Methoden wie Brainstorming, Kreativitätstraining, Nebenfolgenabschätzung der Vorschläge usw. vermitteln wird. Die erste Erprobung soll mit 6 Gruppen à 6 Personen durchgeführt und durch die Personalentwicklung vorbereitet und betreut werden. Die Erprobung soll innerhalb des nächsten Jahres stattfinden und ausgewertet werden. Danach wird aufgrund der Ergebnisse über eine Weiterführung bzw. Ausweitung entschieden.

Parallel zur Erprobung sollen alle Führungskräfte der Zentralverwaltung über das Projekt informiert werden. Die Vorgesetzten der beteiligten Mitarbeiter sollen zusätzlich motiviert werden, damit sie die von den Qualitätszirkeln vorgeschlagenen Veränderungen unterstützen. Dafür zu sorgen hat Dr. Cranz übernommen.

Die Unternehmensleitung erwartet in den nächsten drei Wochen eine Konzeptvorlage von der Personalentwicklung. Um sie fertigzustellen, muß jetzt über die Länge der Laufzeit der Qualitätszirkel entschieden werden.

Die Projektsteuerungsgruppe besteht aus folgenden Personen:

Dr. Eugen Cranz, Jurist:
Er ist stellvertretender Leiter der Zentralverwaltung, hat das Projekt angefordert, „um gewisse Probleme in der Verwaltung anzupacken und eine interne Kundenorientierung zu entwickeln";

Jörg Pfingsten, Psychologe und Betriebswirt:
Er ist Abteilungsleiter Personalentwicklung;

Conrad (‚Conny') Borg, Psychologe:
Er ist Stellvertreter von Pfingsten, und zusammen mit Helma Hagen für die Qualitätszirkel verantwortlich;

Helma Hagen, Pädagogin:
Sie ist eine erfahrene Moderatorin, die die Qualitätszirkel zusammen mit Borg vorbereiten und betreuen wird;

Dr. Jana Kurth, Betriebswirtin:
Sie arbeitet an anderen Projekten in der Personalentwicklung, ist Expertin für Mitarbeiterbefragungen und beratendes Mitglied der Steuerungsgruppe;

Gert Hirsch, Informatiker:
Er ist zuständig für alle EDV-Fragen in der Personalentwicklung; zugleich Mitglied im Betriebsrat, ist beratend in der Steuerungsgruppe.

Sie zeichnen sich die beteiligten Personen in den überlappenden Gruppierungen übersichtlich auf:

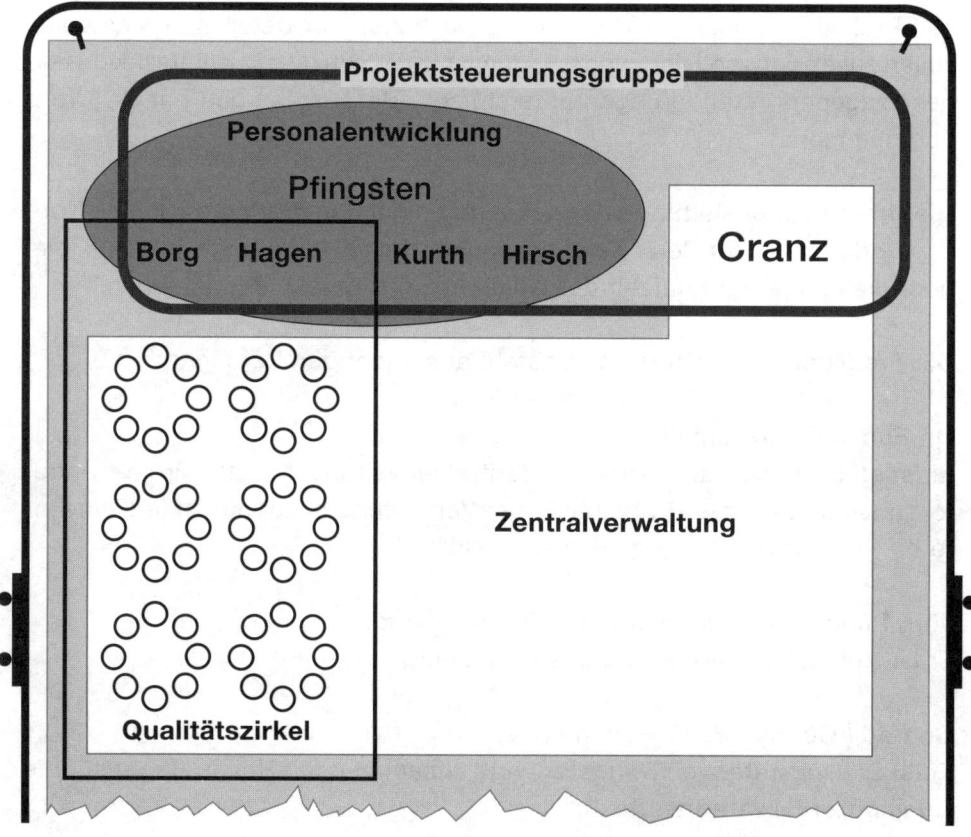

In der letzten Konferenz waren alle Mitglieder der Steuerungsgruppe anwesend. Frau Hagen stellte den Vorbereitungskurs vor und erhielt für ihre Vorlage viel Anerkennung. Gegen Ende der Sitzung wurde kurz das Thema ‚Laufzeit der Gruppen‘ angesprochen. Frau Hagen schlug vor, 12 Sitzungen von jeweils 3 Stunden, verteilt über ein halbes Jahr, durchzuführen. Daraufhin sagte Dr. Cranz, daß es „völlig unmöglich" sei, die Mitarbeiter so lange und so häufig aus der Arbeit herauszuziehen, es würde „zuviel Unruhe in der Verwaltung" entstehen, was zu vermeiden sei usw. Wie gesagt: Das Thema konnte aus Zeitmangel nicht weiter diskutiert werden und wurde vertagt.

Alle Mitglieder der Steuerungsgruppe sind also für die nächste Sitzung (max. 90 Minuten Zeit) darauf eingestellt, daß als wichtigster Tagesordnungspunkt die ‚Laufzeit der Qualitätszirkel‘ auf dem Programm steht und entschieden werden muß, damit die letzten Einzelheiten der Konzeptvorlage fertiggestellt werden können.

■ Welches ist Ihre Zielsetzung für die nächste Sitzung?
■ Wie, in welchen Schritten wollen Sie zum Ziel kommen?
■ Welche Stolpersteine und Fallen gilt es zu beachten?

Literatur

BALES, R.F., COHEN, S.P. (1982): SYMLOG: Ein System für die mehrstufige Beobachtung von Gruppen. Stuttgart: Klett-Cotta

BENNIS, W., NANUS, B. (1987): Führungskräfte: Vier Schlüsselstrategien erfolgreichen Führens. Frankfurt/M.: Campus

BESEMER, C. (1993): Mediation. Stuttgart: Gewaltfrei leben lernen
Corbin, J. (1994): Gaza First. London: Bloomsbury

FISHER, R., URY, W. (1984): Das Harvard-Konzept: Sachgerecht verhandeln - erfolgreich verhandeln. Frankfurt: Campus

GLASL, F. (1990): Konfliktmanagement. Ein Handbuch für Führungskräfte und Berater. Bern: Haupt

HARE, A. P., NAVEH, D. (1986): Conformity and Creativity: Camp David 1978. Small Group Behavior 17(3) S. 243-268

JOCHUM, E. (1987): Gleichgestelltenbeurteilung. Stuttgart: Poeschel

KLEBERT, K., SCHRADER, E., STRAUB, W.G. (1994): KurzModeration. Hamburg: Windmühle

KRAWCZYK, G. (1996): Entwicklung und Überprüfung einer Methode der Teamberatung zur Klärung normativer Orientierungen in Arbeitsgruppen. Unveröff. Diplomarbeit. Fachbereich Psychologie. Hamburg: Universität

PRUITT, D.G., RUBIN, J.Z. (1986): Social Conflict: Escalation, Stalemate, and Settlement. New York: McGraw-Hill

REDLICH, A. (1992): Kooperative Gesprächsführung in der Beratung. Band 4 der Materialien aus der Arbeitsgruppe Beratung und Training. Fachbereich Psychologie. Hamburg: Universität

RENNER, C., THOMANN, C. (1995): Wege aus dem Konflikt. Band 9 der Materialien aus der Arbeitsgruppe Beratung und Training. Fachbereich Psychologie. Hamburg: Universität

SCHINDLER, R. (1957): Grundprinzipien der Psychodynamik in der Gruppe. Psyche (9) S. 308-314

SCHULZ VON THUN, F. (1989): Miteinander reden (Band 1 u. 2) Reinbek: Rowohlt

SCHULZ VON THUN, F. (1996): Praxisberatung in Gruppen. Weinheim: Beltz

SELVINI-PALAZZOLI, M., ANOLLI, L., DI BLASIO, P., GIOSSI, L., PISANO, J., RICCI, C., SACCHI., UGAZIO, U. (1984): Hinter den Kulissen der Organisation. Stuttgart: Klett-Cotta

THOMANN, C., SCHULZ VON THUN, F. (1988): Klärungshilfe. Reinbek: Rowohlt

Anhang

Hier im Anhang findet man die wichtigsten Bausteine der Konfliktmoderation zusammengefaßt – gewissermaßen für die Westentasche des Moderators.

Zunächst alle Bausteine auf einen Blick. Dann ist auf jeder Seite ein Moderationsschritt mit seinen wichtigsten Leitlinien dargestellt.

Die einzelnen Seiten haben sich als Erinnerungshilfe für Moderatoren bewährt. Es lohnt sich, sie zu fotokopieren oder aus dem Buch herauszutrennen, um sich auf eine Moderationssitzung vorzubereiten und um sie als ,Spickzettel' (Vorlage) direkt in der Moderation zu benutzen.

Außerdem enthält der Anhang einen Feedbackbogen mit den wichtigsten kommunikativen Kompetenzen von Moderatoren. Wer Rückmeldung über seine Moderation bekommen möchte, kann sich damit von den Teilnehmern einschätzen lassen.

Die 5 wichtigsten Bausteine für Moderatoren

1 Vorgespräch:
Auftrag mit der
Führungskraft (vor-
läufig) vereinbaren

2 Einstieg:
Zwischenmensch-
lichen Kontakt
stiften

3 Auftrag:
Konfliktthemen
sammeln und Vor-
gehen vereinbaren

4 Klärung:
Sichtweisen der
Konfliktparteien
erkunden

5 Verhandlung:
Positionen in Bewe-
gung bringen und
Regelungen treffen

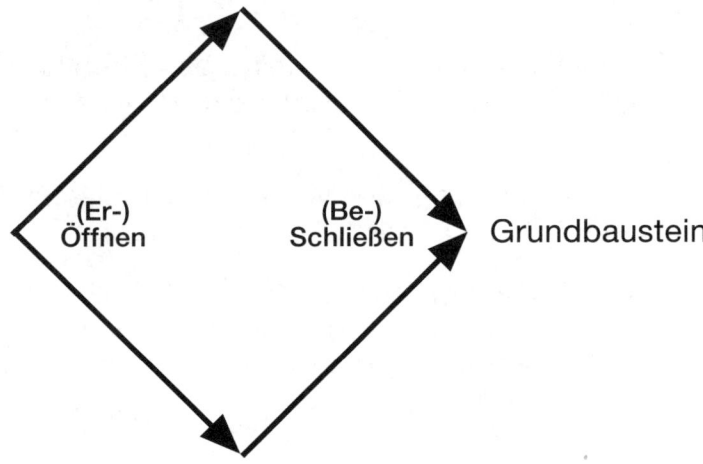

(Er-)
Öffnen

(Be-)
Schließen

Grundbaustein

Redlich, KonfliktModeration, Windmühle GmbH, Hamburg

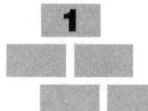

Die fünf wichtigsten Bausteine für Moderatoren

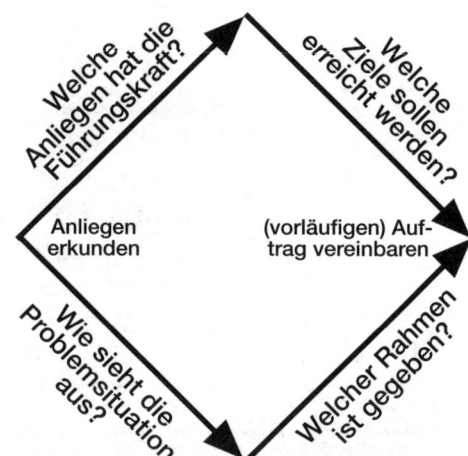

Welche Anliegen hat die Führungskraft?

Welche Ziele sollen erreicht werden?

Anliegen erkunden

(vorläufigen) Auf-trag vereinbaren

Wie sieht die Problemsituation aus?

Welcher Rahmen ist gegeben?

Vorgespräch

Den Auftrag
mit der
Führungskraft
vereinbaren

Es muß die Führungskraft sein!
Keine Stellvertreter oder Delegierte.

**Achtung!
Keine Führungsauf-
gaben übernehmen!**

1 Welche Anliegen hat die Führungskraft?
– Ihre Ziele
– Ihr Engagement und ihre Bereitschaft zur Mitarbeit

2 Wie sieht die Konfliktsituation aus der Sicht der
Führungskraft aus?
– Alles, was wichtig scheint, berichten lassen
– Die Position der Führungskraft im Konflikt identifizieren

3 Was kann Moderation (nicht) leisten?
– Möglichkeiten der Moderation in diesem Fall aufzeigen
– Deutlich machen, was nicht geht

4 Den (vorläufigen) Auftrag absprechen
– Ziele bestimmen: Was soll (und kann) erreicht werden?
– Rahmenbedingungen (Zeit, Teilnehmer, Honorar...)
festlegen

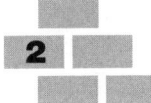

2 Die fünf wichtigsten Bausteine für Moderatoren

Einstieg

Zwischen-
menschlichen
Kontakt herstellen
oder:
Die Wüste der
Fassaden meiden!

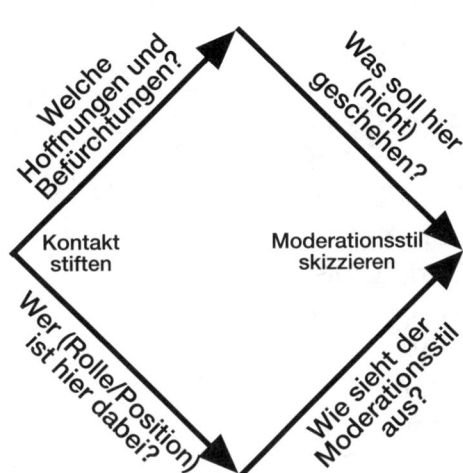

Welche Hoffnungen und Befürchtungen?

Was soll hier (nicht) geschehen?

Kontakt stiften

Moderationsstil skizzieren

Wer (Rolle/Position) ist hier dabei?

Wie sieht der Moderationsstil aus?

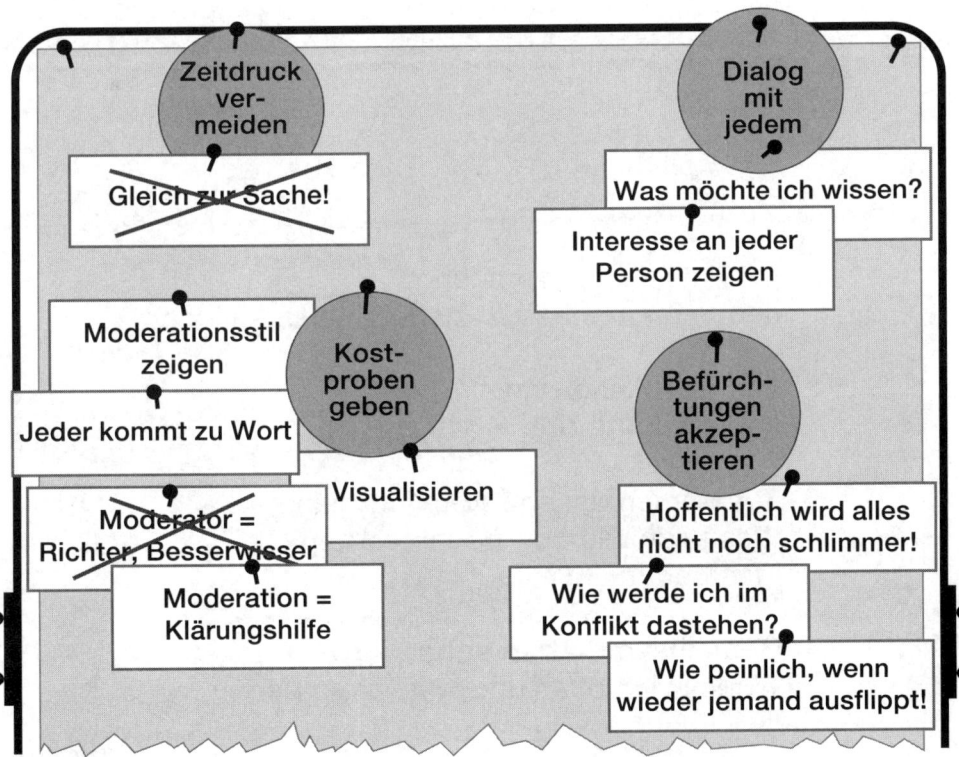

Zeitdruck ver-meiden

Dialog mit jedem

Gleich zur Sache!

Was möchte ich wissen?

Interesse an jeder Person zeigen

Moderationsstil zeigen

Kost-proben geben

Befürch-tungen akzep-tieren

Jeder kommt zu Wort

Moderator = Richter, Besserwisser

Visualisieren

Hoffentlich wird alles nicht noch schlimmer!

Moderation = Klärungshilfe

Wie werde ich im Konflikt dastehen?

Wie peinlich, wenn wieder jemand ausflippt!

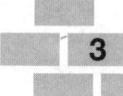

3

Die fünf wichtigsten Bausteine für Moderatoren

Auftrag

Konfliktthemen
sammeln
und Vorgehen
vereinbaren
statt
im Morast der
Ziellosigkeit
versinken!

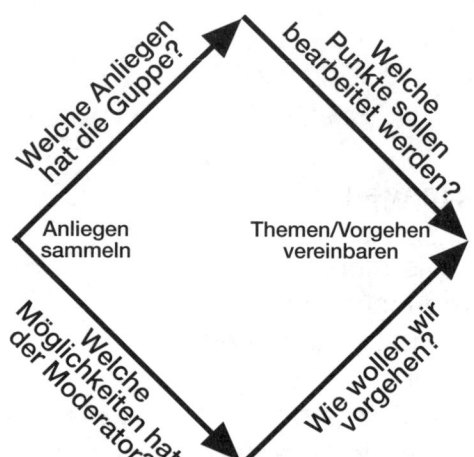

Welche Anliegen hat die Guppe?

Welche Punkte sollen bearbeitet werden?

Anliegen
sammeln

Themen/Vorgehen
vereinbaren

Welche Möglichkeiten hat der Moderator?

Wie wollen wir vorgehen?

Themen sammeln / Vorgehen absprechen

1 Individuelle Vorbereitung:
Jedes Teammitglied überlegt seine Anliegen

2 Einzelne Anhörung:
Jeder kommt dran

3 Zusammenfassende Stellungnahme:
Was kann wie bearbeitet werden?
Was geht nicht?

4 Gemeinsame Absprache:
Wohin wir wollen und wie wir vorgehen

 Redlich, KonfliktModeration, Windmühle GmbH, Hamburg

4 Die fünf wichtigsten Bausteine für Moderatoren

Klärung

Sichtweisen
der Konfliktpartner
klären
oder:
Das Dickicht der
Argumente lichten

Im ‚Zickzack durchs Kommunikations-Quadrat' bei
jedem Konfliktpartner:

1 Wie geht es Ihnen mit dem Konflikt?
2 Welche sachlichen Informationen sind Ihnen wichtig?
3 Wie sehen Sie die Beziehung?
4 Was wünschen Sie sich von der anderen Seite?

Dabei:

- Dem Ablauf Struktur geben
- Dem inneren Erleben aktiv zuhören
- Sachinhalte visualisieren
- Abwertende Bemerkungen in annehmbare Sprache
  übersetzen

5 Die fünf wichtigsten Bausteine für Moderatoren

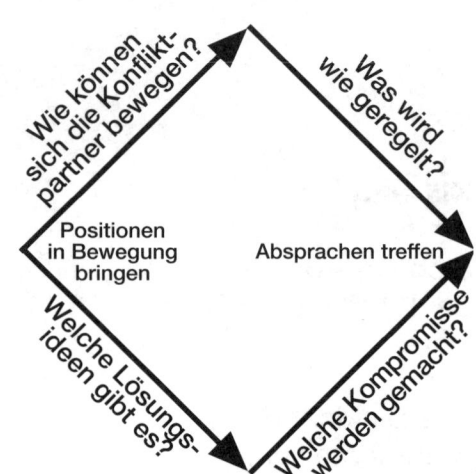

Wie können sich die Konfliktpartner bewegen?

Was wird wie geregelt?

Positionen in Bewegung bringen

Absprachen treffen

Welche Lösungsideen gibt es?

Welche Kompromisse werden gemacht?

Verhandlung

Positionen in
Bewegung bringen
oder:
Das Gebirge der
Sturheit umgehen!

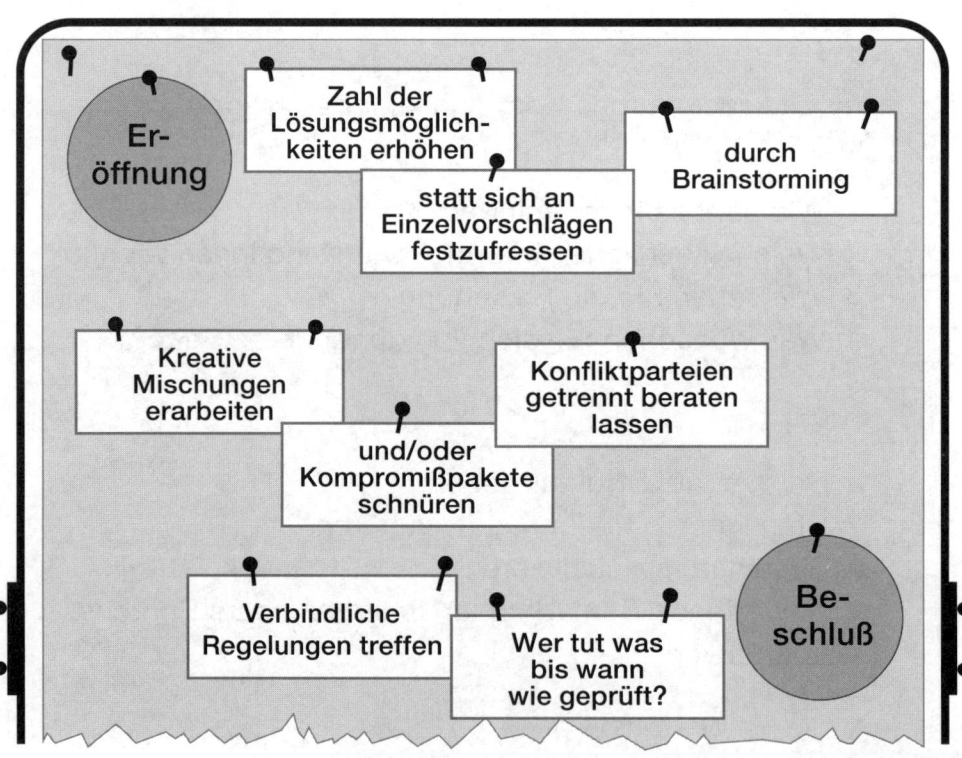

Eröffnung

Zahl der Lösungsmöglichkeiten erhöhen

durch Brainstorming

statt sich an Einzelvorschlägen festzufressen

Kreative Mischungen erarbeiten

Konfliktparteien getrennt beraten lassen

und/oder Kompromißpakete schnüren

Verbindliche Regelungen treffen

Wer tut was bis wann wie geprüft?

Beschluß

Redlich, KonfliktModeration, Windmühle GmbH, Hamburg

Feedbackbogen für Konfliktmoderatoren

für Frau/Herrn: von Frau/Herrn:

1. Strukturgebung

Ich wußte, wo wir uns im Prozeß befanden, d.h. woher wir kamen und wohin es gehen sollte. (Bitte ankreuzen!)

0	1	2	3	4	5
(fast) nie	selten	manchmal	oft	meistens	(fast)immer

Sie/er paßte die (geplante) Vorgehensweise flexibel der Situation an.

0	1	2	3	4	5
(fast) nie	selten	manchmal	oft	meistens	(fast)immer

Zusätzliche Bemerkungen zur Strukturierung   (bitte keine abstrakte Kritik, sondern konkrete Situationen, Veränderungsmöglichkeiten und auch Stärken benennen):

2. Kontakt und Konfrontation im Umgang mit einzelnen Personen

Ich fühlte mich als Person von ihr/ihm verstanden (= begriffen und akzeptiert).

0	1	2	3	4	5
(fast) nie	selten	manchmal	oft	meistens	(fast)immer

Sie/er konfrontierte mich (oder andere) bei kritischen Punkten in sensibler, aber klarer Weise.

0	1	2	3	4	5
stimmt nicht	stimmt kaum	stimmt eher nicht	stimmt eher	stimmt weitgehend	stimmt genau

Zusätzliche Bemerkungen zu Kontakt und Konfrontation:

3. Umgang mit der Gruppe

Sie/er merkte, was in der Gruppe ablief, und ging damit angemessen um.

0	1	2	3	4	5
(fast) nie	selten	manchmal	oft	meistens	(fast)immer

Sie/er verhielt sich inhaltlich neutral und unabhängig.

0	1	2	3	4	5
(fast) nie	selten	manchmal	oft	meistens	(fast)immer

Zusätzliche Bemerkungen zum Umgang mit der Gruppe:

4. Gesamteindruck

Man kann ihr/ihm vertrauen.

0	1	2	3	4	5
stimmt nicht	stimmt kaum	stimmt eher nicht	stimmt eher	stimmt weitgehend	stimmt genau

Ich glaube, daß sie/er entscheidend zu einer Konfliktlösung beiträgt.

0	1	2	3	4	5
stimmt nicht	stimmt kaum	stimmt eher nicht	stimmt eher	stimmt weitgehend	stimmt genau

Zusätzliche Bemerkungen zum Gesamteindruck:

Punktwert:

(Alle angekreuzten Punkte addieren;
ggf. Mittelwert bilden, indem
die Gesamtsumme durch die Zahl
der Beurteiler geteilt wird)

0 – 8 P.	= ungenügend
9 – 16 P.	= schwach
17 – 24 P.	= befriedigend
25 – 32 P.	= gut
33 – 40 P.	= hervorragend

Biografisches zum Autor

Alexander Redlich

Geboren 1947 in Ratzeburg. Studium der Psychologie, Sozialpädagogik und Pädagogik. Verhaltenstherapeut (Ausbilder). Seit 1976 Hochschuldozent am Fachbereich Psychologie der Universität Hamburg.

Schwerpunkte in Forschung und Lehre: Beratung und Training von Einzelpersonen und Gruppen in Schule, Wirtschaft und sozialen Einrichtungen; Förderung verhaltensauffälliger Kinder und Jugendlicher.

Diese Bücher qualifizieren Trainer, Seminarleiter und Führungskräfte

K. Klebert, E. Schrader, W.G. Straub
KURZMODERATION
Anwendung der ModerationsMethode in Betrieb, Schule, Kirche, Politik, Sozialbereich und Familie, bei Besprechungen und Präsentationen
166 S., zahlr. Abb., 38.– DM
Bestellnr.: 3-922789-23-4

Dieses Buch zeigt in 20 Beispielabläufen, wie die Moderations-Methode in der Praxis, d.h. bei Arbeitsbesprechungen, Konferenzen, Lehrveranstaltungen, Präsentationen oder bei privaten Problemfeldern eingesetzt werden kann, um schneller zu effektiven Arbeitsergebnissen zu kommen. Im Vordergrund stehen hier Kurzveranstaltungen bis zu einem halben Tag, die branchenübergreifend gestaltet wurden. Da die Beispielabläufe inhaltlich neutral gehalten sind, kann sie jedermann sofort in seinen eigenen Arbeitsablauf integrieren.
Geht es um die Moderations-Methode als Lernbaustein oder Seminarkonzept, dann empfiehlt sich das Grundlagenwerk von den Autoren:
MODERATIONSMETHODE
Gestaltung der Meinungs- und Willensbildung in Gruppen, die miteinander lernen, leben, arbeiten und spielen
Ringbuch und extra geb. Leitfaden, mit zahlr. Abb., 195.– DM, Bestellr.: 3-922789-18-8

Klaus Lumma
STRATEGIEN DER KONFLIKTLÖSUNG
Betriebliches Verhaltenstraining in Theorie und Praxis.
Mit vier Seminarbeispielen
301 S., geb., 59.– DM
Bestellnr.: 3-922789-27-7

Fast alle Ansätze betrieblicher Verhaltenstrainings beruhen auf dem Menschenbild der Humanistischen Psychologie: der Transaktionsanalyse, TZI, Gestalt, Partnerzentrierte Gesprächstherapie, Bioenergetik etc. Sie stellt Lumma im theoretischen Teil seines Buches im einzelnen vor. Und auf diesem Hintergrund beschreibt er vier Seminarkonzepte zur Konfliktbearbeitung in Gruppen: einen Grundkurs "Lebendiges Lernen im Umgang mit Konflikten"; einer berufsspezifischen Selbsterfahrung im Seminar; einem Training zur Situativen Konfliktgesprächsführung und einem berufsspezifischen Interaktionstraining. Hinzu kommen Empfehlungen für die Nachbereitung der Trainings und für die kollegiale Supervision. Sie finden sowohl einen Einführungstext mit Angabe des Lernziels, als auch eine Beschreibung des Ablaufs, trainingsbegleitende Minilektionen und viele strukturierte Übungen.

I. Brenner, H. Clausing, H. Weber u.a.
Konflikte bearbeiten
DAS PÄDAGOGISCHE ROLLENSPIEL
in der betrieblichen Praxis
400 S., zahlr. Abb., 59.– DM
Bestellnr.: 3-922789-59-5

Das Buch läßt Sie miterleben, wie man Konflikte aus dem Führungsalltag mit dieser Variante des Psychodramas in der betrieblichen Seminarpraxis bearbeiten kann, wie man diese Gestaltungsmöglichkeit gewinnbringend und verantwortungsvoll einsetzt. Am konkreten Ablauf eines viertägigen Seminars demonstrieren die Autoren, wie die angewandten Methoden helfen, Einfühlungsvermögen zu verbessern, mehr Verständnis für Menschen und Problemsituationen zu gewinnen und praktikable Auswege zu finden. Ein ausführliches Glossar zum Abschluß des Buches vermittelt zusätzlich Basiswissen.

Windmühle GmbH Verlag und Vertrieb von Medien / Postfach 551080 / 22570 Hamburg / Tel 040 868307 / Fax 040 8663123